탈원자력 사회로

후쿠시마 이후, 대안은 있다

DATSU GENSHIRYOKU SHAKAI E

by Koichi Hasegawa

© 2011 by Koichi Hasegawa

First published 2011 by Iwanami Shoten, Publishers, Tokyo.

This Korean language edition published 2016

by Ilchokak Publishing Co. Ltd., Seoul

by arrangement with the proprietor c/o Iwanami Shoten, Publishers, Tokyo.

Updated text for Chapters 1~4 & Chapter 5 © 2015 by Koichi Hasegawa

탈원자력 사회로

후쿠시마 이후, 대안은 있다

하세가와 고이치 지음

김성란 옮김

이시재 감수

일조각

한국어판에 부쳐

대지진재해로부터 5년이 지난 올해도	大震災から五年を経た今年もまた
엄숙하게 맞이했다. 언제까지나 잊지 않으리	厳かに迎えた. ずっと忘れまい
3월 11일의 아침을	三月十一日の朝を

— 「3.11 아침이 엄숙하게 밝아오네」

매년 3월 11일이 올 때마다 굉장히 엄숙해진다. 1만 8천 명 이상의 목숨이 해일로 사라지고 지금도 여전히 17만 명이 넘는 사람들이 피난생활을 하고 있다. 금년(2015년) 3월 11일로 동일본대지진과 후쿠시마 원자력발전소 사고는 정확하게 만 5년이 됐다.

내 오랜 친구이자 환경사회학 분야에서 국제적으로 활약하고 있는 이시재 선생, 구도완 선생 두 사람의 도움으로 2015년 가을에 간행된 영어판에 이어 학술서 간행으로 유명한 일조각 출판사에서 이 책의 한국어판이 간행되게 된 것은 매우 기쁘고 영광스러운 일이다. 역자인 김성란 씨는 2011년 가을 서울에서 이 책의 진수만을 뽑아 강연할 때 통역을 맡아 주었다. 정중하고 예의 바른 일본어를 구사했던 분이다. 분명하고 알기 쉬운 한국어로 번역해 주었으리라

5

생각된다.

동일본대지진과 후쿠시마 원자력발전소 사고로 많은 사람들이 한 사람의 인간으로서, 시민으로서, 연구자로서 자신이 할 수 있는 것은 무엇인지 자문하게 되었다. 1980년대 후반부터 원자력발전소나 핵연료 사이클 시설을 둘러싼 사회 문제에 대해 그리고 재생가능에너지 보급을 위한 과제는 무엇이며 어떤 정책이 유효한지에 대해 연구해 온 내가 할 수 있는 일은 무엇일까. 에너지 선택은 단순히 기술적인 문제나 에너지 공급 문제에만 해당되는 것이 아니라 어떤 미래를 선택할 것인가라는 사회 존재 방식에 대한 문제이다. 따라서 이를 사회학적 관점에서 논한 이 책의 간행이야말로 나의 사명이라 느꼈기에 후쿠시마 원자력발전소 사고 직후인 (2011년) 5월부터 7월까지 약 3개월 동안 집중적으로 이 책의 제1장부터 제4장까지를 썼고 그렇게 『탈원자력 사회로脫原子力社会へ』라는 제목의 책을 출판했다.

1999년 발표한 『원자력발전을 둘러싼 일본의 정치, 경제, 사회原子力発電をめぐる日本の政治·経済·社会』라는 논문에서 나는 (원자력에 비판적인 운동이 고양되기 위해서는) '또 하나의 체르노빌을 기다리지 않으면 안 되는 것일까'라고 썼었다[1]. 후쿠시마 사고 전년도인 2010년 7월 국제사회학회 세계사회학대회(스웨덴 예테보리Göteborg에서 개최)에서도 동일한 문구를 포함시킨 영문 보고를 했다[2]. 몇 번인가 일본 원

---

1 長谷川公一(1999), 「原子力発電をめぐる日本の政治·経済·社会」坂本義和 編, 『核と人間Ⅰ―核と対決する20世紀』, 岩波書店, pp.281-337 同書330頁.

2 HASEGAWA Koichi(2010), *"A Comparative Study of Social Movements for a Post-Nuclear Energy Era in Japan and the U.S."*, The XVII ISA World Congress

자력 정책의 전환을 위해서는 또 한 번의 체르노빌 사고가 필요한 것이나며 일본 내외에서 호소해 왔다. 1996년 『탈원자력 사회의 선택脫原子力社会の選択』을 간행한 이후의 소소한 경고는 불행하게도 후쿠시마 원자력발전소 사고로 현실이 되었다.

후쿠시마 원자력발전소 사고가 일어날 때까지 일본의 원자력 추진 정책은 1960년대 이후 거의 50년간 기본적으로 변하지 않았다. 이 50년 동안 사회가 격변하고 국제사회가 변화했음에도 불구하고 대단히 경직적인 정책이 계속되어 온 것은 놀랄 만한 일이다. 외국의 에너지 정책은 대전환이 계속되고 있는데 왜 일본의 원자력 정책은 변하지 않는 것일까, 이 책의 커다란 주제이다.

1945년 8월 15일이 그러했던 것처럼 2011년 3월 11일을 계기로 일본은 다시 태어나야만 한다. 그때의 호소처럼 '부흥을 위해 노력하자'가 아니다. 이번에 필요한 것은 '일본을 바꾸자', '에너지 정책을 바꾸자'이다.

그러나 지진 재해로부터 5년이 지난 현실은 어떠한가.

원자력발전소 사고에서 일본 사회와 정치는 무엇을 배웠을까.

유감스럽게도 경제력을 높여 내셔널리즘을 강화하고 한국이나 중국과 엄하게 상대하겠다는 아베 수상 주도의 노선이 강화되었다.

또한 제2차 세계대전 이후 일본 재출발의 상징이자 원점인, 전쟁 포기를 읊었던 헌법 제9조마저 바꾸려는 움직임이 강화되고 있다.

---

of Sociology, Gothenburg, Sweden, July 17.

아베 세력은 '토의 민주주의'의 호소는 무시하고 원자력발전소를 1기씩 서서히 재가동시키려 하고 있다. 토의는 피해 가면서 일단 원자력발전소를 1기씩 재가동시켜 궁극적으로는 원자력발전소 부활을 노리고 있는 것이다.

마치 후쿠시마 사고 같은 것은 없었다는 듯이, 빨리 잊게 하려는 듯한 움직임이 강해지고 있다. 사고의 '풍화'가 자주 지적되고 있으나 자연스럽게 풍화되는 것이 아니다. 정부나 전력회사, 그에 영합하는 미디어가 의도적으로 후쿠시마 사고를 풍화시키고 있다.

후쿠시마 사고와 같은 거대한 희생을 치르고도 일본은 왜 여전히 변할 수 없는 것일까.

이 책 제2장에서 자세히 논하고 있는 것처럼 서유럽에서 원자력발전소는 매년 계속 줄어들고 있다. 세계 원자력 산업의 명운을 쥐고 있는 것은 대폭적인 원자력발전소 증설 계획을 가지고 있는 한국과 중국이다.

후쿠시마 사고 직전 한국과 일본은 아랍에미리트나 베트남 등으로의 원자력발전소 수출에 각축전을 벌이고 있었다. 비즈니스, 스포츠, 학술, 문화 등 한국과 일본이 경쟁 관계에 있는 분야는 적지 않지만 원자력발전소 추진을 둘러싼 양국의 경쟁은 중대사고의 가능성뿐 아니라 핵확산의 위험성도 품고 있어 동아시아 전체에 절망적이고 부정적인 악순환을 가져올 가능성을 안고 있다.

제4장 말미에서도 이야기했듯이 필자는 일본의 탈원자력 정책으로의 전환이 동아시아 전체의 탈원자력화를 위한 첫걸음이 되기를

간절히 바라는 사람이다.

유권자가 대통령을 직접 뽑는 대통령제 나라인 한국이 어쩌면 일본보다 더 역동적으로 정책을 전환할 수 있을지도 모른다. 한국의 탈원자력 정책으로의 한발 빠른 전환이 일본 에너지 정책을 근본적으로 전환하는 방아쇠가 될 가능성도 있다. 한국이 동아시아 전체에 에너지 정책의 대전환을 가져올 긍정적 순환의 열쇠가 될 수도 있는 것이다.

필자는 한국인들이 후쿠시마 원자력발전소 사고를 그저 이웃 나라에서 벌어진 사건으로서가 아니라 자국에서 언제 벌어져도 이상하지 않을 사건으로, 방관자가 아닌 당사자가 된 입장으로 이 책을 읽어 주기를 간절히 바라고 있다. 후쿠시마 원자력발전소 사고 이전부터 일본의 원자력 시설에는 크고 작은 다양한 고장들이 발생했는데 한국에서 가동 중인 24기나 되는 원자력발전소에서도 지금 크고 작은 다양한 고장들이 일상적으로 벌어지고 있기 때문이다.

이 책 제1장에서 제4장까지는 2011년 9월에 간행된 이와나미신서 『탈원자력 사회로─전력을 녹색화하다脱原子力社会へ─電力をグリーン化する』와 거의 동일하다. 2012년 12월 아베 정권 탄생 후의 움직임에 대해 적은 제5장은 2015년 10월에 간행된 이 책의 영어판인 *Beyond Fukushima : Toward a Post-Nuclear Society*(Trans Pacific Press)의 '5. Japan after the Fukushima Disaster'와 동일하다. 책 전체가 2016년 2월 말까지의 사실 관계를 포괄할 수 있도록 최근의 중요한 변화에 대해서는 본문 및 각주로 보완하였다.

한국의 독자들에게는 이 책을 통해 에너지 정책 전환의 희망이 어디에 있는지 부디 자신의 일처럼 생각해 주길 청해 본다.

2015년 12월 12일 파리에서 개최된 제21차 유엔기후변화협약(UNFCCC) 당사국총회(COP21)에서 로랑 파비우스Laurent Fabius 의장은 '작은 나무망치가 큰 일을 해낼 것'이라며 '파리 협정'을 채택했다. 전 세계가 탄소 배출이 적은 사회로 전환한다는 데 합의한 것도 에너지 정책 전환으로의 큰 희망이다. 이제 더 이상 '원자력화인가 아니면 온난화인가'라는 시대는 지났다. 세계는 이제 에너지의 효율적인 이용과 재생가능에너지 보급으로 원자력발전소도 없고 탄소배출도 적은 사회를 지향하려는 것이다.

한국과 일본의 NGO와 시민의 연대 확대, 시민사회 연계도 두 나라의 에너지 정책 전환의 열쇠가 될 것이다. 이 책 제4장에서 이야기한 것처럼 독일의 정책 전환의 사회적 배경에는 약 48만 명의 회원을 보유하고 있는 '지구의 벗 독일 분트BUND'를 시작으로 하는 NGO나 '녹색당'의 힘이 있다.

후쿠시마 원자력발전소 사고를 계기로 수상 관저 앞에서, 국회 주변에서, 일본 각지에서 데모 행진이라는 형태로 겨우 시민 사회의 목소리가 드러나기 시작했지만 그 정치적 영향력은 아직 약하다.

한국 시민사회의 목소리는 어떨까.

이 책이 한국의 풀뿌리 민중, 시민 사회나 단체가 원자력과 에너지 문제에 대해 비판적으로 검토하고 시민사회로부터의 목소리를 더 크게 내는 데 기여할 수 있다면 저자로서 그 이상의 기쁨은 없을 것이다.

 마지막으로 이 책의 의의를 이해하고 한국어판 출판을 맡아 주신 일조각 출판사 김시연 대표님에게 깊은 감사를 전한다.

2016년 3월 11일

후쿠시마 원자력발전소 사고와 동일본대지진의 날에

하세가와 고이치

머리말

마치 우리를 놀리듯 논, 밭, 집, 자동차, 소형비행기, 그리고 센다이 仙台공항마저 집어삼키며 서서히 다가오던 해일. 센다이 평야를 덮치고 산리꾸三陸 연안 항구들마저 미친 듯이 덮쳐 오던 거대한 파도. 그리고 수소폭발로 날아가 버린 원자력발전소 건물들.

전 국민 아니 전 세계가 실시간으로 지켜보고 있던 그 충격적인 모습들을 정작 피해 지역 사람들은 대부분 보지 못했을 것이다. 3월 11일 지진 발생 직후 시작된 정전 때문이다. 그 모습을 볼 수 있었던 사람들은 자가발전기를 가지고 있거나 핸드폰으로 지상디지털방송을 볼 수 있었던 사람, 그리고 자동차에 텔레비전이 있던 사람들 정도였다.

필자가 사는 센다이는 해일 피해가 컸던 연안부를 제외하면 대략 3월 15일까지 순차적으로 전기가 복구되었다. 하지만 그동안 사람들은 여진에 대한 두려움 속에서 추위와 어둠을 양초와 손전등으로 이겨내야 했다. 수도, 전화, 가스, 가솔린, 그리고 전기의 소중함이 절실하게 다가왔던 순간들이었다.

4월 7일 밤 발생한 대규모 여진으로 겨우 정리를 끝낸 책장은 다시 엉망이 되었다. 기타토호쿠北東北 지역 세 개 현과 미야기 현宮城県,

야마가타 현山形県의 일부 지역, 그리고 센다이는 또 다시 정전되었고 그렇게 또 사람들은 불안한 밤을 지새워야 했다.

필자는 어린 시절, 대략 1960년대 후반기를 오우奥羽산맥 깊은 곳, 미야기, 이와테岩手, 아키타秋田 간 경계 지역에서 가까운 야마가타 현의 작은 마을에서 보냈다. 눈이 많이 오는 지역이었던 그곳은 거의 매일같이 눈보라가 쳤고 눈보라가 심한 밤에는 정전이 잦아 양초를 준비해 두곤 했었다. 마치 TV 드라마 「북쪽 나라에서北の国から」와 같은 세상이었다.

전기는 영어로 electric power이다. 희망의 등이고 문명의 상징이며 마법의 힘이기도 하다. 일본은 전력의 약 30%를 원자력에 의존하고 있다. 원자력발전을 어떻게 할 것인가, 어떻게 볼 것인가 하는 문제는 일본뿐 아니라 국제적으로도 가장 오래된 논쟁거리 중 하나이다.

도쿄전력東京電力 후쿠시마福島 제1원자력발전소 사고라는 현실과, 일본은 앞으로 언제 또 어디에서 커다란 지진이 일어나도 이상하지 않은 지진활동기에 처해 있다는 사실을 감안할 때, 앞으로 전력 공급 형태를 어떻게 해야만 하는가라는 문제는 일본사회의 시급한 과제이다.

후쿠시마 사고 이후 스위스, 독일, 이탈리아는 곧바로 '탈원자력'으로 방향을 틀었다. 온실효과 가스를 늘리지 않으면서도 상대적으로 가격이 저렴하고 안정적인 전력 공급을 어떻게 확보해야 하는가. 원자력 추진 대 탈원전이라는 양자택일적 도식을 넘어, 사회적 합의를 얻을 수 있으면서 지속 가능한 사회를 지향하려는 것이다.

유럽과 미국을 중심으로 '전력의 녹색화', '에너지 시프트', '에너지 혁명'이라 불리는 커다란 변화가 1980년대 후반, 특히 유럽의 냉전 종언의 해이기도 했던 1989년부터 시작되었다.

필자는 동일본대지진 피해 복구, 특히 후쿠시마 제1원자력발전소 사고로 커다란 피해를 입은 후쿠시마 현 연안부 복구 문제와 함께 전 세계 무전력無電力 지역의 전기 공급 문제도 함께 생각하고자 한다. 아직도 지구에는 전체 인구의 약 20%에 해당하는 14억 명 가량의 사람들이 전기의 혜택을 받지 못한 채 살고 있기 때문이다.

여러 나라 사람들로부터 "히로시마広島, 나가사키長崎를 경험한 피폭국 일본이 어째서 원자력발전을 추진하는가"라는 질문을 받곤 한다. 우리는 이 질문에 어떻게 답하면 좋을까.

이제까지 에너지 문제는 정부의 종합자원에너지조사회総合資源エネルギー調査会 등에서 전력수요 증가에 대비하여 어떻게 공급을 확보할 것인가 하는 양적 충족 관점에서만 논의되어 왔다. 그러나 에너지 선택은 어떤 미래, 어떤 사회를 선택할 것인가라는 의미에서 사회적 선택이며 사회설계의 문제이다. 지금까지 일본의 사회학자나 정치학자에 의한 에너지 문제, 원자력 문제에 관한 발언은 제한적이었다. 그러나 이제는 사회과학적 분석과 제언이 요구되고 있는 때라 할 수 있다.

원자력발전은 어떤 사회적 문제를 내포하고 있는가? 대지진에서 살아남은 사람으로서, 대지진을 목격한 사람으로서, 후쿠시마 사고를 교훈 삼아 우리들은 어떤 에너지를 선택해야만 할까? "'전쟁이 끝난 후, 당신은 왜 살아서 돌아왔는가?'라는 질문이 당혹스러웠지만, 살아남은 내가 돌아올 수 있었던 것은 전후 시작될 새로운 삶의 방식에 희망을 걸었기 때문이다"라고 사카모토 요시카즈坂本義和는 최근 펴낸 회상록에서 자문자답하고 있다(『인간과 국가人間と国家』상권, 岩波書店, 2011, 87쪽). 태평양전쟁에서 살아남은 부모 세대가 끊임없이 자신에게 질문을 던져 온 것처럼 우리들은 대지진 이후를, 후쿠시마 사고 이후를 어떻게 살 것인가라는 질문에 직면해 있는 것이다.

당신의 대답은 무엇인가? 당신은 무엇에 가치를 둘 것인가?

이 책은 사회학자인 나 자신의 대답이기도 하다.

탈원전의 이정표에서 무엇을 읽어야 하는가

지난 9월 12일 저녁 나는 서울의 어느 모임자리에서 이상한 흔들림을 느꼈다. 바로 경주에서 지진이 났다는 뉴스를 확인했다. 순간 '원전은 괜찮을까'라는 생각이 머리를 스쳤다. 경주 부근에는 월성원자력발전소 6기, 고리원자력발전소 6기, 그리고 중저준위 핵폐기물 저장소가 있다. 이 모든 원자력 시설이 집중된 곳에 큰 지진이 발생한 것이다. 땅이 갈라지고, 집이 기울며, 기왓장이 떨어지는 등 구체적인 피해가 속출했고, 이후 여진이 계속해서 발생하여 정부에서도 경주를 특별재난지역으로 선포하였다. 실제로 수많은 이재민들이 밖에서 밤을 보내야 했고, 혹은 집안에서도 불안 속에 떨고 있어야 했다. 시민들은 지진이 발생할 때마다 어디로 피신해야 하는지 우왕좌왕하고 있다. 지진의 공포에 더해 원자력발전소의 안정성에 대한 불안감이 가중되고 있다. 원자력 발전소에 만일의 사태가 발생할 경우 사람들은 어디로 피해야 할 것인가? 모두 한꺼번에 거리로 쏟아져 나오면 꼼짝없이 재난을 당할 수밖에 없다. 고리원전은 부산시에 위치하고 있으며 반경 30킬로 이내에 340만 명이 살고 있다.

2011년 후쿠시마원전사고 이후 한국에서도 원전에 대한 부정적인 여론이 우세하였으나, 원자력발전에 대한 불안감은 시간이 지남에 따라, 그 주변지역을 제외하면, 점차 풍화되어 약해지는 경향이었다. 그런데 이번 경주지진으로 원전의 사고 위험성에 대한 불안이 다시 고조되고 있다.

실제로 이번 경주지진 후 밝혀진 바에 의하면, 부산-울산-경주를 잇는 영남권에는 양산활단층을 비롯하여 수많은 단층이 남북으로 혹은 동서로 빽빽하게 자리 잡고 있으며, 고리원전, 월성원전, 그리고 핵폐기물처분장은 그러한 단층 밀집지역, 즉 지진다발지역에 위치해 있다. 관계기관에서는 이러한 위험을 이미 지질조사를 통해서 인지하고 있었지만 이를 공표하지 않았고, 게다가 원전 추가 건설을 추진한 것으로 밝혀졌다. 따라서 지진에 따른 원전의 위험성은 가상의 심리적 현상이 아니라, 현실적 불안으로 지역민들의 삶을 흔들고 있다. 이번 경주지진은 다시 한 번 원전문제를 근본에서부터 검토할 필요가 있다는 문제점을 제기한다.

나는 하세가와 고이치 교수와 오랫동안 우정을 다져 왔고, 한국의 환경운동을 위해, 그리고 원전문제를 널리 알리기 위해 이 좋은 책의 출판을 희망하였다. 다행히 일조각에서 이 책의 번역, 출판을 결정하였다. 출판사 측에서 나에게 최종 감수를 부탁하면서, 다시 한번 책을 꼼꼼하게 읽고 생각하는 기회를 가지게 되었다.

이 시점에 하세가와 고이치의 『탈원자력 사회로』가 한국에서 출판된 것은 매우 시의적절하다고 할 것이다. 이 책은 도호쿠대학 대학원의 하세가와 교수가 2011년 후쿠시마원전사고 직후에 집필하여, 출판사 이와나미서점에서 출간한 저서 『탈원자력 사회로—전력을 녹색화하다』를 바탕으로 한 한국어 번역판이다. 이 저서의 영어 번역판은 2015년에 *Beyond Fukushima: Toward a Post-Nuclear Society*로 호주에서 출판되었다. 영문판에는 일본어판 출간 이후의 자료 보완과 함께, '후쿠시마 이후의 일본'이라는 새로운 장이 추가되었다. 그리고 한국어판은 일본어판을 기본으로 하면서, 영문판에 새롭게 집필한 제5장도 추가하였다.

하세가와 교수는 도쿄대학 대학원에서 사회학을 전공하고, 사회학박사를 취득하였다. 그는 사회운동이론, 환경사회학의 전문영역에서 많은 저작을 발표하였다. 『탈원자력 사회의 선택』(1996), 『환경운동과 신공공권』(2003), 『분쟁의 사회학』(2004) 등은 대표적인 저작들이다. 그는 홋카이도 '생활클럽생협'과 함께, 시민풍력발전운동을 주도하였다. 세계사회학대회가 2014년 일본 요코하마에서 개최되었을 당시, 하세가와 교수는 조직위원장으로서 큰 대회를 관리 운영하였고, 세계사회학회의 환경분과회의 회장을 역임하는 등 국제적으로도 왕성한 학술활동을 펼치고 있다.

이 책은 후쿠시마원전사고 직후에 출간되었지만 내용의 대부분은 그가 이 주제에 관해 20년 이상 조사, 연구해 온 탈원자력 사회에 관한 연구성과에 기초하고 있다. 1996년에 출간된 『탈원자력 사회의 선택』에는 이 저서에서 다루고 있는 주요한 주제의 상당 부분이 포함되어 있다. 그는 원전의 위험성을 알리고 원전에 대한 공포심을 바탕으로 탈원자력을 주장하는 종래의 방식을 탈피하여, 어떠한 방식으로 탈원자력으로의 에너지 전환을 이루어 갈 수 있는가를 설득하고 있다. 이것을 뒷받침하는 연구는 여러 가지이다. 그중 하나는 1989년 미국 캘리포니아 주 새크라멘토 시에서 경영위기에 빠진 원자력 발전소를 시민투표에 의해 폐쇄하고 탈원자력의 전력으로 전환한 사례를 자세하게 다루고 있다. 주민투표로 원자력 발전소를 폐쇄한 다음, 시민참가에 의한 절전, 태양광 등 재생에너지 생산체제 구축을 위한 시민들의 자발적인 기부행위, 그리고 전력의 유효 사용을 위한 수요관리체제의 도입 등을 통해서 원자력에 의존하고 있던 에너지 체제를 완전히 바꾸어 평화롭고 안전한 에너지시스템 구축에 성공하였다. 시민이 참가하는 광범위한 절전운동이 일어났고, 이때 '절전은 발전이다'라는 슬로건이 등장하였다. 이 새크라멘토 원전폐기는 세계의 원전반대운동에 큰 희망을 주었다.

실제로 2011년 후쿠시마 원전사고가 난 이후, 독일은 17기의 원전 중 8기를 즉시 가동 중지하였고, 2022년까지 모든 원전을 폐기하기로 결정했다. 탈원전이 국가 차원에서 결정되고 시행되기 시작한 것이다. 뿐만 아니라, 후쿠시마원전사고 이후 일본은 모든 원자력 발전소를 정지시키고, 점검하여 보다 엄격한 기준에 맞추어 원전가동을 재개한다는 원칙을 세워 23개월 동안 원전가동을 전면적으로 멈춘 적이 있다. 물론 화력발전의 가동률을 높이고 절전활동을 전개하여 수요와 공급을 모두 줄인 점도 있지만, 원전 없이도 에너지 공급에 큰 문제가 없다는 점을 독일과 일본에서 실제로 보여준 것이다. 원자력발전이 없으면 전력요금이 비싸진다느니, 원전을 없애자는 것은 원시사회로 돌아가자는 이야기라느니 하며 원전을 줄곧 옹호해 온 사람들에게 미국 새크라멘토, 후쿠시마 이후의 일본과 독일은 원전이 없어도 에너지 공급에 큰 문제가 없다는 점을 사실로 증명해 준 것이다.

이 지점이 탈원전의 출발점이 된다. 이 책에서는 원자력발전을 단계적으로 줄여 나가는 에너지 전환 시나리오를 보여 준다. 다양한 에너지믹스를 통해 궁극적으로는 탈원전사회로 나갈 수 있다는 노정이 제시된다. 또한 정부, 기업, 시민사회가 기존의 제도의 틀 속에서 각각 실천할 수 있는 프로그램도 다수 소개하고 있다. 그리고 그 일부는 이미 일본과 외국의 어떤 지역에서는 실천하고 있는 것들이 많다. 저자는 이러한 방향으로 나가기 위한 목표를 '전력의 녹색화'로 내걸고 있다. 원자력 발전을 당장 없애자는 주장보다는 전력의 녹색화를 통해서 탈원자력의 길을 단계적으로 모색할 수 있다는 언어 전략을 보여 주는 것이다.

하세가와 교수는 전력의 녹색화를 위한 몇 가지 기본 원칙을 제시한다. 즉 이해당사자의 합의, 합의에 기초한 비원자력화의 원칙, 재생가능에너지 최우선의 원칙 등이다. 그는 탈원자력화를 위해서 다양한 프로그램을 소개한다. 전력회사에 의한 재생에너지구입제도를 고정가격제로 바꾸는 일, 녹색전력증서 발행, 녹색기부금 등이 주요한 시책들이다. 그렇게 하기 위해서는 정부, 시민, 기업이 다 같이 각각의 처해진 상황에서 '토의민주주의'를 통해서 상호협력하는 이른바 컬래버레이션(Collaboration)이 필요하다. 시민과 전력회사의 협력,

시민과 지방정부와의 협력 등 다양한 협력체제를 구축하여 에너지 전환을 이루어 갈 수 있다고 저자는 역설한다.

후쿠시마 이후 5년이 지났지만, 일본은 탈원자력을 핵심으로 하는 에너지 전환의 계기를 만들지 못하고 있다고 저자는 비판한다. 전력회사와 정부와의 결탁, 원자력발전에서 부수적으로 생산된 고준위 폐기물의 재처리와 핵무장의 잠재성 등 에너지 이외의 여러 요소들이 일본의 탈원자력 사회 실현에 거대한 장애요인이 되고 있다. 원자력발전과 관련된 이해당사자들의 강고한 내부 결속 또한 탈원자력 발전에 거대한 걸림돌이다. 저자는 원전반대의 여론이 높고 반대운동이 이전보다 훨씬 광범위하게 전개되어 원전에 대한 반대가 찬성하는 시민보다 훨씬 많음에도 불구하고, 이런 움직임이 정치적 과정을 통해서 정책의 변화를 가져오지 못하는 일본의 정치제도에 큰 문제가 있다고 보고 있다. 그럼에도 반원전 시민운동에 희망을 걸고 일본의 탈원자력화를 위해 매진하자고 용기를 북돋운다.

『탈원자력 사회로』는 현재의 우리 상황에 대단히 중요한 시사점을 가진다. 한국의 원자력발전체제는 일본과 상당히 유사하다. 후쿠시마 이후, 일본의 발전체제가 많이 바뀌긴 했지만, 원전의 입지 선정, 원전 주변지역의 주민대책, 원자력 관계자들의 내부결속과 이해 독점, 원전건설기업과 전력회사, 그리고 정부의 전력담당부서가 서로 결탁하고 있는 점 등 일본과 참으로 유사한 점이 많다. 따라서 원전 추진체제가 그만큼 강고한 데 비해, 원자력 에너지체제를 바꾸어 보자는 세력은 너무도 빈약하다. 원전을 반대하는 핵물리학자는 전무

한 상태이며, 대부분의 핵물리학자들은 정부와 전력회사 측에서 원전을 옹호하고 있다. 일차적으로 지역주민들이 들고 일어나면, 환경단체도 가담하고, 지역의회나 정치가들도 움직이기 시작하지만, 탈원전을 정치적 아젠다로 내세운 정당은 정의당과 녹색당을 제외하면 아직 없다. 원전체제를 비판하고 정부를 원망하는 것만으로는 해결될 일은 아니다.

하세가와 교수의 이 책은 새크라멘토에서, 일본에서 그리고 독일에서 시민들이 어떻게 정부와 전력회사를 설득하고 움직였는지를 아주 자세하게 기술하고 있다. 시민들이 원전반대를 넘어서서 대안에너지의 실천, 기업과 시민사회와의 협력, 정부와 시민사회의 공동캠페인 등이 매우 중요한 출발점이라는 것을 우리들에게 시사하는 것은 아닌가 생각된다. 하세가와 교수는 저서의 책머리에서 한국은 대통령중심제이니, 정책전환이 어쩌면 일본보다 더 잘 이루어질 수 있다고 보고 있다. 한국에서의 정치적 변화가 탈원전의 계기가 되기를 그도 바라고 있으며, 이것이 아시아의 에너지체제, 평화체제, 민주주의의 발전에 큰 기여를 할 것으로 기대하고 있다.

일본, 중국, 한국 등 동아시아에는 원자력발전을 옹호하고 확대시키려는 세력이 여전히 강하다. 특히 중국의 원전건설계획은 정말 가공할 만하다. 그러나 후쿠시마 이후 한국, 일본, 타이완 등에서 반원전 세력은 힘을 얻고 있다. 그런 가운데 타이완은 시민들의 끈질긴 반대로 90% 이상의 공정이 끝난 제4원전을 폐기하기로 결정하였고 원전을 반대해 온 차이잉원이 총통으로 당선되었다. 동아시아의 반원전 세력의 국제연대, 정보교환, 상호협력이 필요한 시점이며, 이 책은 그러한 연결과 연대도 함축하고 있다.

2016년 10월
가톨릭대학교 명예교수(환경사회학), 환경운동연합 전 공동대표
이시재

차례

제 1 장

왜 원자력발전은 멈추지 않는가

미국연구소에 의해 발표된 폭발 후 후쿠시마 제1원전의 모습.
2011년 3월 14일 위성사진(사진제공: AFP=시사).

1
후쿠시마 제1원전 사고의 교훈

'해일'은 수소폭발 다음에 왔다

후쿠시마 제1원자력발전소(이하 원전) 1호기의 수소폭발로 날아가 버린 것은 원자로 건물만이 아니다. 녹아내린 것도 핵연료봉만은 아니다. 많은 국민이 이제까지 순진하게 그리고 막연하게 가져 온 국가에 대한 신뢰, 거대 전력회사에 대한 신뢰, 원전이라는 시스템에 대한 신뢰도 모두 날아가 버리고 녹아내렸다.

일본의 원자력기술은 이렇게 취약한가? 세계 최대의 민영 전력회사인 도쿄전력의 수뇌부와 기술자는 이토록 정말 아무것도 할 수 없었던 것일까? 항상 뒷북만 치다가 나라를 대표하는 리더의 역할을 제대로 해내지 못한 수상과 위기에 편승하여 권력 탈환만을 노리는 정치인들. 무책임하게 그저 뒷전에서 비난만 하는 야당과 재해지역을 이용한 나가타초永田町(국회 의사당 및 수상 관저가 있어, 막연히 정계를 뜻하는 말로도 통용)의 권력 게임. 낙관과 희망만을 무의미하게 반복하던 TV와 신문, 그리고 학자들.

국민과 후쿠시마의 아이들을 방사능 노출로부터 지키겠다는 등등의 강력한 메시지가 어째서 수상 관저와 국회 그리고 가스미가세

キ霞ヶ関(일본 중앙 정부의 성청省廳 밀집지구)에서 들려오지 않는 것일까?

이제 우리는 실감하였다. 정부도, 정치인도, 정부기관도, 그리고 미디어도 믿을 수 없다는 것을. 내 몸은 내가 지킬 수밖에 없다는 것을. 내 아이들을 보호할 수 있는 사람은 부모인 나뿐이라는 것을. 그게 아니라면 그저 아무것도 모르는 아둔한 인간처럼 살든가, 모든 것을 포기하고 살 수밖에 없다는 비참한 사실을 이제 우리는 알아 버리고 말았다.

우리는 아무것도 믿을 수 없고 누구에게도 의지할 수 없는 거친 파도 속에 갑자기 던져진 것이다. 우선 의심부터 하고 봐야 한다는 불신의 세계에 내던져진 것이다. 방사능이나 방사선이 오감으로 지각되지 않는다는 것은 대단히 상징적이다.

혼란, 정체, 무능이라는 새로운 거대 해일이 수상관저에서, 국회에서, 가스미가세키에서, 그리고 TV방송국에서 계속 몰려왔다. 진짜 '해일'은 수소폭발 다음에 온 것이다.

3월 11일 이후의 세상

천진난만하고 명랑한 웃음은 3월 11일로 사라졌다.

일본 사회 전체가 방사능 오염과 함께 살아가야 하는 새로운 시대가 시작된 것이다. 등굣길은 안전한지, 학교급식은 안전한지, 학교 옥외 수영장에서 아이들이 수영을 해도 괜찮은 것인지 등등 후쿠시마 현福島県을 중심으로 어린 아이들이 있는 동일본과 수도권 가정에서는 걱정이 끊이지 않는다. 채소, 찻잎, 해산물, 쇠고기 같은 식품과 수돗물 등 식수의 안전성에 두려워하면서 살아야 하는 새로운 시대가 시작된 것이다. 어디에 있든지, 무엇을 하고 무엇을 먹어도 그 장소와 식품의 방사선 수치를 의식하지 않을 수 없게 된 것이다. 정부나 공공기관, 미디어 등에서 '안전선언'을 발표하지만, 그 전제가 무엇인지 의문을 가지지 않을 수 없다.

"한국인들은 정부가 하는 말이라면 일단 의심부터 하고 보지만 일본 사람들은 정부를 신뢰해 왔으니까요." 5월 초 한국에 잠깐 다녀온 한국인 연구자가 제일 처음 한 말이었다.

최악의 사태는 앞으로 언제든지 또다시 벌어질 수 있다. 정부에 대한 불신, 시스템에 대한 의문을 전제로 건전성을 의심하고, 건전성에 주의를 기울이는 그런 새로운 시대의 시작인 것이다.

체르노빌이 소련붕괴로 이어지기까지

체르노빌은 우리 국가 체제 전체에 퍼져 있던 많은 병폐들을 드러내 주었다. 이 드라마는 오랫동안 쌓이고 쌓여 온 폐단이 일시에 모습을 드러낸 것이다. 이상한 사건이나 부정적인 프로세스의 은폐(묵살), 무책임과 무사태평함, 아무렇게나 대충 해 버린 일들, 하나같이 빠져 버린 알콜중독. 이것은 급진적 개혁이 필요함을 보여 주는 또 하나의 확실한 증거였다.

— 미하일 고르바초프ミハイル·ゴルバチョフ 著, 工藤精一郎·鈴木康雄 訳,
『고르바초프 회상록 상권ゴルバチョフ回想録 上巻』, 新潮社, 1996, 382쪽

소련의 마지막 대통령이었던 고르바초프Gorbachev는 체르노빌 사고를 이렇게 회고하고 있다. 그는 "기존 시스템이 그 가능성을 모두 다 써 버렸다는 것을 뚜렷이 증명해 보여 주는 무서운 증거였다"라고 적고 있다(같은 책, 377쪽).

'하나같이 빠져 버린 알콜중독'이라는 부분 외에는 지금의 일본에도 그대로 적용할 수 있지 않을까? 특히 "기존 시스템이 그 가능성을 모두 다 써 버렸다는 것을 뚜렷이 증명해 보여 주는 무서운 증거였다"는 문구는 그저 놀랍기만 할 뿐이다.

체르노빌 사고 이후 고르바초프 당시 서기장은 큰 충격을 받아 페레스트로이카perestroika(개혁)와 글라스노스트glasnost(정보공개)에 박차를 가했다. 사고가 일어난 1986년 4월 26일은 서기장 취임 후 1년 1개월밖에 지나지 않은 시점으로 페레스트로이카의 감행을 선언한 직후의 일이었다. 이 사고로 핵전쟁의 참상을 상기하게 된 고르바초프는 핵실험의 일방적 중지, 향후 10년간 전략 핵무기 전폐 등 냉전 종언을 향해 외교 면에서도 연달아 새로운 제안을 하였다.

체르노빌 사고로부터 1989년 11월 베를린 장벽 붕괴까지 3년 반, 1991년 12월 소련 붕괴까지는 약 5년 반 정도의 짧은 세월이다. 소련 사회의 붕괴는 체르노빌 사고를 계기로 고르바초프의 예상을 뛰어넘어 급속하게 진행되었다.

체르노빌 사고는 세계사적인 사건으로 유럽의 냉전 종언에 이르는 커다란 전환점이 되었고 소련붕괴의 계기가 되었다. "문자 그대로 국가를 궤도에서 이탈시켜버렸다(같은 책, 377쪽)". 그렇다면 후쿠시마 원전 사고는 일본과 세계에 어떤 전환점이 될 수 있을 것인가?

모든 냉각기능 상실에서 수소폭발까지

일본 사회와 정치가 후쿠시마 원전 사고에서 배워야 하는 교훈은 많다.

사고에 대한 상세한 내용은 일본어 및 영어로 된 보고서를 통해 알 수 있지만 그래도 사고의 원인과 경과를 간단히 정리해 보고자 한다.

3월 11일 지진발생 당시 도쿄전력의 후쿠시마 제1원전 원자로 총 6기 중 1호기에서 3호기까지는 운전 중이었고 4호기에서 6호기까지는 정기점검을 위해 운전이 정지된 상태였다.

14시 46분 진원지인 산리쿠三陸 앞바다에 매그니튜드magnitude(지진의 규모를 나타내는 척도) 9.0의 거대지진이 발생했고 운전 중이던 1호기에서 3호기 원자로는 자동 정지됐다. '멈추고, 식히고, 봉한다'는 세 기능 중 멈추는 것은 별 문제 없이 이루어진 것이다.

그러나 지진으로 원전에 전력을 공급하는 송전탑 1개가 무너지면서 1호기에서 6호기의 외부전원이 모두 끊기게 된다. 이에 따라 지하에 있던 비상용 디젤 발전기가 자동으로 가동을 시작했지만 약 1시간 후인 15시 20분경 후쿠시마 제1원전을 덮친 거대 해일로 물에 잠기게 되고 그 결과 1호기에서 4호기용 비상용 디젤 발전기는 모두 정지되었다. 이 때문에 1호기에서 4호기는 차례대로 모든 전원이 소멸되었고, 배터리에 의한 긴급 급수 조작만이 이루어졌다. 해일로 인해 비상용 디젤 발전기를 수납하는 터빈 건물도 침수되었고, 비상용 펌프 사용이 불가능해졌으며 중앙조작실도 정전으로 모든 작업이 어려워졌다. 비상용 노심냉각장치의 급수량 확인이 어려워졌고 도쿄전력은 16시 36분에 모든 냉각기능이 멈추었다고 판단하여 원자력재해대책특별조치법에 따라 정부와 지방자치단체에 이를 통보했다. 19시 3분 정부는 원자력긴급사태선언을 발령하고 원자력재해대책본부를 설치했다.

5호기와 6호기도 해일의 피해를 입었지만 1~4호기에 비해 약 3미터 정도 더 높은 곳에 있었기 때문에 비교적 침수 피해 정도가 적었다. 15시 40분 5호기의 전원도 모두 끊어졌다. 다행히 6호기용 공랭식空冷式 비상용 디젤 발전기 1대가 움직여 약 46시간 후에는 이 전원에 의해 냉각조작이 가능해졌고 그 결과 3월 20일 냉온정지상태가 되었다.

모든 전원이 끊기면서 배터리가 소모되어 긴급 급수 및 냉각이 불안정해졌고, 1호기에서는 원자로 내부 수위가 낮아지면서 원래 물속에 잠겨 있어야 하는 연료봉이 노출되었다. 그 결과 연료봉 온도가 급상승하였고 연료피복관 재료인 지르코늄이 물과 반응하면서 다량의 수소가 발생하였다.

다음 날인 3월 12일 이른 아침, 수소 등이 새면서 격납용기 내부 압력이 상승, 4시 정각에는 비상용 복수기復水器도 정지했다. 10시

17분, 압력을 낮추기 위하여 격납용기에서 벤트vent라 부르는 강제배기를 실시했다(이때 방사성 물질이 대기 중으로 다량 방출되었다).

15시 36분, 원자로건물 내에서 수소폭발이 일어나 건물이 날아가 버렸다. 냉각을 위해 원자로 내부에 바닷물을 주입하기 시작한 것은 지진 발생 후 약 29시간 뒤인 19시 06분부터였다.

조금 후 2호기에서도 같은 사태가 벌어졌고 연료봉이 노출되었다. 13일 11시 격납용기에서 배기가 이루어지고 14일 19시 54분 해수 주입이 시작되었다. 15일 6시 10분 압력억제실 근처에서 이상한 소리가 나면서 압력이 저하되었고, 이때 다량의 방사성 물질이 누출되었다고 추정된다.

고압급수계 등에 의해 냉각이 이루어지고 있던 3호기에서도 13일 2시 42분 고압급수계가 정지되면서 냉각 기능이 상실되었다. 압력용기 내 압력이 급상승, 8시 41분에 격납용기에서 배기가 이루어지고 13시 12분부터 해수 주입이 시작되었다. 14일 11시 01분, 원자로 건물 내에서 수소폭발이 일어나고 건물이 붕괴되었다.

운전 정지 중이었던 4호기에서도 15일 6시 14분 굉음과 함께 건물이 손상되었다. 9시 38분, 4호기 원자로 건물 내에서 화재가 발생했다.

고농도 오염수와의 격투

3월 17일 이후 헬리콥터, 방수차放水車, 소방차에 의한 물 공급 및 살수가 시작되었지만 이로 인해 다량의 방사선 물질을 포함한 물이

터빈 건물 지하 등으로 흘러들어 갔다. 이 사태를 수습하기 위해서는 터빈 건물 내 고농도 오염수를 처리하고, 냉각계 기기류를 점검 수리하여 원자로나 사용이 끝난 핵연료 저장수조(pool)의 순환냉각체제를 회복시킬 필요가 있었다. 그러나 그 전에 터빈 건물 내에 차 있는 고농도 오염수를 제거하지 않으면 점검 수리조차 할 수 없었다.

4월 2일, 2호기 취수구取水口 부근 파열된 부분에서 고농도 오염수가 바다로 흘러 들어가고 있는 것이 발견되었다. 이를 막기 위해 4월 4일 도쿄전력은 집중폐기물처리시설에 고여 있던 저농도 오염수를 바다로 방출하고 고농도 오염수를 집중폐기물처리시설로 옮겼다. 고농도 오염수 처리 문제로 고군분투하면서도 냉각수 주입으로 고농도 오염수를 계속 만들어 내는 상황이 반복되고 있었다.

1호기에서는 해일로부터 약 4시간 후인 11일 19시 50분경 핵연료의 열로 냉각수가 서서히 증발되어 핵연료가 모두 노출되었고 노심용해(멜트다운meltdown)가 시작되어 12일 6시경에는 핵연료가 압력용기 바닥으로 녹아내려 압력용기 바닥에 구멍이 생긴 듯하다. 마찬가지로 2, 3호기에서도 노심용해가 발생, 핵연료가 압력용기 바닥에 녹아내려 원자로 격납용기가 손상되었을 가능성이 예측되었다. '식히고, 봉하는' 기능은 전혀 작동하지 못한 것이다.

다량의 방사성 물질이 외부로 방출되었다는 사실을 감안하여 4월 12일 정부는 국제원자력평가척도(INES)의 잠정 평가를 체르노빌 사고에 필적하는 레벨7로 올려 발표했다(3월 18일 발표된 레벨5에서 수정). 1호기에서 3호기만으로도 체르노빌 사고 때 대기 중에 방출된 520

만 테라베크렐TBq의 10%를 넘는 약 63만 테라베크렐이 대기 중에 방출되었다(요오드 환산, 원자력안전위원회 발표).

사고 발생부터 4개월 정도 지난 7월 19일, 정부와 도쿄전력이 목표로 한 원자로의 안정적 냉각을 달성했으며, 2012년 1월 중순까지 냉온정지를 목표로 하고 있다고 발표했다[1].

이상이 도쿄전력과 정부에 의한 공식 설명이다. 그러나 최소한 1호기에 대해서만큼은 해일이 밀려 오기 이전부터 경고가 있었다. 다나카 미쓰히코田中三彦 등은 '지진발생 시 원자로 계배관係配管에 냉각재 손실사고가 일어날 가능성이 매우 높다'고 지적했던 것이다. 예를 들어 지진동, 즉 지진에 의한 진동으로 중대 손상이 있었다면 일본의 모든 원전의 안전성은 뿌리부터 흔들리게 된다. 도쿄전력과 정부는 이 지진동에 의한 손상을 감추고 있는 것은 아닐까? 어디까지가 지진에 의한 손상이고 어디까지가 해일에 의한 손상인지 아직 충분히 밝혀지지 않았다. 재해나 위험성의 평가와 마찬가지로 사고 평가에도 과소평가는 금물이다.

복합적으로 발생한 원전재해

후쿠시마 사고는 대지진과 거대 해일 그리고 인간에 의해 발생한 전

---

1 2011년 12월 16일 노다野田 수상(당시)은 '냉온정지'를 선언하고, 후쿠시마 사고는 수습되었다고 발표했다. 그러나 이 발표는, 후쿠시마 현 지사知事를 비롯하여, 많은 연구자들로부터 졸속판단이라는 비판을 받았다.

세계에서 선례를 찾아볼 수 없는 복합적인 원전 사고였다. 지진학자 이시바시 가쓰히코石橋克彦가 1997년 제기한 '원전 지진 재해'가 출현한 것이다.

후쿠시마 사고의 두 번째 특징은 세계에서 처음으로 1호기에서 4호기까지 4개의 원자로가 거의 동시에 위기 상황에 빠져 고농도 방사선 속에서 어려운 작업을 수행해야만 했다는 사실이다. 스리마일 섬 Three Mile Island 사고도, 체르노빌 사고도 사고를 일으킨 것은 원자로 1기뿐이었다. 원자로를 같은 곳에 모아 만드는 집중입지정책이 완전히 역효과를 냈다.

세 번째로 사고 발생에서 4개월 이상 지난 후에야 겨우 안정적인 냉각이 달성되고, 목표로 하는 냉온정지는 냉각 달성 후로도 3개월에서 반년을 더 기다렸다는 점이다. 스리마일 섬 사고는 6일, 체르노빌 사고도 10일째 되던 날에는 방사성 물질의 대량 방출이 대충 수습되어 있었다(다만 '석관'이 완성될 때까지 반년 이상 방사성 물질의 누설은 계속되었다).

네 번째는 방사능에 의해 오염된 물을 대량으로 유출, 방출하여 해양오염을 일으킨 것이다. 스리마일 섬 원전도 체르노빌 원전도 내륙에 입지해 있었지만, 일본의 원자로는 냉각용 물을 바다에서 가져오고 온배수를 다시 바다로 흘려 보내는 시스템이었기 때문에 모두 해안에 입지해 있다. 4월 2일부터 6일까지 4일 동안 바다로 흘려 보낸 고농도 오염수의 양은 약 520톤(포함된 방사능 총량은 약 4천 700테라베크렐)에 달한다. 또한 4월 4일부터 10일에 걸쳐 약 1만 393톤의 저농도 오염수도 방출되었다. 4일부터 10일 사이의 방수는 국내 어업 관계자뿐 아니라 한국, 중국, 러시아 등으로부터도 강력한 비난을 받았다.

과소평가 연쇄의 끝

집필 시점에서 아직 확인되지 않은 지진동에 의한 중대한 손상 가능성[2]은 일단 제쳐 두더라도, 사고의 직접적인 계기는 해일 피해에 주의를 기울이지 않았다는 사실이다[3]. 원래 해발 35미터였던 부지를 지반 등의 이유로 파내려 가서 높이 10미터 위치에 원자로 건물을 세웠다. 도쿄전력이 계산을 통해 예측하고 있던 해일의 높이는 5.7미터였지만 실제 해일은 14~15미터 높이로 덮쳤다. 5.7미터라는 예측치가 지나치게 낮다는 지적은 최근 들어 여러 차례 경고되었지만 도쿄전력, 원자력안전·보안원原子力安全·保安院, 원자력안전위원회 그 어느 곳에서도 대응하지 않았다.

과소평가는 해일에 대해서만이 아니다. 비상용 발전기의 배치 장소, 모든 전원이 소멸되는 상황에 대비할 필요는 없다고 여겨져 온 부분, 따라서 모든 전원이 소멸되는 상황에 대비한 대처 방안이 없었

---

2 도쿄전력과 정부는 지진동에 의한 중대한 손상 가능성을 부정하고 있지만 일부 연구자, NGO, 변호사 등은 그 가능성이 크다고 보고 있어 의견이 나뉜다. 도쿄전력과 정부는, 이 점에 관해 상세한 보고를 거부하고 있다.

3 해일 위험에 대한 과소평가의 역사적 과정과 제도적, 조직적 배경에 대한 상세 내용은, 添田孝史, 『原発と大津波 警告を葬った人々』(岩波新書, 2014)를 참조할 것.

다는 점, 오랫동안 비상용 벤트 시설을 설치하지 않은 점(후쿠시마 제1원전에서는 2001년이 되어서야 설치 완료), 피난 범위를 10킬로미터로 제한해 둔 점 등 중대한 과소평가가 여러 개 겹쳐졌다. 원자력안전위원회는 후쿠시마 사고가 발생하기 전까지 해일에 대한 안전심사기준도 만들어 두지 않았었다.

지하에 둔 비상용 발전기

비상용 디젤 발전기가 바닷가 터빈 건물 내부, 그것도 지하에 놓여 있었다는 점도 치명적인 실수였다. 후쿠시마 제1발전소에 비상용 발전기는 모두 13대 있었지만 그중 가동된 것은 독립된 건물에 있어 침수를 피할 수 있었던 6호기용 두 대, 그중에서도 공랭식 한 대뿐이었다는 것도 민망스럽다.

후쿠시마 제1발전소 1호기는 1966년 12월에 설치 허가를 받고 1967년 9월에 공사 인가를 받은 오래된 발전소로, 토네이도, 허리케인에 대비한 '미국식 설계' 그대로 지어졌기 때문에 비상용 발전기가 지하에 설치된 것이다. 도쿄전력 첫 원전이었던 1호기는 제너럴일렉트릭General Electric 등 미국 기업이 설계와 공사를 담당했다. "도쿄전력은 운전 가동 열쇠만 돌리면 된다는 'Full Turn Key' 계약으로 기술적인 부분은 완전히 빠져 있었다고 한다. …… 도시바東芝, 히타치日立 등과 같은 국산 제작업체의 역할이 커진 2호기 이후의 설계도 1호기를 거의 답습했다. 해일 등 일본과 미국의 자연재해 차이를 고려하여 개선할 여유를 가지지 못했다. 옛 통산성通産省 간부는 '미국 측 시방서대로 만들지 않으면 안전을 보증할 수 없다고 해서 하라는 대로 만들었다'고 기억하고 있었다"(「아사히신문朝日新聞」, 2011년 6월 11일자 석간).

해일의 위험성이 높은 일본에서 비상용 발전기를 지하에 두는 것은 위험하지 않은가 하는 의문이 후쿠시마 사고가 나기까지 45년 이상이나 제기되지 않은 것이다.

도쿄전력, 원자력안전위원회, 원자력안전·보안원의 안전의식은 이 정도였던 것이다. 사실상 해일에 대해서는 무방비나 마찬가지이다.

후쿠시마 사고 이후에도 다른 원전에서 계속 문제가 발생하고 있었다. 일례를 들자면, 4월 7일 여진이 발생했을 때 도호쿠전력東北電力의 히가시도리東通 원전에서는 외부 전원이 두 계통 모두 정지되었다. 비상용 디젤 발전기 1기가 가동되었지만 연료인 경유가 새서 정지되었고, 또 다른 2기는 점검으로 인해 사용할 수 없을 정도로 엉터리였다. 다행히 외부 전원이 복구되었기 때문에 큰 사고로 번지지는 않았다. 경유 누출의 원인은 2월 정기점검 때 부품을 반대로 끼웠다는 정말 작은 실수였다. 11일 이후 여진이 계속되는 상황에서 후쿠시마 사고가 있었음에도 불구하고 비상용 디젤 발전기가 정상 가동되는지 확인도 하지 않았던 것이다.

모든 전원 상실을 예측하지 못했다

각 전력회사는 외부 전원이나 비상용 발전기의 전원 기능이 8시간 이상 정지될 수도 있다는 사실을 전혀 예측하지 못했다. 뿐만 아니라 원자력안전위원회는 1990년 원전 안전설계심사지침에서 "장기간에 걸친 전체 교류동력전원交流動力電源 상실은 송전선의 복구 및 비상용 교류전원설비의 복구를 통해 해결할 수 있기 때문에 고려 대상이 되지 않는다"고 확인해 주었다. 모든 전원 상실 사태를 상정하지 않아도 된다고 해 온 일본 원자력안전위원회의 책임은 매우 무겁다. 상정하지 않아도 되어 왔기 때문에 일본의 원전에는 전체 전원 상실상태에 대처할 지침이 없었다. 상실되는 사태에 대비한 대처 방안이 없었던 것이다. 후쿠시마 사고 직후 벤트가 늦어지고 해수 주입이 늦어진 것에 대한 비난이 있었으나 보다 더 근본적인 원인은 처음부터 모든 전원 상실 사태에 대비한 대처 방안이 전혀 없었다는 것이다.

미국에서는 1981~1982년 오크리지국립연구소Oak Ridge National Laboratory; ORNL에서 후쿠시마 제1원전과 동형의 원자로에 대해 모든 전원이 상실되었을 사태를 상정한 시뮬레이션을 실시한 뒤 그 결과를 원자력규제위원회Nuclear Regulatory Commission; NRC에 제출했다. 계산된 연료 노출, 수소 발생, 연료 용융 등의 시나리오가 이번 사고 경과와 아주 유사하다고 한다(「아사히신문」, 2011년 3월 31일자).

원래는 비상용 벤트 시설도 없었다

12일 10시 17분경, 격납용기 내 물이 끓어올라 압력이 높아지면서 부서질 위험성이 높아졌기 때문에 공기 배기 밸브를 통해 방사능을 포함하고 있는 증기를 밖으로 빼고 압력을 내리는 격납용기의 벤트가 이루어졌다. 1989년 NRC는 '마크1'이라 불리는 후쿠시마 제1원전과 같은 형태의 격납용기에 벤트 시설 설치를 권고했고 미국에서는 모든 '마크1' 용기에 벤트 시설이 설치되었다. 일본은 '시비어 액시던트severe accident(예상을 훨씬 뛰어넘는 원전 사고)'는 일어나지 않는다는 전제하에 벤트 시설 설치가 필요 없다고 여겨 왔으나 1992년부터 당시 통산성에서 벤트 시설 설치를 요구하기 시작했고, 후쿠시마 제1원전에서도 2001년까지 벤트 시설이 다 설치되었다. 그러나 매뉴얼이 없었기 때문에 (사고 당시) 벤트에 너무 많은 시간이 걸렸고, 벤트가 정말 효과가 있었는지 여부도 확실히 알 수 없는 상황이었다[4]. 만약 벤트 시설이 설치되어 있지 않았다면 이번 사고에서 격납용기가 폭발하여 다량의 방사성 물질이 대기 중에 방출되었을 가능성도 있다. 후쿠시마 제1원전과 같은 비등수형로沸騰水型炉를 가진 쯔루가敦賀 원전 1호기에도 벤트 시설이 없었지만 후쿠시마 사고 이후 설치되었다.

---

4 1호기와 3호기에서는 벤트가 실시되었지만, 2호기에서는 벤트가 실패했다. NHK 스페셜 「멜트다운メルトダウン」 취재반(2015)을 참조할 것.

수상의 현지 시찰이라는 실수

3월 12일 아침, 간 나오토菅直人 수상이 마다라메 하루키斑目春樹 원자력안전위원회 위원장과 함께 직접 헬리콥터로 현지를 시찰한 것도 커다란 판단 착오였다. 가장 중요한 시간대에 약 4시간 반 정도의 시간이 허비되면서 벤트와 해수 주입이 늦어지게 된 것이다. 비상시 최고지휘관으로서 관저에서의 지휘에 충실해야만 했다. 수상의 시찰은 부질없이 사태를 악화시켰을 가능성이 크다.

피난범위는 10킬로미터까지

원자력안전위원회는 국제원자력기관International Atomic Energy Agency; IAEA의 제안을 무시하고 피난 범위를 과소 평가하는 실수를 범했다. 일본의 방재 지침은 JCO사고[5]가 있었음에도 불구하고 8~10킬로미터까지만 피난범위로 정하고 있었다. JCO사고 등을 계기로 2007년 5월에 개정되었지만 그때도 IAEA가 제안한 5~30킬로미터 긴급방호조치계획범위에 대해 '충분한 기준치를 확보하고 있다'며 형식적으로만 개정하는 정도의 수준에 머물렀다. 피난 지시가

---

5 JCO사고는 1999년 9월 이바라키 현 도카이 촌의 JCO(스미토모금속광산住友金属鉱山의 자회사)회사의 핵연료가공공장에서 발생한 임계사고이다. JCO의 허술한 작업공정관리로 발생한 사고로 우라늄농축 중이던 작업인부 3명 중 2명이 죽고 1명이 중상을 입었다. 이 공장은 주택지에 자리하고 있던 탓에 근처 주민 667명이 피폭당했고 주변 10km 이내 주민 약 31만 명이 집안에 대피해야만 했다. 사고에 의한 피폭으로 사망자가 나오고 인근 주민이 피폭 당한 사례로는 일본 국내 처음이다.

자꾸 뒷북만 치고 피난 대상 구역이 사후 약방문식으로 점점 확대된 것은 그때까지 피난 범위를 10킬로미터 이내로만 생각했기 때문이다. 게다가 11일 21시 23분, 간 수상은 '반경 3킬로미터 이내에 있는 주민에게는 피난을, 반경 3~10킬로미터 이내의 주민에게는 자택 대기'를 지시했는데 이 지시의 전제는 사고가 24시간 내에 수습된다는 것이었다. 결국 12일 18시 25분, 피난 지시 범위는 20킬로미터로 확대될 수밖에 없었다.

정부는 123억 엔을 들여 방사성 물질의 확산을 예측하는 '긴급 시 신속 방사능영향 예측 네트워크시스템(SPEEDI)'을 개발했지만 SPEEDI 예측결과의 발표를 주저하는 등의 실태를 반복했다. SPEEDI가 작성한 2천 매 이상의 예측결과 중 3월 23일 처음으로, 그것도 겨우 2장만 발표되었다. 거의 모든 예측결과가 공개된 것은 5월 3일 이후이다. 초기에 공개하여 정확한 지시를 내렸다면 이타테 촌飯舘村과 같이 20킬로미터권 밖의 핫스팟(방사선량이 높게 나타나는 지역) 지역 주민을 비롯한 상당수 사람들의 무의미한 피폭을 막을 수 있었을 것이다.

고향에서 쫓겨나다

동일본을 중심으로 넓은 지역에 핫스팟에 대한 두려움과 식품, 수돗물의 안전성, 그리고 내부 피폭에 대한 두려움이 퍼져 나갔다.

그중에서도 오염에 대한 두려움으로 과도한 스트레스를 받으며 생계를 걱정하고 있는 이들은 후쿠시마 현 사람들이다. 후쿠시마 현재해대책본부에 따르면 5월 10일 시점에서 후쿠시마 현의 피난자 수는 현 총인구의 약 5%에 해당하는 9만 8,290명이었다[6]. 이 중에는 지진 재해로부터 두 달이 지나도록 각 시·정·촌市·町·村(일본 행정 구획의 명칭)이 파악하지 못한 피난처 미확인자 3만 9,037명이 포함되어 있다. 7월 14일 기준 후쿠시마 현의 피난자 수는 8만 888명, 피난처 미확인자는 2만 7,451명이다. 이와테 현의 피난자는 7,422명, 미야기 현은 1만 9,452명으로 크게 감소하고 있다(소방청 통계).

게다가 4월 22일 '계획적 피난구역'으로 지정된 이타테 촌처럼 20킬로미터권 외의 지역들에서도 5월 말까지 피난해야 하는 사람들이 1만 명은 더 있다.

4차 피난, 5차 피난, 피난소 및 피난처를 이곳저곳 옮겨 다녀야 하는 사람들도 적지 않다.

결국 8만 명 전후의 사람들이 언제 돌아올 수 있을지 모르는 피난 생활을 시작한, 전후 일본이 시작된 이래 첫 비상사태가 계속되고 있다. 게다가 해일 피해 지역과 달리 근처 지역으로의 집단 피난이나 이전이 어렵고, 생활고에 대한 불안은 더욱 커지고 있다. 전국에 걸쳐 뿔뿔이 흩어지는 피난이 강요되고 있다. 가족끼리도 뿔뿔이 흩어져야 하는 경우도 적지 않다.

---

6 이와테 현과 미야기 현에서는 해일 피해로 인해 지금도 약 10만 명 정도가 가설주택 등에서 피난 생활을 이어가고 있다. 후쿠시마 현에서는, 현재도 약 11.2만 명이 어쩔 수 없이 피난 생활을 하고 있으며, 그중 약 6만 6,000명은 정부의 지시로 현 내에, 약 4만 6,000명은 후쿠시마 현 밖에서 자발적으로 피난하고 있다(2015년 5월 14일, 부흥청復興庁 발표).

정부와 도쿄전력은 1,000억 엔 규모의 기금을 만들고 전체 후쿠시마 현민을 대상으로 앞으로 30년간 피폭영향조사를 실시할 예정이다. 저선량 피폭低線量被爆(매일 조금씩 피폭된 경우)의 '인체실험'이 장기간 진행되는 사태가 벌어진 것이다.

'무덤으로 피난하겠습니다'

"매일매일 원전 이야기뿐이고, 좀처럼 살아 있다는 기분이 들지 않습니다. 이 방법밖에 없습니다. 안녕히 계세요. 저는 무덤으로 피난하겠습니다. 죄송합니다."

6월 하순 목을 매고 자살한 미나미소마 시南相馬市 긴급 시 피난준비구역에 사는 93세 여성의 유서이다(『마이니치신문每日新聞』, 2011년 7월 9일자). 4~6월 사이 후쿠시마 현 내 자살자는 160명으로 작년 같은 기간보다 약 20% 증가했다. 스카가와 시須賀川市 농가의 64세 남성의 자살(3월), 이타테 촌 102세 남성의 자살(4월), 소마 시相馬市 50대 낙농가 남성의 자살(6월), 가와마타 정川俣町 58세 여성의 분신자살(7월) 등 피난을 강요당하거나 농업의 장래에 대한 절망감에 쫓겨 특히 고령자의 자살이 눈에 띈다[7].

---

7 동일본대지진 관련 자살자 수는 미야기 현 39명, 이와테 현 32명이나, 후쿠시마 현에서는 61명으로 두 배에 달한다. 게다가 미야기, 이와테 두 개 현에서는 사고 첫 해인 2011년이 가장 많고 2012년부터 조금씩 줄고 있지만, 후쿠시마 현에서는 2012년 이후 자살하는 사람의 수가 늘고 있다(2015년 3월 12일, 내각부內閣府 자살대책추진실自殺対策推進室 발표).

2
왜 원전 건설은 계속되어 온 것일까

지진대국과 원자력대국은 함께 갈 수 없다

일본은 2010년 12월 말 기준 장기 휴지 중인 몬주もんじゅ 원전을 제외하면 총 54기의 원자로를 보유하고 총 4,896만kW의 설비 용량을 가지고 있으며, 미국, 프랑스에 이은 세계 제3위의 원자력 대국이다. 발전전력량 중 원자력발전의 비율은 30.8%이다(2010년도).

그러나 일본은 4개의 플레이트 경계에 위치하고 있어서, 숙명적으로 '지진 대국'이다. 동북지방 태평양 앞바다 지진과 후쿠시마 사고가 우리에게 일깨워 준 것은 지진 대국과 원자력 대국은 양립할 수 없다는 사실이다. 이시바시 가쓰히코가 지적한 것처럼 일본은 이미 대지진 활동기에 들어왔다. 지구상의 지진활동 중 약 10%가 집중되어 있는 이 좁은 섬나라 일본에 54기의 원자로가 있는 것이다. 전 세계 상업용 원자로의 12.2%이다. 또한 이시바시는 이번 지진으로 일본열도 거의 전 지역에서 지진이 일어나기 쉬워졌다고 말하고 있다(정말로 '원전지진재해'이다).

필자는 전 세계의 탈원자력화, 특히 동아시아의 탈원자력화를 바라고 있다. 그리고 전력의 녹색화를 솔선해서 이끌어 갈 책임은 후쿠시마 사고의 당사국이자 지진 대국인 일본이라고 생각한다.

후쿠시마 사고를 계기로 스위스나 독일은 서둘러 정책을 전환했다. 두 나라는 일본과 달리 지진 활동이 적은 나라이다. 그러나 후쿠시마 사고를 겪은 지금도 일본정부가 그리고 일본의 전력회사들이 원자력정책, 에너지정책을 근본적으로 바꿔 갈 것인지는 쉽게 예측할 수 없다.

후쿠시마 사고 후 간 수상은 에너지기본계획 재검토를 표명하고 7월 13일 기자회견에서 장기적으로 '원전에 의존하지 않는 사회를 지향하겠다'고 했다.

원전 추진인가, 아니면 탈원전인가. 이제까지 오랫동안 국정에서 주변적인 위치에 있던 원자력정책과 에너지정책이 갑자기 국정의 중요한 사안이 되었다.

원전이 3E를 훼손했다

일본이 원자력발전을 추진하는 기본적인 이유는 에너지 자급률 4%로 주요 선진국 중 가장 에너지 자급률이 낮다는 점 때문이다. 에너지기본계획에도 있는 것처럼 이제까지 원자력발전을 추진하는 이유로 제시되어 온 것은 3E['에너지안전보장(energy security)', '환경적합성(environment)', 경제효율성(economic efficiency)']의 실현이었다.

그러나 정작 후쿠시마 사고는 3E에 근본적인 훼손을 입힌 원흉이 되어 버렸다.

원자력발전이 에너지안전보장에 크게 기여해 왔다고 일반적으로 알려져 있지만 정말 사실일까?

일본은 2000년 이후 세 번의 전력 위기가 있었다. 세 번 모두 원자력발전이 그 원인이었다.

첫 번째는 2002년 8월부터 2003년까지 도쿄전력 등에서 원전 관련 데이터가 은폐되었던 사실이 발각되면서 일시적으로 도쿄전력의 원전 17기가 운전을 멈춘 것이다.

두 번째는 2007년 7월 16일에 일어난 주에쓰中越 앞바다 지진(매그니튜드 6.8)으로 도쿄전력의 가시와자키카리와柏崎刈羽 원전 7기가 손상되면서 장기간 운전이 정지된 사건이다.

2011년 3월에는 동일본대지진 재해와 후쿠시마 사고로 인해 약 2주간 도쿄전력 관내에서 계획적인 정전이 실시되었고, 7월부터 9월까지 전년도 대비 15%의 절전이 요구되고 있다.

경제적인 면에서도 원전 사고는 외국인관광객의 일본 기피 현상, 각국의 일본 농산물 및 공업 제품의 수입 규제 등으로 일본경제에 큰 손실을 가져왔다. 원자력발전은 에너지 정책의 기본목표인 3E를 크게 훼손한 것이다.

피폭국이기 때문에 '원자력의 평화적 활용'을

어째서 피폭국 일본이 이토록 강력하게 원전을 추진해 온 것인가? 후쿠시마 사고 이후 외국 연구자들로부터 자주 받는 질문 중 하나이

다. '위험사회론'의 울리히 벡Ulrich Beck도 "핵병기의 철저한 비인간성을 끊임없이 고발해 온 나라가 왜, 동시에 …(중략)… 그 어떤 주저함도 없이 원자력 개발을 결단할 수 있었던가"라는 질문을 던지고 있다(울리히 벡ウルリッヒ·ベック 著, 鈴木宗德·伊藤美登里 編, 『리스크화하는 일본사회リスク化する日本社会』, 岩波書店, 2011, 5~6쪽).

그에 대한 첫 번째 대답은 바로 피폭국이기 때문에, 미국은 일본을 원자력의 평화적 활용, 원자력 발전 기술의 판매 대상으로 삼은 것이다. 1953년 12월 아이젠하워 대통령의 유엔 총회 연설 「평화를 위한 원자력(Atoms for Peace)」에는 미국이 라이선스 비용을 받고 핵연료를 자본주의 진영 내 국가에 판매함과 동시에 원자력협정을 통해 핵무장을 저지하겠다는 양면의 의도가 함께 들어 있었다. 원자력의 평화적 활용과 핵병기는 다르다는 것을 보여 주기에 가장 좋은 나라가 바로 피폭국 일본이었다. 요미우리신문사読売新聞社 사주이자 초대 과학기술청 장관, 원자력위원회 위원장을 지낸 쇼리키 마쓰타로正力松太郎 등에게 미국이 벌인 공작은 사노 신이치佐野真一의 『거괴전巨怪伝』(文芸春秋, 1994)과 아리마 데쓰오有馬哲夫의 『일본TV와 CIA日本テレビとCIA』(新潮社, 2006)에서 자세히 다루고 있다. 요미우리신문사가 주최한 '원자력의 평화적 활용 박람회'(1955~1956년) 등을 중심으로 히로시마 시에 가한 압력은 다나카 도시유키田中利行의 「원자력의 평화적 활용'과 히로시마'原子力平和利用'と広島」(『世界』 820, 2011)에 자세히 언급되어 있다.

두 번째 대답은 일본은 패전국이며 자원이 부족한 나라이기 때문에 과학 기술을 발전시켜 선진국 대열에 들어야 한다는 과도한 열망이 있었다는 점이다. 패전으로 자원이 부족한 작은 나라가 되어 버린 일본은 원자력이라는 최신 기술로 경제를 성장시켜 풍요를 추구하고자 한 것이다. 1970년 3월 14일 오사카大阪 만국박람회 개회식 당일 만국박람회장에 전기를 공급한 곳이 그때 막 영업 운전을 시작한 쓰루가 원전 1호기였다는 점은 매우 상징적인 사건이다. 결국 패전국이라는 심리적 트라우마가 성장을 서두르게 한 것이다. 석유자원 확보가 태평양전쟁의 직접적인 계기였다는 역사적 트라우마도 있다. 제1차 남극 관측대 월동대장을 지낸 니시보리 에이자부로西堀栄三郎가 원자력의 평화적 활용을 비판하는 사람들을 향해 '불을 무서워하는 야수들'이라고 했던 것(뒤에서 논의, 이 책의 117쪽)도 바로 이러한 심리적 트라우마를 대변한다.

1년에 2기씩 가동 개시

그렇다면 어떤 사회적인 메커니즘이 원전을 지탱해 온 것일까? 일본은 미국과 달리 국가가 강력하게 지원하는 원자력발전 촉진 시스템을 교묘하게 구축해 왔다.

[그림 1-1]은 일본 원자력발전의 추이를 그래프화한 것이다. 일본의 원자력발전은 1970년부터 1979년까지 거의 일직선으로 확대 일변도를 보이고 있다. 미국이 1970년대 중반부터 급속한 원전 탈피를 보였던 것과 매우 대조적이다.

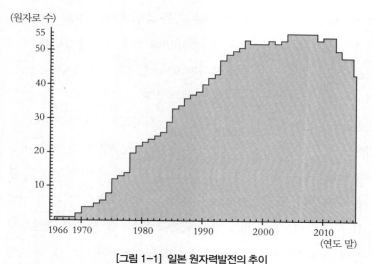

[그림 1-1] 일본 원자력발전의 추이

출처: 『원자력시민연감 2015』(원자력자료정보실 편, 七つ森書館, 2015, 79쪽)에 기초하여 다시 작성(2015년 4월까지의 데이터).

1970년대에 20기, 1980년대에는 16기, 1990년대에는 15기가 가동되었다. 거의 1년에 2기씩 운전이 개시되었다. 노화되어 이미 폐쇄된 일본 최초의 원전 도카이東海 1호기만이 영국제 가스냉각로였고, 나머지는 도쿄전력을 중심으로 하는 GE, 도시바, 히타치 계열의 비등수형로와, 간사이전력을 중심으로 하는 웨스팅하우스Westinghouse Electric Company; WH, 미쓰비시중공업三菱重工 계열의 가압수형로加圧水型炉의 양 진영으로 나뉜다. 가동을 개시한 원자로는 1970년대에는 비등수형과 가압수형이 각각 10기씩이다. 1980년대에는 각각 8기씩이었고, 1990년대는 비등수형로가 9기 가압수형로가 6기이다. 1970년대, 1980년대는 완전하게 양쪽 진영에서 일을 분담해 왔음을 알 수 있다. 2010년 12월 말 기준 가동 중인 54기는 비등수형로가 30기, 가압수형로가 24기이다. 1990년대 이후 가압수형로가 약간 적은 이유는 1993년 운전을 개시한 오이大飯 4호기를 마지막으로 간사이전력이 원전 신설을 중지했기 때문이다.

원자력발전은 계획 결정에서 운전 개시까지의 리드타임이 길다. 그럼에도 불구하고 1년에 각각 1기씩 운전이 개시되었다는 것은 비등수형로와 가압수형로 진영이 오랫동안 교묘하게 역할 분담을 해 왔음을 보여 준다. 요시오카 히토시吉岡斉는 전기사업연합회가 각 전력회사에 원전 건설 할당량을 주어 왔다고 주장하고 있지만(『원전과 일본의 미래原発と日本の未来』, 岩波書店, 2011, p. 34) 아무래도 옛 통산성의 의지가 작용해 온 것으로 보인다.

국제적으로는 점점 가압수형로가 주류가 되고 있지만 일본은 도쿄전력이 주도해 왔기 때문에 비등수형로가 우세하다. 중대사고過酷事故*를 일으킨 후쿠시마 제1원전도 비등수형로이다. 비등수형로는 원자로를 통과한 물을 수증기화하기 때문에 수증기에 방사능이 포함되어 있고, 평소 운전 시에는 원자로 건물과 터빈 건물까지 모두 이 방사능 수증기로 오염되어 있다. 제어봉은 아래에서 투입되기 때문에 밑으로 빠져 떨어질 위험성이 있는 등 여러 가지 안전상 문제점이 지적되어 왔다.

[그림 1-1]과 같이, 일본에서 가동 중인 원자로 수는, 2004년 말부

---

* 원자력 설계 시 상정한 범위를 넘어선 통제불가능한 사고(예를 들어 용융이나 격납고 파열과 같은·사고)를 의미하는 것으로 영어로는 'severe accident'에 해당한다.

터 2008년 말에 걸쳐 55기가 최고였다. 그 후, 하마오카浜岡 1, 2호기와 같이, 노화된 원자로의 폐쇄가 시작되었다. 후쿠시마 원전 사고 후에는, 2012년 4월 후쿠시마 제1원전 1~4호기의 폐로가, 2014년 1월에는 5, 6호기의 폐로가 결정되었다. 2015년 4월에는, 쓰루가 1호기, 미하마美浜 1, 2호기, 시마네島根 1호기, 겐카이玄海 1호기의 폐로가 결정되었다.

현재 일본에는 43기의 원자로가 있으며, 새로운 규제기준에 맞춰, 일부 재가동되고 있다.

'사회주의'적인 원전 건설

오랫동안 일본의 원전은 지극히 '사회주의'적으로 계획적인 건설이 진행되어 왔다. 사회주의 국가 이상으로 사회주의적이었다.

이는 도로 건설 시스템과 매우 유사하다. 일찍이 공공사업 관련 법체계 중 가장 전형적인 것이 바로 도로법 시스템이었다. 도로법을 중심으로 계획, 관리, 재원, 관련 특수 법인, 환경 관련 법체계가 딱 들어맞게 시스템화되어 있다. 1954년 이래로 5년마다 도로 정비 5개년 계획이 세워졌다. 각료회의에서 결정된 이 계획은 도로 정비의 목표와 사업량(공용 연장과 필요한 예산)을 정한 것이다. 도로건설과 관련된 정책 결정의 중심은 도로정비5개년계획의 개정, 갱신에 있었다. 원전 건설은 민간 설비 투자지만 정부의 사회주의적인 계획에 기반을 두고 있다. 구조는 매우 비슷하고, 똑같이 아주 철저하게 시스템화되어 있다.

　도로정비5개년계획에 대응되는 것이 장기에너지수급전망과 원자력개발이용장기계획(2005년부터 원자력정책대강原子力政策大綱으로 명칭 변경)이다. 1965년 발족된 통산성 장관의 자문기관인 종합에너지조사회総合エネルギー調査会(2001년 1월 이후 종합자원에너지조사회総合資源エネルギー調査会로 변경)가 심의하고 답하는 장기에너지수급전망은 단순 수급 견해가 아닌 실질적인 에너지 정책이다. 3~4년에 한 번씩 대략 15~20년 후를 목표 연도로 하는 장기에너지수급전망을 발표하고, 그것을 토대로 전원 입지 결정이 추진되어 왔다. 국회 심의를 거치지 않고 각료회의 결정으로 정책이 결정된다는 점도 실질적인 도로정책인 도로정비5개년계획과 매우 유사하다. 에너지의 안정적 공급을 지향하는 통산성 자원에너지청資源エネルギー庁 공익사업부公益事業部의 정책과 각 전력회사의 전원개발정책은 아주 잘 맞춰져 있다.

원자력행정의 실질적 일원화

원전과 도로 및 다른 공공사업의 정책 절차 면에서 커다란 차이점은 도로건설은 광역 농로農路 등을 제외하면 건설성建設省(현 국토교통성国土交通省 도로국道路局) 소관의 일원체제였으나, 2001년 성청省庁 재편 때까지 상업용 원자로는 통산성이, 실용화 단계가 되면 과학기술청科学技術庁이 소관하는 이원체제였다는 점이다.

　일본 원자력 정책의 최고 의사결정기관이며 오랫동안 실질적으로 양쪽 세력 간 이해 조정 역할을 담당해 온 곳이 원자력위원회이다. 원자력위원회가 거의 5년마다 개정해 온 것이 원자력개발이용장기계획, 약칭 '장기계획'이다. 1956년부터 모두 9회에 걸쳐 개정이 이루어졌다. 제10회째는 개정을 위해 2004년에서 2005년에 걸쳐 정책회의가 열렸다. 2004년 회의에서 장기계획의 명칭을 '원자력정책대강'으로 바꾸기로 하고, 2005년 10월 '원자력정책대강'이 정리되어 각의에서 결정되었다. 그러나 실질적으로는 명칭만 변경된 것이다. 정책대강의 개정은 2010년 12월부터 시작되었지만 후쿠시마 사고로 중단되었다[8].

성청 재편으로 과학기술청은 해체되고, 원자력 관련 업무는 경제산업성(옛 통산성)으로 대폭 이관되었다. 몬주사고(1995년), JCO사고(1999년), 그리고 과학기술청 소관 관련 사고가 계속되면서 경제산업성은 다년간의 숙제였던 원자력행정 일원화에 성공했다.

성청 재편 전에는 원자력위원회 위원장은 과학기술청 장관이 맡았으나 재편 후에는 민간인으로 바뀌었다. 이는 원자력위원회의 지위 격하를 의미한다.

안전규제의 유명무실화

일본 원자력 행정의 구조적인 문제점은 원자력안전위원회나 원자력

---

8 2014년 12월 16일 '원자력정책대강'의 개정은 중지되었다. 원자력위원회도, 위원이 5명에서 3명으로 줄었으며, 그 주된 역할도, 방사성 폐기물과 플루토늄 관리에 관한 정책 결정으로 대폭 축소되었다.

안전·보안원에 충분한 독립성이 없고 안전 규제가 유명무실했다는 점이다.

1974년 원자력선 무쓰むつ의 방사선 누출 사고가 계기가 되어 미국의 NRC를 모방하여 원자력위원회 기능 중 '안전규제' 부분을 독립시켜 1978년에 만든 것이 원자력안전위원회이다. 다만 NRC와 다른 점은 사무국에 과학기술청 원자력안전국原子力安全局 원자력안전과原子力安全課 소속 직원 20명이 있을 뿐 원자력안전위원회 내부 전담 직원이 없다는 점이다. 형식적으로는 총리부総理府 기관이었지만 사무실은 과학기술청 내부에 있어(원자력을 추진하는 원자력위원회와 같은 층에 있었다) 실질적으로는 과학기술청 내 원자력안전국에 사람과 예산, 정보 모두를 의존하고 있었다.

NRC는 일본에서도 유명한 증권거래위원회Securities and Exchange Commission; SEC나 주州 단위의 공익사업규제위원회Public Utility Commission; PUC와 함께 사법, 행정, 입법 3권에서 독립되어 있고 재정 및 규제 제정의 준사법 기능과 준입법 기능을 가지고 독자적인 인허가권을 가진 독립적인 행정위원회이다. 연간 예산은 10억 4,600만 달러, 직원은 384명이다(2009년 위원회 웹사이트 정보). 뒤의 제2장에서 설명할 [표 2-1]에서 알 수 있듯이 미국에서 발주된 원자로 249기 중 NRC가 발족된 1975년 이후 발주된 것은 13기에 지나지 않으며 그것도 모두 고비용 등을 이유로 취소되어 운전개시에 이르지 못했다. 취소된 125기의 대부분은 NRC 발족 후에 취소된 것이다. NRC의 강력한 규제는 설계 변경 요구 등으로 원전 건설 및 운전 비용을 높임으로써 결과적으로 원자력 탈피로 귀결되었다.

성청 재편 후의 '원자력무라ムラ*'

성청 재편 후 일본에서는 발전용 원자로뿐 아니라 핵연료사이클 시설에 대해서도 경제산업성 내에 신설된 원자력안전·보안원에서 안전규제를 담당하게 되었다. 원자력안전·보안원 직원은 약 800명이다. 원자력안전위원회는 안전심사지침 제정 등을 담당하고 또한 보안원이 원전의 안전성을 확인한 후 당연히 더블체크를 하게 되어 있다. 원자력안전위원회 위원은 5명이며 직원은 약 100명이다.

원자력안전위원회, 원자력안전·보안원과 같은 일본의 규제당국과 NRC는 예산, 인원, 권한 등 여러 면에서 차이가 크다. 먼저 일본의 원자력안전위원회와 원자력안전·보안원의 인원을 모두 합쳐도 미국 NRC의 약 1/4 정도이다. 또한 일본의 원자력안전위원회는 미국 NRC와 달리 자문기관으로 인허가권이 없다. 미국의 NRC는 Nuclear Regulatory Commission의 약자로 위원회 명칭에도 규제 기능이 표시되어 있지만 일본의 원자력안전위원회의 명칭에 들어간 '안전'은 상징이며, 허명에 지나지 않는다.

---

* 'ムラ'란 한자 '村'에 해당하는 단어로, 마을이란 뜻이 있다. 여기서는 원자력발전업계와 관련된 기업, 관료, 정치인, 학자 등 특정 관계자에 의해 구성된 폐쇄적 사회집단을 의미한다. 그들은 외부에 대해 폐쇄적이며, 내부적으로는 상부상조하면서 외부자의 의견을 비전문적인 것으로 비하하고 조롱한다. 한국에서의 '원자력마피아'에 해당한다.

후쿠시마 사고 발생 전부터 IAEA는 원자력안전위원회와 원자력안전·보안원을 독립시키도록 권고해 왔지만 정부는 사실상 이를 묵살해 왔다. 원자력안전위원회의 독립성 확보와 원자력안전·보안원을 경제산업성에서 분리하려는 논의는 후쿠시마 사고 이후에야 본격적으로 시작되었다[9].

후쿠시마 사고 전까지 원전 추진을 억제하는 모든 개혁을 거부해 온 것은 폐쇄적인 원자력무라였다.

종합자원에너지조사회 주도로

발전소 설치 계획에 국가 권위를 부여하는 역할을 해 온 전원개발조정심의회電源開発調整審議会(1952년 발족)는 성청 재편 후 종합자원에너지조사회 내 전원개발분과회電源開発分科会가 되었다. 전원개발조정심의회 때는 수상이 장이 되고 개별 발전소 설치계획을 '전원개발기본계획電源開発基本計画'으로서 국가 권위를 부여하는 기관이었다. 개별 발전소 건설조차 성청 횡단적으로 국가가 권위를 부여하고 국책으로 진행되어 왔다는 점이 일본 전력 행정의 큰 특징이다.

경제산업성 내부에서 전력자유화론이 고조되던 2003년 10월, 전원개발주식회사電源開発株式会社가 민영화되면서 전원개발기본계획

---

9 2012년 9월 19일, 원자력안전·보안원과 원자력안전위원회는 재편되고, 원자력규제위원회Nuclear Regulation Authority; NRA와 환경성環境省의 외국外局으로 그 사무를 보기 위한 원자력규제청原子力規制庁이 발족되었다. 원자력규제위원회는 경제산업성으로부터 완전히 독립된 형태로 출발했다.

이 폐지되고 2004년 10월부터는 경제산업성 장관이 '중요전원개발지점重要電源開発地点'을 지정하게 되었다. 종전에는 종합에너지조사회, 원자력위원회, 전원개발조정심의회 이렇게 3개의 자문기관이 원자력 정책을 규정했으나 성청 재편 후에는 자원에너지청 내 종합자원에너지조사회가 주도하는 체제로 바뀌었다.

종합자원에너지조사회의 업무는 경제산업성 장관의 자문 요구에 따라 에너지의 안정적이고 효율적인 공급 확보에 관한 종합적이고 장기적인 시책에 관하여 중요 사항을 조사 심의하는 것이다. 주요 멤버는 전 경제산업성 관료들과 전기사업연합회電気事業連合会 회장, 석유연맹石油連盟회장 등 에너지 업계와 산업계 수장들로 이루어져 있고 실질적으로 원안을 작성하는 것은 자원에너지청 장관과 관방종합정책과官房総合政策課 관료들이었다. 원안 작성 단계에서 전력, 가스, 석유화학, 철강, 요업, 종이펄프, 자동차 등 관련 업계들로부터 의견을 모으고 정책 조정이 이루어졌다. 환경NGO나 환경정책 연구자로부터 비판적 견해를 적극적으로 검토하려는 노력은 없었다. 전현직 관료들과 업계의 이익, 기득권의 이익을 옹호한다는 점에서 기존 노선의 연장선상에서 정책이 형성되어 왔다고 볼 수 있다. 이념주도형의 대담한 정책 전환은 이루어지기 어려운 구조이다. 이 점은 성청 재편 전과 같다. 업계가 내놓는 희망적인 숫자와 경제 성장에 대한 기대치를 기반으로 에너지 소비 증가의 전망이 작성되고, 수급 부족분은 원자력발전으로 메운다는 발상이 일관되게 적용되어 왔다.

2003년 10월 이전, 도쿄전력 전 부사장이자 자민당自民党 참의원参

議院 의원(당시)이었던 가노 도키오加納時男 등에 의해 만들어진 에너지정책기본법에 근거하여 종합자원에너지조사회에서 에너지기본계획이 만들어졌고 3년마다 개정되었다(2007년 3월 제1차 개정, 2010년 6월 제2차 개정). [그림 1-1]과 같이 1997년 이후 원전 건설이 답보상태에 머물게 되고 전력 자유화에 대한 요구가 강해지자 원전 추진 세력의 위기 의식이 새로운 추진 근거로 에너지정책기본법과 에너지기본계획을 요구한 것이다. 후쿠시마 사고 후 간 수상은 2011년 5월 10일 에너지기본계획을 백지 상태로 돌려 재검토하겠다는 자세를 보였다[10].

경직성과 자기유지적 성격

그칠 줄 모르는 대규모 공공사업뿐 아니라 모든 부문에서 정책 전환이 더디게 이루어지는 일본의 특성 그리고 정책 결정 과정의 경직성이 국내외로 드러나면서 일본의 국제적 신용은 저하되고 국내적으로도 초조함이 커져가고 있다. 그중에서도 기득권의 이익 비호로 인한 문제 해결 지연, 미봉책적 대응, 정책 당국자의 위기의식 부족이라는 점에서 원자력발전과 관련된 문제는 더욱 두드러지고 있다. 앞서 언급한 고르바초프의 회고처럼 후쿠시마 사고는 "이 나라의 수많은 병폐의 근원을 드러내 보여" 주었고 "오랫동안 쌓여 온 모든 악폐

---

10 2012년 12월 총선거 후 아베安倍 내각하에서 에너지기본계획의 '재검토'가 추진되어, 2014년 4월 '원전의존도를 최대한 낮추겠다'고 하면서도 원자력발전은 '에너지 수급 구조의 안정성에 기여하는 중요한 전원이다'라고 하는 새로운 에너지기본계획이 각의에서 결정되었다.

를 모아 놓은" 것이라 할 수 있다.

관료제는 전반적으로 자기유지적 성격을 가지는데 원자력산업도 군수산업처럼 자기유지적 성격이 강하다. 군사기술의 민생 전환 목적으로 시작된 원자력산업은 군수산업과 매우 닮아 있어 다른 업종으로의 전환이 쉽지 않다. 원자력산업은 산업 자체가 살아 남기 위해서라도 원자력 개발이 필요하다.

특히 미국, 프랑스와 달리 군사용 (원자력) 개발을 하지 않는 일본은 미쓰비시중공업, 히타치, 도시바 등의 원자력 부문을 존속하기 위해서는 원전의 새로운 증설과 핵연료사이클 계획을 유지할 필요가 있다.

조직론적으로는, 일본의 관료제 조직처럼 상의하달방식이 아닌 조직은 수장의 리더십이 발휘되기 어렵고, 내부조정과 합의 형성에 시간이 걸리기 때문에 일반적으로 정책 전환이 쉽지 않다. 특히 일본 관청처럼 간부 후보생이 직무를 2~3년에 한 번씩 교대하는 직무 순환(Job Rotation) 시스템에서는 주위에서도 재임기간 중 기존 방침을 답습해 주기를 바라며 그래야 승진도 무난히 이루어진다. 따라서 대부분의 간부 및 간부 후보생이 그렇게 행동하게 되고, 그 결과 조직 전체에 '누적된 무사안일주의'가 생겨나게 된다.

원자력발전 문제처럼 외부의 반대 의견들과 갈등을 일으킬 수 있는 과제이면서 정치적으로도 중대한 쟁점인 경우 내부에서 재검토가 제안되는 경우는 거의 없다. 필자가 '긴급성 압력'이라 불러 온 국제적 압력, 제소, 판결, 재해, 사고, 정권당 유력 정치인의 개입 등 긴급 대응을 촉구하는 조직 외부로부터의 사회적 압력이 없는 한 정책 전환은 발의되기 어렵고, 조직 내부의 합의도 얻기 어렵다.

파급 효과를 피하기 위해 지극히 방어적이고 경직된 대응을 하는 모습은 일본 공공사업에서 자주 볼 수 있다. 나고야신칸센공해소송 名古屋新幹線公害訴訟 당시 원고 측의 감속 요구에 대해 소송 1, 2심이 피고 측 국철(당시)이 주장한 '전노선파급론全路線波及論'을 채용했다는 것이 그 전형적인 예이다. 한 곳이라도 반대 측에 양보하게 되면 그 파급 효과로 다른 공공사업도 중단될 수 있다는 우려 때문이다. 이와 마찬가지로 원전이 1기라도 멈춘다면 모든 원전이 멈출 수도 있다는 '전면파급론全面波及論'이 정책 당국의 자기유지성을 점점 더 높여 왔다. 도미노가 쓰러질까 두려워하는 방어적 심리이다.

전기를 사용하는 만큼 원전 예산은 증가된다

경직적인 정책이 계속되는 그 이면에는 이를 지탱하는 재정 메커니즘과 밀접하게 연관된 기득권의 이익 시스템이 있다. 대규모 공공사업이 계속되는 것도 재원과 기득권 이익에 의한 자기유지적 시스템이 만들어지고 있기 때문이기도 하다.

그 전형적인 예도 도로 재원이다. 휘발유세법과 지방도로세법(2009년도부터 지방휘발유세법) 등에 기반한, 도로 건설로 사용 목적이 제한된 '특정재원'이 도로 건설의 재정적인 근거였다(2008년도에 도로특정재원제도道路特定財源制度는 폐지되었지만 실질적인 변화는 없다). 예를 들면

휘발유를 사면 그 안에 리터당 53.8엔의 휘발유세가 포함되어 있다 (국도 등의 정비에 이용되는 휘발유세는 48.6엔이며, 현의 도로 및 시·정·촌 도로 정비에 사용되는 지방휘발유세는 5.2엔이다). 달리면 달리는 만큼 도로가 건설되는 시스템이지만 대부분의 사람들은 잘 알지 못한다.

원자력 관련 연간 예산은 경제산업성과 문부과학성文部科学省을 합쳐 연간 4,323억 엔이다(2010년도 예산안). 전력은 1kWh 0.375엔, 가정용 전기요금 단가의 약 2% 미만을 전기요금에 포함시켜 자동 징수하는 전원개발촉진세電源開発促進税가 있고, 이에 근거한 '에너지대책특별회계·전원개발촉진계정エネルギー対策特別会計·電源開発促進勘定'(구 전원개발촉진대책특별회계電源開発促進対策特別会計)가 있다. 이처럼 정부는 소비자에게 명시하지 않고 세금 및 공과금에 포함시켜 자동 징수하는 방식으로 도로 및 발전소 관련 재원을 확보하고 있다. 게다가 전원개발촉진세는 전기요금 명세서에도 기입되어 있지 않기 때문에 대부분의 소비자는 아무것도 모르는 채로 돈을 지불하고 있는 것이다. 연간 전력 사용량이 3,600kWh 정도인 평균 세대의 경우 연간 1,350엔을 지불하는 셈이다. 선량한 일본의 소비자들은 이 제도가 도입된 1974년부터 '자기도 모르게' 전기요금의 일부로서 이를 부담하여 원자력발전의 입지를 촉진해 왔다. 에너지대책특별회계·전원개발촉진계정의 수입액은 약 3,162억 엔이며 그중 '전원3법교부금電源三法交付金'이라 부를 수 있는 전원입지대책비電源立地対策費가 약 1,790억 엔이다(2010년도 예산안).

전원3법교부금은 오일쇼크 이후인 1974년 다나카 가쿠에이田中角

米 내각 때 통산성이 만든 제도로, 원자력 시설 입지를 위한 최대 무기이다. 전원개발촉진세법, 전원개발촉진대책특별회계법(현 특별회계에 관한 법률特別会計に関する法律), 발전용시설주변지역정비법発電用施設周辺地域整備法 이렇게 세 개 법에 기반한 교부금제도이다. 1960년대 중반 이후 공해, 환경문제에 대한 관심이 높아지면서 안전 등에 대한 불안으로 반대운동이 강해지고 원자력 시설 입지가 어려워지자 '민폐료지급' 시스템이 만들어졌다. 전원3법교부금은 발전소 입지 지역과 주변 지방자치단체에 지급되는 돈으로, 예전에는 건설 시작부터 운전 개시 후 5년째까지 지급되었다. 원자력 시설의 경우 10년 정도에 걸쳐 지급되어, 문화교육시설, 스포츠시설, 도로 등 공공시설 건설에 주로 사용되었다. 2003년부터 제도가 재검토되고 전원입지 지역대책교부금電源立地地域対策交付金으로 일원화되면서 사용 용도에 탄력성이 생겼다. 착공 전 입지 가능성 조사 다음 해부터 지급되고 다양한 명분으로 운전 종료 시까지 지급된다. 135만kW의 원전을 1기 유치하면 입지 가능성 조사 다음 해부터 운전 종료 시까지 약 45년간 총 1,215억 엔이 해당 시·정·촌과 인접 시·정·촌 및 현에 지불되는 것이다[시미즈 슈지清水修二, 「원자력재정을 국민 손에原子力財政を国民の手に」, 『科学』81-7, 2011, 677쪽]. 미국이나 유럽에는 전원3법교부금과 같은 제도가 없다. 일본을 본뜬 대만은 1988년 '대만공사촉진전원개발협조기금관리변법台電公司促進電源開発協助基金管理辨法'을 제정했고, 한국은 1989년 '발전소 주변지역 지원에 관한 법률'을 제정하여 전기사업자로부터 전기요금의 일부를 각출하여 지역 대책을 마련

하고 있다[시미즈 슈지, 「전원3법은 폐지해야만 한다電源三法は廃止すべきである」, 『世界』 819호, 2011, 102쪽].

또한 원전 정책 결정 과정은 도로 건설이나 토지개량사업 등과 같은 공공사업과 달리 '족의원族議員'(관련 업계의 이익 보호를 위해 관계 관청에 강한 영향력을 행사하는 의원) 없이 경제산업성과 전력회사 사이에서 의사 결정이 이루어지고 있다. 족의원이 형성되지 않는 이유로는 발전소 건설이 민간 설비 투자이고 위험시설이며 민폐적 성격이 강하고 유치를 둘러싼 경쟁이 심하지 않으며 입지에 적합한 지역이 한정되어 있다는 특수성과 원전 건설비가 1기당 4,000억 엔 전후로 도로정비나 토지개량사업 등에 비해 절대적인 예산규모가 훨씬 작기 때문이다.

국가를 대변하는 재판소

원전, 고속증식로, 핵연료사이클시설 등 많은 원자력 시설에 대해 건설 및 운전 중지를 요구하는 행정소송이나 민사소송이 있어 왔다. 그러나 일본의 재판소는 원자력 시설 관련 소송에 대해서는 특히 더 현상유지적이고 피고 측에 편중된 모습을 보여 주고 있다. 지난 40년간 발생한 약 20건의 소송 중 원고가 승소한 판례는 겨우 2건뿐이다[11].

11 후쿠시마 사고 후, 획기적인 판결이 두 건 나왔다. 2012년 11월에 제소된 오이 원전 3, 4호기 운전 정지를 요구한 재판에서, 2014년 5월 21일, 후쿠이福井 지방법원은 운전 정지를 명하는 판결을 내렸다(간사이전력関西電力 측이 항소 중). 2015년 4월 14일, 다카하마高浜 원전 3, 4호기 재가동을 인정하지 않는 가처분을 요구한 재판에서, 후

2003년 1월 나고야 고등지방법원 가나자와金沢 지부에서 내려진 몬
주 고법판결과 2006년 3월 시가志賀 원전 2호기에 대한 가나자와 지
방법원 판결이다. 그러나 두 건 모두 상급심에서 다시 원고 측이 패소
하였다. 제소로 건설공사가 일시 중단된 적도 없다.

유럽과 미국에서 재판소 판결로 원전과 원자력 시설이 폐쇄되는
것과는 대조적이다.

사회적 감시 기능 미약

성청 재편 전에는 과학기술청과 통산성의 이원적 체제였다. 그러나
상업용 원자력발전은 정책 결정의 일원성이 두드러졌고, 성청 재편
후에는 원자력 정책 전반에서 일원성이 점점 더 강화되어 가고 있다.
제도와 예산 모두 국회가 관여할 수 있는 기회가 지극히 제한되어,
후쿠시마 사고가 나기 전까지 에너지 문제와 원자력 문제에 대한 정
치인의 관심은 여야당을 불문하고 원전이 들어선 지역 의원이나 전력
업계 또는 관련 노동조합의 지지로 선출된 의원 정도였다.

자민당은 전력업계로부터 거액의 정치자금을 받아 왔기 때문에 오
랜 기간 원전을 추진해 왔다. 민주당民主黨은 원자력 문제에 대해서
도 매우 애매한 입장이었다. 전력회사 노조로 이루어진 전력총련電力

쿠이 지방법원은, 재가동을 인정하지 않는다는 가처분을 명했다. 그리고 2015년 12
월 24일, 간사이전력의 이의신청을 받아들여 후쿠이 지방법원은 이 가처분을 취소
했다(제5장, 이 책의 312쪽 참조).

総連, 도시바, 히타치, 미쓰비시전기나 파나소닉パナソニック 등과 같은 전기회사 노조로 구성된 전기연합電機連合의 지지를 받은 의원 역시 원전을 강력하게 지지해 왔다.

사민당은 원전에 부정적이었고, 공산당도 소극적이었지만 자민당이 주도하는 일당 우위 체제가 오랫동안 계속된 연유도 있어서 원전 문제는 국회의 큰 쟁점이 될 수 없었다.

이와 달리 미국에서 원전 문제는 경제정책이나 임신중절 등과 함께 원전을 지지하는 공화당과 반대하는 민주당 간에 정책적인 입장이 대립되는 전형적인 쟁점이었다. 대통령 선거, 상하원 선거, 주지사나 주의회 선거에서 상호 우열을 가리기 어려운 경쟁관계에 있는 만큼 원전 문제 역시 최근까지도 정치적인 대립의 축이 되어 왔다. 다만 현재 민주당의 오바마 정권은 원자력 추진 쪽이다.

일본 원자력 행정에서 원자력관련법은 원자력기본법原子力基本法 (1955년 공포) 이후 독자적인 법체계를 이루어왔고 일원적, '성역'적이라는 특색을 갖고 있으며 옛 공해대책기본법公害対策基本法, 환경기본법環境基本法 등의 규제 대상으로부터 분리되어 왔다. 성청 재편 때까지 옛 환경청環境庁이 온배수温排水[화력, 원전 등에서 배출되는 온수 (공해의 일종)] 규제에 관여한 것이 전부이다. 성청 재편 후 환경청은 환경 중 방사성 물질 감시 및 측정과 방사성 폐기물의 적정 처리를 담당하게 되었다. 환경정책을 담당하는 중앙 부처에 방사성 물질과 방사성 폐기물에 관한 규제 권한이 거의 없는 곳은 일본과 일본을 모델로 삼은 한국, 대만뿐이다.

환경영향평가법環境アセスメント法, 環境影響評価法은 OECD 회원 29개국(당시) 중 가장 늦은 1997년에 성립되었는데 1976년 제1회 법 안 제출로부터 무려 21년이나 걸린 결과이다. 환경영향평가법 제정 이 이렇게 난항을 겪은 이유는 발전소 건설 지연을 우려한 전력업계 나 통산성이 오랫동안 법제화에 반대해 왔기 때문이다. 또한 제정된 법률도 발전소만을 특별 취급하여 통산성 장관의 권고, 변경 명령 등 통산성의 권한이 대폭적으로 인정되었다.

그 후 사업 실시 단계 전 정책 입안 및 계획 단계부터 평가 및 '전략 적 환경영향평가戰略的環境アセス メント'가 필요하다는 하라시나 사치 히코原科幸彦 등의 주장에 따라 2011년 4월 환경영향평가법이 개정 되고, 시행이 개시된 2013년 4월부터 입지 검토 단계부터 평가가 이 루어지게 되었다. 최종적으로는 발전소도 포함되었으나 경제산업성 과 전력회사는 끝까지 집요하게 예외 취급을 요구하였다[하라시나 사 치히코, 「발전소와 환경영향평가의 불행한 역사發電所と環境アセスメントの不 幸な歷史」, 『科学』81-7, 2011]. 뿐만 아니라 개정 전에도 개정 후에도 방 사능 오염은 영향평가항목에서 제외되어 있다.

결국 일본의 경우 독립적으로 원전을 견제하는 제도적인 기회가 부족했다고 볼 수 있다. 소비자 단체, 환경단체 등을 포함하여 일본 의 각종 사회적 감시기구의 힘이 약한 탓에 원전은 이른바 성역으로 서 공공연히 비판할 수 없게 된 것이다. 원전에 대한 사회적 감시가 얼마나 효과적으로 기능하는지는 그 사회 민주주의의 척도이며 후쿠 시마 사고 이후 일본 사회에 던져진 최대 과제 중 하나라 할 수 있다.

3
돈다발과 권력 — 원자력시설 수용 메커니즘

원전 우편번호의 의미

대형 사고를 일으킨 후쿠시마 제1원전은 후쿠시마 현 후타바 군双葉
郡 오쿠마 정大熊町 오지후자와지키타하라大字夫沢字北原 22번지에
위치하고 있고 우편번호는 979-1301이다. 가동 중인 원전 중에서
가장 오래된 후쿠이 현 쓰루가 원전의 우편번호는 914-8555이다.
필자가 사는 미야기 현에 있는 오나가와女川 원전은 우편번호 986-
2293이다. [그림 1-2]에서 알 수 있듯이 일본에는 17개 지역에 원전
이 있지만 그중 9곳이 9로 시작되는 우편번호를 가지고 있다. 원자로
54기[12](운전 종료된 3기와 장기 휴지 중인 몬주는 제외) 중 35기(64.8%)는
우편번호가 9로 시작된다. 일본의 원전은 9로 시작하는 우편번호에
집중되어 있는 것이다. 이것은 무엇을 의미할까?

우편번호가 1로 시작되는 동경도나 2로 시작되는 동경도, 치바 현
千葉県, 가나가와 현神奈川県, 5로 시작하는 오사카 부 등의 도부현都
府県에는 원전이 없다.

---

12 2015년 4월 말 시점까지, 폐쇄되지 않은 일본의 원자로는, 후쿠시마 원전 사고 이전
    의 54기에서, 43기로 줄었다. 제5장 각주1을 참조할 것.

원전의 우편번호는 일본 원전 대부분이 주변부에 위치하고 있음을 보여 준다. 특히 호쿠리쿠北陸 4개 현과 미나미도호쿠南東北 3개 현이 모두 우편번호 9로 시작된다는 점은 대단히 흥미로운 사실이다. 뿐만 아니라 미군기지 문제로 어려움을 겪어 온 오키나와 현沖繩県 역시 9로 시작된다. 아오모리 현青森県 가미키타 군上北郡 롯카쇼 촌六ヶ所村의 핵연료사이클 시설을 운영하는 니혼겐넨日本原燃주식회사의 우편번호는 039-3212이다. 기타도호쿠 3개 현과 홋카이도北海道의 우편번호는 0으로 시작한다.

그러나 동경도 지요다 구代田区 우치사이와이 정内幸町에 있는 도쿄전력 본사의 우편번호는 100-8560이다. 가스미가세키에 있는 경제산업성의 우편번호는 100-8901이다. 대기업 본사가 집중되어 있는 지요다 구 오테 정大手町의 우편번호는 100-0004이다.

100-0001은 동경도 지요다 구 지요다 1-1에 있는 황궁의 우편번호이다.

이렇듯 일본의 우편번호는 일본의 가치 기준, 일본만의 독특한 '지방 감각'을 보여 준다.

가치의 중심은 황궁이고, 우편번호 숫자가 커질수록 가치 중심에서 멀어지는 거리를 나타내는 것이다. 우편번호가 9로 시작한다는 것은 오키나와 현이나 호쿠리쿠 지방, 미나미토후쿠가 일본사회의 주변부에 위치한다는 뜻이다. 그리고 상업용 원자로 중 2/3는 모두 이들 주변부에 위치하고 있다.

일본에서 우편번호 제도가 시작된 1968년부터 지금까지 일본은 황궁과의 거리가 사회적 가치로 이어지는 시스템을 유지해 오고 있는 것이다.

우편번호의 발상지인 미국의 우편번호는 매사추세츠 주가 위치한 뉴잉글랜드지역과 뉴저지주가 0번으로 시작하고 기본적으로는 북쪽에서 남쪽으로, 동쪽에서 서쪽으로 매겨진다. 따라서 워싱턴이 수도라고 해서 가장 적은 숫자가 되는 것은 아니다.

일본은 대략 동경도가 1로 시작되고 치바, 가나가와 현이 2, 기타 간토北関東(이바라키茨城, 도치기栃木, 군마群馬, 사이타마 현埼玉県)와 나가노 현長野県이 3으로 시작되며, 야마나시山梨, 시즈오카静岡, 아이치 현愛知県이 4, 기후岐阜, 시가滋賀, 미에 현三重県, 오사카 부가 5, 와카야마和歌山, 나라奈良, 효고兵庫, 돗토리鳥取, 시마네 현島根県, 교토 부京都府는 6, 오카야마岡山, 히로시마, 야마구치 현山口県과 시코쿠四国가 7, 규슈九州가 8, 호쿠리쿠와 미나미도호쿠 및 오키나와 현이 9, 기타도호쿠와 홋카이도가 0으로 시작한다. 동경을 중심으로 주변으로 갈수록 번호가 커지는 것이다

이와 비슷한 제도로 철도의 '상행/하행'을 들 수 있다. 동경역을 향하면 북에서 출발하든 남에서 출발하든 상행이고, 동경역에서 나오는 것은 무조건 하행이다. 이것 역시 일본만의 독특한 시스템이며, 일본 특유의 가치에 대한 감각을 보여 주는 것이라 할 수 있다. 다른 나라 철도에는 상하행 개념이 없는 것으로 알고 있다.

이와 관련하여 교토가 수도였던 시대에는 교토에 가까운 쪽이 상행이었다. 지금도 니가타 현新潟県 조에쓰上越 지방(도야마 현富山県에

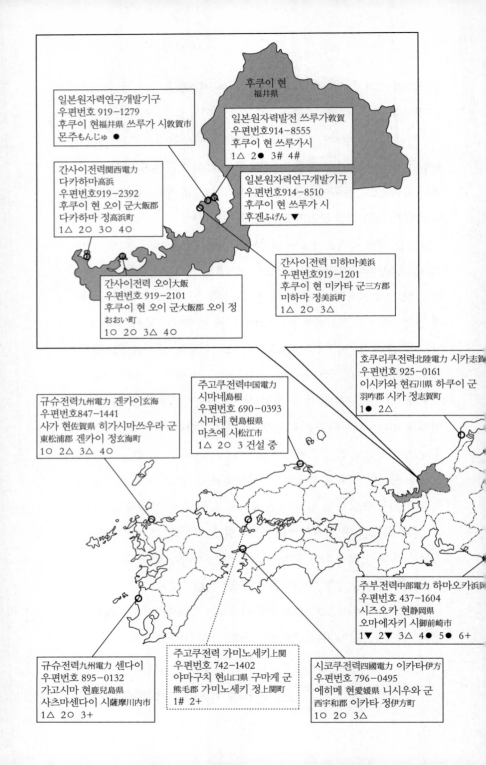

후쿠이 현
福井県

일본원자력연구개발기구
우편번호 919-1279
후쿠이 현福井県 쓰루가 시敦賀市
몬주もんじゅ ●

일본원자력발전 쓰루가敦賀
우편번호914-8555
후쿠이 현 쓰루가시
1△ 2● 3# 4#

간사이전력関西電力
다카하마高浜
우편번호919-2392
후쿠이 현 오이 군大飯郡
다카하마 정高浜町
1△ 2● 3○ 4○

일본원자력연구개발기구
우편번호914-8510
후쿠이 현 쓰루가 시
후겐ふげん ▼

간사이전력 오이大飯
우편번호 919-2101
후쿠이 현 오이 군大飯郡 오이 정
おおい町
1○ 2○ 3△ 4○

간사이전력 미하마美浜
우편번호919-1201
후쿠이 현 미카타 군三方郡
미하마 정美浜町
1△ 2○ 3△

호쿠리쿠전력北陸電力 시카志賀
우편번호 925-0161
이시카와 현石川県 하쿠이 군
羽咋郡 시카 정志賀町
1● 2△

규슈전력九州電力 겐카이玄海
우편번호847-1441
사가 현佐賀県 히가시마쓰우라 군
東松浦郡 겐카이 정玄海町
1○ 2△ 3● 4○

주고쿠전력中国電力
시마네島根
우편번호 690-0393
시마네 현島根県
마츠에 시松江市
1△ 2○ 3 건설 중

주부전력中部電力 하마오카浜岡
우편번호 437-1604
시즈오카 현静岡県
오마에자키 시御前崎市
1▼ 2▼ 3△ 4○ 5● 6+

규슈전력九州電力 센다이
우편번호 895-0132
가고시마 현鹿兒島県
사츠마센다이 시薩摩川内市
1△ 2○ 3+

주고쿠전력 가미노세키上関
우편번호 742-1402
야마구치 현山口県 구마게 군
熊毛郡 가미노세키 정上関町
1# 2+

시코쿠전력四國電力 이카타伊方
우편번호 796-0495
에히메 현愛媛県 니시우와 군
西宇和郡 이카타 정伊方町
1○ 2○ 3△

[그림 1-2] 일본의 원전

홋카이도전력北海道電力
도마리泊
우편번호045-0201
홋카이도 후루우 군古宇
郡 도마리 촌泊村
1△ 2○ 3○

전원개발電源開發 오마大間
우편번호 039-4602
아오모리 현青森県 시모기
타 군下北郡 오마 정大間町
건설 중

도쿄전력東京電力 가시와자
키카리와柏崎刈羽
우편번호945-8601
니가타 현新潟県 가시와자
키 시柏崎市 가리와 촌刈羽村
1○ 2● 3○ 4●
5○ 6○ 7○

도호쿠전력東北電力 히가시
도리東通
우편번호039-4224
아오모리 현 시모기타 군
히가시도리 촌東通村
1× 2+

도쿄전력 히가시도리
우편번호039-4223
아오모리 현 시모기타 군
히가시도리 촌
1 건설 중 2+

니혼겐넨日本原燃 롯카쇼六ヶ所재처리공장
우편번호039-3212
아오모리 현 가미키타군上北郡 롯카쇼 촌六ヶ所村

도호쿠전력 오나가와女川
우편번호 986-2293
미야기 현宮城県 오시카 군牡鹿郡
오나가와 정女川町/이시노마키 시石巻市
1× 2× 3×

도쿄전력 후쿠시마다이이치福島第一
우편번호 979-1301
후쿠시마 현福島県 후타바군双葉郡 오쿠마 정大態町
/후타바 정双葉町
1× 2× 3× 4× 5× 6×

도쿄전력 후쿠시마다이니福島第二
우편번호 979-0601
후쿠시마 현 후타바 군 나라하정楢葉町/
도미오카 정富岡町
1× 2× 3× 4×

일본원자력발전소
우편번호 319-1198
이바라키 현茨城県 나카 군
那珂郡 도카이 촌東海村
도카이※ 도카이다이니 ×

운전상황(2011년 5월 말 기준)
○ 운전 중 (조정운전중도 포함) : 19기
△ 정기검사 중 : 13기
● 정지 중 : 8기
× 재난피해로 인해 정지 중 : 15기
▼ 운전종료 : 3기

※ 폐지조치공사 중: 1기
  건설 중 : 3기
안전심사 중 : 3기
+ 계획 중 : 5기

가까운 남서부), 주에쓰中越 지방(나가오카 시長岡市 등), 가에쓰下越 지방(니가타 시 등)과 같은 이름에서 그 흔적을 볼 수 있다. 교토에서 동쪽으로 가면 '히가시쿠다리東下り(동쪽 하행)'였고, 발령지로 가는 것은 '미야코오치都落ち(도읍에서 멀리 떨어짐)'라 했다.

1994년 공직선거법 개정 시 도입된 중의원 소선거구 구역 분할 번호 역시 현청県庁 소재지가 1구이며 중심에 가까울수록 선거구 번호가 작아지고 중심에서 멀어질수록 숫자가 커진다.

그러나 대부분의 사람들은 우편번호나 철도 상하행 표현 그리고 선거구 번호에 담긴 뜻을 깊이 생각하지 않는다. 그만큼 도시와 지방을 나누는 가치 기준이 우리 안에 뿌리 깊게 박혀 있다는 뜻일지도 모르겠다.

이처럼 도시와 지방, 중심과 주변을 구분하는 감각은 오늘날의 지역 간 격차와 겹치는 부분이 있다. 도시와 지방을 구분하는 감각과 지역 간 격차를 이유로 주로 과소지역에 입지되어 온 것이 바로 원전이고, 핵연료사이클시설과 같은 원자력 시설이다. 후쿠시마 사고를 통해 방사능 오염 등과 같은 불이익은 주로 원자력 시설이 들어선 과소지역에 집중되고 전력의 혜택은 주로 수도권이 가져간다는 차별적인 구조를 알 수 있었다. 사용이 끝난 핵연료는 각 원전에서 아오모리 현 롯카쇼 촌에 있는 재처리공장이나 무쓰 시むつ市에 건설 중인 중간저장시설에 모인다. 혜택을 보는 사람들이 있는 지역과 위험 부담을 안고 불이익을 감수해야만 하는 지역이 따로 있는 구조이다.

만약 지역 간 격차가 없었다면 원자력 시설을 유치하겠다고 나서는 지역은 없었을 것이다. 결국 원자력 시설은 누구도 원하지 않지만 과소지過疏地의 어려움을 빌미 삼아 돈다발로 강제하는 구조인 셈이다.

원전 입지 현황

후쿠시마 사고 전까지만 해도 일본 정부는 온난화 대책을 이유로 2020년까지 9기, 2030년까지 14기 이상의 원전을 새로 건설할 필요가 있다고 에너지기본계획(2010년 6월 개정)에서 밝혔다. 2020년까지 예정된 9기는 오마大間, 시마네 3호기, 쓰루가 3, 4호기, 히가시도리 1호기(도쿄전력), 후쿠시마 제1의 7, 8호기, 가미노세키上関 1호기, 센다이 3호기이며, 2030년까지의 5기는 나미에·오다카浪江·小高, 히가시도리 2호기(도쿄전력) 하마오카 6호기, 히가시도리 2호기(도호쿠전력), 가미노세키 2호기이다([그림 1-2] 참조, 나미에·오다카 원전은 건설 준비 중이기 때문에 그림에서 제외).

이상 14기 중 도쿄전력은 후쿠시마 사고 이후 후쿠시마 제1의 7, 8호기 건설 중지를 발표했다. 거액의 배상금을 지불해야 하는 도쿄전력은 히가시도리 1, 2호기도 단념할 수밖에 없을 것이다. 나미에·오다카 원전은 지역주민의 동의를 얻지 못해 어려움을 겪고 있다. 입지 예정지는 후쿠시마 제1원전에서 20킬로 이내에 있는 지역이고 이번 사고로 큰 피해를 입었다. 후쿠시마 현이 앞으로 원전 신규 건설을 허가하는 일은 아마도 없을 것이다[13]. 도카이 지진 예상 진원지 바로 위에 있는 하마오카 6호기의 건설도 아마 단념될 것이다. 쓰루가 지방에 원전이 집중되고 있는 것에 대해 시가 현, 교토 부, 오사카 부 지역민의 불안이 커지고 있고, 지사들 역시 후쿠시마 사고 이후 부정적인 의견을 내놓고 있기 때문에 쓰루가 3, 4호기의 건설 역시 어려우리라 생각된다.

예정되어 있던 14기 중 이미 2기가 중지되었고, 나머지 6기도 매우 어려운 상황에 처해 있다.

오마 원전은 혼슈本州 최북단 오마자키大間崎 근처에 계획된 전원개발주식회사의 원전으로 모든 노심에 MOX연료(사용 후의 핵연료를 재처리하여 만든 혼합산화물 핵연료)를 장착할 수 있는 세계 첫 Full MOX로이다. 노심 부근 토지를 매수하지 않은 상태에서 2003년 노심의 위치를 약간 변경하였고, 이듬해 원자로 설치 허가를 재신청하는 이례적인 과정을 거쳤다. 약 20킬로미터 떨어진 건너편의 하코다테 시函館市는 지역 주민과 하코다테 시 시민운동 그룹이 2010년 7월 설치설계 취소와 건설 중지를 요구하며 국가와 전원개발주식회사를 제소했다.

가미노세키 원전은 야마구치 현 동남부에서 세토瀬戸 내해에 면해 있고, 히로시마 현 경계에 가까운 가미노세키 정에 건설이 예정되어

---

13 2013년 3월 28일 도호쿠 전력은 나미에·오다카원전의 건설계획을 철회한다고 발표했다. 후쿠시마 사고 후 나미에 정장町長과 미나미소마南相馬 시장(옛 오다카 정小高町이 속했던 곳), 나미에 정의회 의원과 미나미소마 시의회 의원의 대다수는 해당 원전 건설에 대한 태도를 완전히 바꾸어, 건설에 부정적이 되었다.

있다. 주고쿠전력中国電力이 2기의 건설을 계획하고 있는데, 산림을 개척하고 14만 평방미터의 바다를 매립하여 건설할 계획이다. 이에 대한 반대 운동은 원전에서 4킬로미터 떨어진 이와이시마祝島 주민을 중심으로 오랫동안 활발하게 전개되어 왔다. 주고쿠전력은 2008년 10월 매립 면허를 취득하고 2009년 10월 매립 공사에 착수했다. 그러나 반대파의 저지운동으로 거의 진행되지 못했고 후쿠시마 사고 이후에는 중단되고 말았다. 후쿠시마 사고 이후 야마구치 현 니이세키나리二井関成 지사는 이제까지의 허용적 자세에서 일변하여 "정부가 에너지 정책을 재고 중이기 때문에 원전 입지 여부는 불확실하다"고 밝히면서 현재 중단 중인 주고쿠전력의 매립 공사 재개뿐 아니라 2012년 10월 이후의 매립 면허 연장도 인정하지 않겠다는 입장을 표명하고 있다.

이와이지마 주민의 반대운동은 가마나카 히토미鎌仲ひとみ 감독의 다큐멘터리 영화 「꿀벌의 날개소리와 지구의 회전ミツバチの羽音と地球の回転」에서도 잘 다루어졌다. 또한 이 지역에서는 농업, 어업, 재생가능에너지로 지역자립을 추구하자는 '이와이지마 자연에너지 100%프로젝트祝島自然エネルギー 100%プロジェクト'가 시작되었다.

건설 중인 시마네 3호기, 계획 중인 히가시도리 2호기(도호쿠 전력), 센다이川内 3호기는 기존 입지 지역에 증설하는 경우이다.

주고쿠전력의 시마네 원전은 마츠에 시松江市에 인접한 시마네 현 가고시마 정鹿島町에 건설되어 현청소재지에 가장 가까운 원전의 하나였으나 2005년 3월 가고시마 정이 마츠에 시에 합병되면서 지금은 일본에서 유일한 현청소재지 소재 원전이 되었다. 2006년 5월 히로시마공업대학広島工業大学의 나카타 다카시中田高 교수가 이끄는 연구팀은 이 원전에서 약 2킬로미터 남쪽에 약 18킬로미터 길이의 가고시마 단층을 발견했다. 나카다 교수팀은 전력회사와 국가가 단층의 길이를 지나치게 짧게 평가했다는 비판을 하고 있다. 시마네 3호기도 위험 정도가 큰 원전이다.

건설 중인 시마네 3호기, 오마 원전 및 안전심사 중인 가미노세키 원전 1호기, 쓰루가 3, 4호기의 앞으로의 행보는 일본 원자력 정책 재고에 있어 중요한 부분이다.

왜 우리 마을인가

원전 입지 문제는 원자력 정책에서 가장 중요한 문제임에도 불구하고 이에 대한 논의는 깊이 있게 진행되지 못했다. 예를 들어 원자력 시설의 필요성을 인정한다 해도 왜, 어떤 이유로 그 시·정·촌이 원자력 시설 입지 적합지인지, 왜 우리 마을이 수도권이나 대도시권에서 대량으로 소비되는 전력의 공급지가 되어야 하는지 등 정작 해당 시·정·촌 주민들을 논리적이고 합리적으로 설득하는 일은 쉽지 않다. 이렇게 논리성과 합리성이 퇴장하고 나면 무대에 남는 것은 '돈다발'과 '힘'이다. 지역 주민은 강제로 굴복 당해 침묵하게 된 것이다. 정부는 1996년 니가타 현 마키 정巻町(현재 니가타 시 니시칸 구西蒲区)의 주민투표 이후 10년으로 기간이 한정되어 있었던 전원3법교부금

제도를 발전소가 가동하는 한 입지 시·정·촌에 교부금을 계속 지급하는 '장기발전대책교부금長期発展対策交付金' 제도로 바꾸었다. '돈다발'의 힘으로 주민을 침묵시키는 제도가 더욱 강화된 것이다.

원자력 시설 입지 적합지는 지반이 견고하고 근처에 활단층 등이 없는 지진 위험이 적은 지역 그리고 인구밀도가 낮은 지역이어야만 한다. 그러나 활단층 투성이인 데다 지진국인 일본에 과연 엄밀한 의미에서 원전 입지 적합지가 존재할 수 있는가 하는 근본적인 의문이 든다.

과소지이고, 교통이 불편하고, 다른 산업체의 공장이나 사업소 입지가 어렵고, 원자력 시설 유치를 계기로 '개발'이 될지도 모른다는 환상을 품게 되거나, 전원3법교부금 지급을 이점으로 받아들이기 쉬운 구조적 조건을 갖추고 있는 것 등도 겉으로 드러나지는 않지만 매우 실질적이고 중요한 입지의 사회적 조건이다. 원자력 시설의 입지는 사실상 지역 격차를 전제로 낙후지역이 재정적, 정신적으로 중앙정부에 의존하는 행태를 적극적으로 이용해서 이루어져 왔다. 우편번호가 9로 시작되는 지역에 원전이 집중되어 있는 근거가 바로 여기에 있다.

뿐만 아니라 니가타 현 카시와자키 카리와 원전과 다나카 가쿠에이, 시마네 원전과 사쿠라우치 요시오桜内義雄[나카소네中曽根파 자민당 국회의원으로 중의원 의장 등을 거쳤고, 친형이 주고쿠전력회장(당시)] 등 유력정치인이 자신의 선거구에 적극적으로 원전을 유치한 경우도 있다.

지역 분단, 인간관계 파괴

원자력 시설은 외부에서 지역사회로 유입된 역병과 같은 존재이다. 일단 원자력 시설 후보지가 되는 순간 돈다발이 날아다니고 지역사회는 찬반 대립 구도로 분열된다. 오랜 기간에 걸친 찬반 대립은 친구, 친족, 가족 관계마저 파괴한다. 모든 입지에서 가장 먼저 파괴된 것은 그 지역 인간 관계였다. 찬성파가 승리하고 원전 건설이 시작되면 전력회사에 의한 지역 지배인 '원전중심마을原発城下町'화의 구도가 나타난다. 마음속으로는 사고와 지진피해에 대한 공포로 불안에 떨면서도 침묵을 강요당하는 나날이 계속된다. 일단 원전을 받아들이면 2호, 3호로 증설 이야기가 나오게 되어 있다. 후쿠시마 사고 이전의 정부와 전력회사 방침에는 수명이 다 되어 폐로가 된 원전 땅은 일단 나대지로 만든 후에 다시 원전 용지로 재이용하는 계획이 들어 있었다. 원전 입지 지역은 갈 곳 없는 사용이 끝난 핵연료나 방사성 폐기물의 저장 장소가 될 가능성도 매우 높다.

원자력 시설 입지를 위한 과정에서 특징적인 것은 1차 및 2차 공개 토론회이다. 이 토론회는 입지 적합성을 판단하고 안전심사 과정에 지역 자치단체나 지역 주민의 의견을 반영하는 공간이 아니다. 그저 건설을 전제로 한 형식적 과정일 뿐이다. 교섭 기회는 제도상 토지 소유자와 어업권자에게만 주어진다. 결국 다른 대규모 공공사업과 마찬가지로 입지 지역 시·정·촌 또는 현과의 합의를 거치게 되며 이러한 '합의'는 대의제 민주주의답게 의회 또는 이에 따라 규정된 자치단체장의 의사만으로 대표된다. 따라서 사업자인 전력회사는 토지

소유자로부터 토지를 취득하고, 어업 보상 합의를 이루고, 지역 시·
정·촌 장과 의원 같은 지역 유력자들의 합의를 얻는 데만 전략적으
로 중점을 두게 된다.

이는 결국 해당 입지 지역의 시·정·촌 장과 의회 다수파가 단결하
여 건설에 반대하면 강력한 저항을 지속할 수 있다는 것을 의미한다.

그러나 또한 그러한 이유 때문에 대부분 자치단체장과 의원 및 지
역 유력자들은 주요 타깃이 되고 만다. 전원3법교부금, 고정자산세
수입, 원자력 시설 및 관련 시설 건설공사 등에 의한 '지역진흥' 효과,
지역 유력자의 지연, 혈연을 통해 이러한 이익을 유도하고 정보 조작
과 사회 통제로 그들을 '해체시키려는' 것이다.

전원3법교부금이라는 마약

원전 추진을 위한 전원3법교부금의 역할은 다면적이다.

우선 원전 건설로 입지 지역과 주변 지역이 얻을 수 있는 이익 중
가장 직접적인 이익이 바로 전원3법교부금이다. 도로정비, 학교, 공
민관(주민을 위한 회관, 우리나라의 시민 회관·구민 회관·마을 회관 등에
해당), 체육 시설 정비 등 공공시설이나 산업진흥시설 정비에 사용된
다. 특히 도로도 제대로 정비되지 않을 만큼 외지고 재정이 부족한
과소지역에 어울리지 않는 화려한 시설들이 차례차례 건설됨으로써
원전 건설로 인한 이득이 지역주민과 인접 시·정·촌 주민들에게 가
시화된다.

게다가 지역 중소토목업자 및 건설업자가 이득을 본다. 원자력시설 본체의 건설공사는 수도권의 종합건설회사가 수주하기 때문에 지역 업자는 하청이거나, 하청의 하청만 맡을 뿐이지만 공공시설의 정비는 지역 업자가 직접 수주할 수 있기 때문이다. 시·정·촌 의원이나 현의회 의원 가운데 다수가 지역 토목업자나 건설업자와 깊은 관계를 맺고 있기 때문에 전원3법교부금은 지역 유력자를 무너뜨릴 수 있는 결정적인 수단이다.

두 번째로 전원3법교부금은 입지 시·정·촌에 절반을 주고 나머지 절반은 인접 시·정·촌에 교부하기 때문에 인접 시·정·촌에 대한 '사탕' 역할도 하고 있다.

세 번째로 전원3법교부금은 과거에는 교부 기간이 10년 정도여서 교부금이 끊기면 재정이 일시에 축소되고 늘어난 시설들의 광열비 등 관리비 부담이 컸다. 원전이 운전을 시작하여 공사기간 중의 호경기도 사라지면 과소지역은 다시 재정난에 골머리를 앓게 되는 것이다.

이렇게 경제적으로도 정신적으로도 원자력 시설에 의존할 수밖에 없는 '원전중심마을'이 완성되는 것이다. 침체된 마을에서는 또 하나의 원전 증설을 바라는 분위기가 자연스럽게 형성된다. 최근에는 점점 더 원전의 발전규모가 대형화되고, 건설비용도 증대되었기 때문에 전원3법교부금도 그 액수가 더 커지고 있다. 추가 어업보상, 교부금, 건설공사 이익과 같은 '큰 꿈'이 부풀어 오르게 된다. 결국 이런 의미에서 원전과 교부금은 '마약'과 같은 역할을 해 왔다고 볼 수 있다. 입지 시·정·촌은 마약중독자와 같이 자꾸만 새로운 원전과 원자력 시설을 원하는 '금단증상'을 보여 주는 것이다.

사실 원전 의존적인 지역 사회가 형성된 곳에서 2호기, 3호기의 증설은 이미 용지 문제도 해결되고 어업 보상도 그저 조금 더 얹는 정도로 끝나기 때문에 비교적 '원활하게' 이루어진다. 원전 증설은 이렇게 진행되어 '원전중독'이 가속화된다.

그러나 발전소의 고정자산세와 전원3법교부금을 제외하면 원자력 시설에 의한 지역진흥 효과는 건설공사에 따른 노동자의 일시적인 유입과 건설자재 등을 지역 상공회로부터 일괄 수주하는 등 일시적인 것에 한정되어 있다는 것이 모든 입지점에서 분명이 드러났다.

원자력 시설 유치를 계기로 지속적인 경제발전을 이룬 지역은 일본뿐 아니라 외국에서도 필자가 아는 한 단 한 곳도 없다. 처음부터 원자력 시설이 유치된 곳은 교통이 불편하고 산업 공장 입지에 적합하지 않은 지역이었음을 기억할 필요가 있다. 원전 이외의 산업시설을 유치하기 어렵기 때문에 원자력 시설이 들어선 것이다. 게다가 원자력 시설은 자동차공장 같은 제조업과 달리 관련 산업이 파생될 수 있는 산업이 아니다. 지역 특산품처럼 지역 자원과 지역 특성을 살린 제품을 만들어 내는 곳도 아니다. 발전소에서 만들어진 상품인 전력은 송전선을 통해 대도시권으로 유출될 뿐이다. 고용효과도 운전이 시작된 후에는 정기점검과 같이 한시적인 것으로 제한된다.

원자력 시설 건설문제는 특히 1970년대 이후 지역 사회 여론을 크게 양분해 온 정치적 쟁점이다. 그럼에도 불구하고 입지 현이나 시·정·촌은 불 속의 밤을 줍는 것처럼 유치에 적극적이었다. 입지 문제의 일본적 특징이 바로 이것이다.

시·정·촌이 유치에 그토록 열심이었던 것은 앞서 언급한 이유들 때문이었다. 하지만 현까지 열심이었던 이유는 무엇이었을까? 심지어 발전소용 용지 취득 업무를 현이 대신 떠맡는 경우도 적지 않다.

현은 왜 추진해 온 것인가

우선적으로 생각해 볼 수 있는 것은 원전 입지가 국책사업이라는 점이다. 현으로서는 안 된다고 거절하기 어려운 구조이다. 실제로 후쿠시마 사고 전까지 플루서멀プルサーマル[사용 후 핵연료에서 플루토늄을 추출하여 이를 우라늄과 혼합한 MOX연료로 만들어 열중성자(thermal)원자로에서 태우는 개념]에 동의하지 않겠다며 정부의 원자력 정책에 정면으로 반기를 든 지사는 사토 에이사쿠佐藤栄佐久 후쿠시마 지사(1988~2006년 재임)뿐이었다. 게다가 사토 지사는 친동생의 금품 스캔들에 관여했다는 의혹으로 사직 위기에 처했다(사토 에이사쿠, 『지사 말살知事抹殺』, 平凡社, 2009). 정부에 의해 쫓겨난 것이라 할 수 있을 것이다.

미에 현 기타가와 마사야스北川正恭 지사(1995년~2003년 재임)는 2000년 2월 지역 주민이 동의하지 않는다는 것을 이유로 현 의회에서 아시하마芦浜원전건설 백지화 의견을 표명, 주부전력이 건설을 단념한 적이 있었다. 지사의 결단력으로 원전 건설이 백지화된 첫 사례이다.

홋카이도 요코미치 다카히로橫路孝弘 지사(1983~1995년 재임)는 호로노베幌延에 고준위 방사성 폐기물 실험 시설 건설에는 반대했으나 건설 중이던 도마리泊 원전 1, 2호기 운전개시는 행정의 계속성을 이유로 승인했다.

중앙집권적인 행재정 시스템하에서 어떤 지사들도 원전 문제로 정부와 불편한 관계가 되면 득이 되지 않는다고 판단했을 것이다. 게다가 안전협정 등에 기반하여 원전 문제에 '반대'할 수 있는 실질적인 거부권은 있지만 현의 권한은 법률상 근거가 명확하지 않다. 그리고 원자력 행정에서 국책에 순순히 따르지 않았던 앞서 언급한 세 명의 지사는 모두 전직 국회의원으로 힘이 있는 지사들이었다.

주 정부와 같은 지방자치단체가 원자력 시설에 대한 인허가권을 가지고 원자력 시설에 반대할 수 있는 경우는 독일 등에서 찾아 볼 수 있다. 1986년 7월 라인강 하류에 있던 칼카르Kalkar의 고속증식로가 핵연료를 장착하기 바로 전 안전상의 이유로 건설이 중단되었던 사례가 대표적이다. 운전 인허가권을 가진 주 정부의 반대에 의한 결과였다. 이곳은 1991년 3월 연방정부에 의해 중지가 최종 결정되었다.

두 번째로 원전이 입지된 연안부의 인구 과소지역은 개발이 지연된, 대부분 현 입장에서는 부담스러운 낙후 지역인 경우가 많다. 전원3법교부금으로 도로가 정비되고 교육시설, 문화시설, 의료시설과 같은 공공시설이 정비된다는 것은 현 입장에서도 쉽게 포기하기 어려운 이득이다.

세 번째로 지역 독점적인 거대 전력 회사에 의한 지역경제 지배가 그 배경에 있다. 전력 회사는 그 지역을 대표하는 기업이고 현으로써도 그 영향력을 무시하기 어렵다. 또한 현이 전력회사의 대주주인 경우도 있어 이익공동체적 구조가 배경에 있기 때문이다. 현청소재지 중에서도 삿포로 시札幌市, 센다이 시 등은 전력회사 본사가 있어 전력 기업 덕에 움직이는 도시이며, 홋카이도전력이나 도호쿠 전력은 도 정부나 현 정부 운영에 큰 영향력을 미치고 있다. 신문사나 텔레비전 방송국과 같은 미디어에 있어서도 전력회사는 최대 스폰서인 경우가 많고, 이는 원자력 발전에 비판적인 보도를 자기 검열하게 하는 심리적 요인이 된다.

열쇠를 쥐고 있는 현지사

오랫동안 원전이 입지한 현의 지사는 정부의 원자력 정책에 협조적이었다. 그러나 1995년 몬주 사고 이후 사토 에이사쿠 후쿠시마 현지사(당시)를 중심으로 정부에 원자력 정책 원탁회의 개최를 요구하는 등 지사의 존재감이 부각되고 있다. 1990년대부터 미디어도 '바른 말 하는' 지사를 치켜세우기 시작했다.

또한 원전 문제는 미디어를 통해 크게 부각되는 논제인 만큼 지사가 자신의 존재감을 부각시킬 수 있는 좋은 소재이기도 하다. 원전 입지 현지사에게 실질적으로 큰 영향력이 있음을 보여 주었다는 점에서 사토 후쿠시마 현지사는 중요한 역할을 했다고 할 수 있다.

현, 시·정·촌과 전력회사가 맺은 안전협정에 따라 정기점검 후의 운전 재개 시 현지사와 해당 지역 시·정·촌 장의 동의가 필요하다. 원전 입지 현의 지사는 안전협정에 따라 원전의 운전재개를 거부할 수 있는 것이다.

후쿠시마 사고 이후 오사카 부 하시모토 도루橋本徹 지사는 "앞으로 원전 신,증설은 없어야 한다", "노화된 원전의 가동 기간 연장은 안 된다"는 발언과 함께 현재 정지 중인 원전의 재가동을 주장한 가이에다 반리海江田万里 경제산업성 장관의 발언에 대해서도 무책임하다는 비판을 했다. 또한 간사이전력의 절전 요청에 대해서도 "근거가 불명확하다. 원전이 필요하다고 협박하는 것인가"와 같이 원자력 문제에 비판적인 발언을 계속하고 있다.

다른 나라에서도 보수파 정치인은 원전을 지지하는 경향이 강한데, 하시모토 지사처럼 정치적으로 우파색을 분명히 드러내고 있는 지사가 원전에 비판적인 발언을 계속하고 있다는 것은 주목해 볼 일이다.

후쿠이 현에 인접한 시가 현의 가다 유키코嘉田由紀子 지사도 간 수상이 운전 중지를 요청한 하마오카 원전뿐 아니라 다른 원전 역시 안전하다는 근거는 없다며 단계적 원전 폐쇄인 '원전 졸업卒原発'(다케무라 마사요시武村正義 전 관방장관의 말)을 주장하고 있다. 또한 입지 현에 준해 안전협정을 맺고, 원전의 운전 재개에 동의하는 권한을 인접 현과 인접 현의 시·정·촌에도 주어야 한다고 주장하면서 이와 같은 내용을 간사이전력에 신청할 것임을 현의회에서 표명했다.

주민에 의해 뽑힌 지사는 여론에 민감할 수밖에 없다.

그 결과 지사는 원자력 정책 전환의 열쇠를 쥔 주역으로 떠오르고 있다.

4
원전 추진 노선의 막다른 골목

악마와의 계약 그 후—방사성 폐기물

원전을 둘러싼 문제들 중에서도 모든 나라에 공통된 최대의 난제는 사용이 끝난 핵연료를 어떻게 처리할 것인가 하는 문제이다. 미국이나 유럽에서 원자력 탈피가 진행되어 온 것은 사고의 위험성, 고비용, 사회·정치적 위험 부담과 함께 사용이 끝난 핵연료의 처분 문제 해결의 전망이 서지 않기 때문이다.

방사성 폐기물이란 일정 레벨 이상의 방사성 물질을 포함하는 폐기물을 말한다. 주로 원전이나 원자력 시설로부터 배출되지만 방사성동위원소(라디오동위원소)를 이용하는 의료기관에서도 배출된다. 일본에서는 방사성 물질 농도에 따라 저준위 방사성 폐기물과 고준위 방사성 폐기물로 크게 구분한다.

원자로 내 핵분열 반응으로 대량의 열 에너지를 방출한 뒤 남은 것이 사용이 끝난 핵연료이다. 사용이 끝난 핵연료에는 타고 남은 비핵분열성 우라늄 238과 핵분열성 우라늄 235, 우라늄의 일부가 변화해서 생겨난 플루토늄 등이 포함되어 있다. 고준위 방사성 폐기물은 재처리를 통해 핵분열성 우라늄 235와 플루토늄을 회수하고 남은 핵분열생성물('죽음의 재') 등을 포함한 방사성 물질의 농도가 높은 폐수를 말한다. 미국이나 최근의 독일과 같이 재처리를 하지 않고 직접 처분을 전제로 한 경우에는 사용이 끝난 핵연료 그 자체가 고준위 방사성 폐기물이 된다.

핵연료사이클 노선을 취하고 있는 일본에서 사용이 끝난 핵연료는 모두 재처리되고 고준위 방사성 폐기물은 유리고형물로 만들어 30~50년간 냉각 저장한 뒤 최종적으로 지하 300~700미터 지층에 처분하게 되어 있다(2000년 제정된 「특정방사성폐기물의 최종처분에 관한 법률特定放射性廃棄物の最終処分に関する法律」에 기초). '처분'이라는 것은 묻어 버린다는 의미이다. 미국, 독일, 스웨덴 등에서는 직접 처분이라 하여 재처리 없이 핵연료를 딱 한 번만 사용하고 지층에 처분한다.

원전을 둘러싼 최대의 난제 중 하나는 재처리의 옳고 그름을 포함한, 사용이 끝난 핵연료를 어떻게 할 것인가 하는 문제이다.

고준위 방사성 폐기물은 다루기가 대단히 까다롭고 위험하다. '인류가 만들어 낸 쓰레기 중에서 가장 다루기가 어려운, 인류 최대의 부담'(다카키 진자부로高木仁三郎, 『시모키타下北 반도 롯카쇼 촌 핵연료사이클 시설 비판下北半島六ヶ所村核燃料サイクル施設批判』, 七つ森書館, 1991, 264쪽)이라고 해도 과언이 아니다. 그 이유는 ① 방사선 레벨이 매우 높고 ② 발열량이 많으며 ③ 독성이 강하고 ④ 수명이 길며 ⑤ 잡다한 원소를 포함하고 있기 때문이다. 원자력발전은 윤리적으로 정당화될 수 없는 악마와의 계약 다시 말해 '파우스트적 거래'(알렌 빅터 니이스크네一제 A.V. 著, 一橋大学資源問題研究会 訳, 「파우스트적 거래ファウス

ト的取引きき」, 『環境と公害』 4-1, 1974)라는 비판을 받고 있는데 그 비판의 초점은 원자로의 위험성과 함께 고준위 방사성 폐기물의 처분 문제에 있다. 고준위 방사성 폐기물은 적어도 10만 년 정도 생활권에서 격리되어야 하고 영구적인 저장설비가 필요하다. 그러나 과연 그것이 가능할까? 10만 년은 지질학적으로 2000년의 50배이고 지금부터 10만 년 전에는 네안데르탈인이 살고 있었다.

방사성 폐기물, 특히 고준위 방사성 폐기물의 안전한 관리는 이렇게 원리적으로도 어려운 문제이다. 뿐만 아니라 1980년대 후반 이후 고준위 방사성 폐기물과 관련된 기술적 진보는 거의 없다고 해도 과언이 아니다.

방사성 폐기물 문제는 현재 각국의 전력 정책과 에너지 정책을 규정하는 가장 근본적인 제약조건이 되어 있지만 그 선두 주자는 미국의 캘리포니아 주였다. 1976년 6월 "캘리포니아 주 에너지위원회는 연방정부가 고준위 방사성 폐기물 처리에 관한 실증적인 기술이 있다고 인정할 때까지 그 어떤 원자력 시설의 신설도 인가하지 않는다"는 캘리포니아 원자력안전법이 주의회에서 가결되어 발효되었다(다쿠보 유코田窪裕子, 「캘리포니아 주 '원자력안전법'의 성립 과정カリフォルニア州 '原子力安全法'の成立 過程」, 『環境社会学研究』 2, 1996). 이 법에 따라 1976년 이후 캘리포니아 주에서는 신규 원전건설이 불가능해졌다.

저준위 방사성 폐기물도 난제

저준위 방사성 폐기물은 방사성 폐수를 농축시켜 고형화한 것으로 사용이 끝난 필터나 수지, 사용이 끝난 작업복 등을 압축, 소각한 것 등이다. 원자로가 폐로가 되면 금속, 콘크리트 등의 폐기물이 대량 발생된다. 이러한 저준위 방사성 폐기물은 드럼통에 넣어진 채로 1992년 12월부터 아오모리 현 롯카쇼 촌 저준위 방사성 폐기물 매설 센터低レベル放射性廃棄物埋設センタ에 매설되어 있다. 2010년 3월 말 기준 매설센터에 누적된 보관량은 200리터 드럼통 기준으로 약 24만 개 분량이며, 최종적으로는 약 300만 개를 매설할 계획이다. 매설 완료 후 지하수 감시와 누수 대책 등을 30년간 지속하고 그 후로도 약 300년간 감시하며 굴착이 금지된다.

저준위 방사성 폐기물에 대해서도 역시 300~400년간 정말 안전한 매설이 가능한 것인지, 어디까지 안전하게 매설할 수 있는지 등 의문은 끊이지 않는다. 지금부터 약 400년 전이면 다테 마사무네伊達政宗가 센다이 성을 짓고 센다이의 마을 정비를 시작한 때이며(1601년), 도쿠가와 막부德川幕府가 시작된 때이다(1603년).

모든 나라가 고민하는 최종 처분장 선정

최종 처분장 확보는 모든 나라가 고민하는 문제이다. 미국, 독일, 스웨덴 등은 350~1,200미터 깊이에 있는 화강암이나 암염층에 처분할 계획을 가지고 있다.

가장 앞서가고 있는 곳은 핀란드이다. 남서부의 작은 섬에 원전 2기가 가동 중이고, 현재 올킬루오토Olkiluoto에 1기가 건설 중이다. 올킬루오토는 2001년 사용이 끝난 핵연료 매설시설인 '온칼로Onkalo'(은폐된 장소라는 의미) 처분장 건설이 결정되었다. 지역 자치단체가 2003년 8월 건설에 합의하였고 2004년부터 굴착 공사가 시작되었다. 2012년에 착공하여 2020년부터 매설이 시작될 예정이다.

스웨덴은 2개 지역을 조사한 뒤 지하암반 상태 등과 같은 지질학적 조건을 참고하여 2009년 6월 포스마크Forsmark 원전 부근으로 결정되었다.

핀란드와 스웨덴에서 최종 처분장이 기존 원전 근처로 정해진 것은 매우 흥미로운 사실이다. 원전은 역병처럼 다른 원자력 시설의 입지를 유도한다는 사실을 보여 주기 때문이다.

미국은 2002년 라스베이거스에서 약 160킬로미터 북서쪽에 있는 네바다 주 유카 산Yucca Mountain을 처분장 건설지로 정했으나 주지사를 비롯한 이들의 반대로 진행시키지 못하였고, 버락 오바마 대통령 취임과 함께 계획은 중지, 대체안을 검토하고 있다. 유카 산은 1951년부터 1992년까지 지하 핵실험이 있던 곳이다.

독일은 1970년대부터 고어레벤Gorleben의 암염층에 지층 처분하려는 방침이었지만 지역의 반대가 거세고 사회민주당과 녹색당 연립정권하에서는 2000년부터 탐사활동 자체가 중단되었다. 그러나 메르켈 정권은 동결을 해제하고 2010년 11월부터 탐사활동을 재개했다.

원전 대국 프랑스도 최종 처분장 선정에는 어려움을 겪고 있다.

1980년대 후반부터 처분장 선정을 시작하고 4개 후보지를 택했지만 모든 지역에서 지역 주민의 거센 항의가 일어나면서 정부는 처분장 계획을 일시 동결했다. 2010년 3월 지층처분을 검토해 온 점토층 지반의 뷰흐Bure 지하연구소 근처가 처분장 건설지로 정해졌다.

최종 처분장 적지가 존재하지 않는 일본

모든 나라가 어려움을 겪고 있는 사용이 끝난 핵연료 처분 문제에서 일본은 세 가지 일본만의 고유한 난제가 추가된다.

첫째 지진국인 일본은 전국에 활단층이 분포해 있으며 국토가 좁고 인구 밀도가 높다. 또한 지하수맥이 많은 탓에 과연 최종 처분장에 적합한 곳이 있을까라는 문제이다.

2000년 고준위 방사성 폐기물 처분을 실제로 담당하는 원자력발전환경정비기구The Nuclear Waste Management Organization of Japan; NUMO가 설립되었고, 2002년 12월부터 현지조사 후보지 공모가 시작되었다. 2028년까지 처분장 후보지를 선정하고 2038년부터는 처분을 실시할 예정이다. 그러나 아직까지도 후보지 선정 문제는 전혀 진전을 보이지 않고 있다.

공모에 응한 후보지역에는 과거 지진 내력 등을 조사하는 '문헌조사'만으로도 연간 2억 1,000만 엔(주변자치단체를 포함하면 2년간 약 20억 엔)을 교부하기로 되어 있다. 다음 단계인 지층을 실제로 조사하는 '개요조사지구槪要調査地区'로 선정되면 연간 20억 엔(주변자치단체를 포함하면 4년간 약 70억 엔)의 전원입지지역대책교부금이 부여된다. 결국 교부금으로 자치단체를 낚겠다는 노골적인 수법이다. 이제까지 시가 현 요고 정余呉町(현 나가하마 시長浜市), 가고시마 현鹿児島県 우켄 촌宇検村 등의 자치단체장이 유치를 검토하고 있다고 보도되었지만 모두 주민 반대 등으로 철회되었다.

2007년에는 고치 현高知県 도요 정東洋町 장이 독단으로 전국에서 처음으로 문헌조사를 신청했다. 원자력발전환경정비기구原子力発電環境整備機構는 이를 수리하고 경제산업성이 조사계획을 인가했다. 그러나 거센 비난을 받은 정장은 사직하였고 이후 다시 선거에 출마했으나 패했다. 정은 신청 철회를 요구하고 있다. 이시바시 가쓰히코石橋克彦는 논문「혼란을 낳을 뿐인 고준위 방사성 폐기물 처분장의 입지조사混乱を生むだけの高レベル放射性廃棄物処分場の立地調査」(『科学』77-5, 2007)에서, 도요 정은 남해 거대 지진의 진원지역에 있기 때문에 지층 처분에 부적합한 장소라고 밝히고, 이 지역의 신청을 받아들인 원자력발전환경정비기구와 경제산업성을 강하게 비판하고 있다.

아오모리 현은 1994년 이후 최종 처분장을 두지 않겠다는 방침을 명확히 표명하고 역대 지사들도 정부에 확약을 요구해 왔다. 그러나 2006년 말 히가시도리 촌장이 최종 처분장 유치에 긍정적인 발언을 하면서 파문을 일으켰다. 현의 반대로 이후의 움직임은 없는 상태이다.

이시바시는, 지진열도 일본에는 처분장에 적합한 지역이 없기 때문에 지층 처분을 해서는 안 된다고 주장하고 있다(2011년 6월 29일,

일본학술회의 '고준위 방사성 폐기물 처분에 관한 검토위원회高レベル放射性廃棄物の処分に関する検討委員会'[14].

롯카쇼 촌인가, 각 원전 부지인가

1995년 4월 해외에서 반환된 고준위 방사성 폐기물을 롯카쇼 촌에 들여오면서 당시 기무라 모리오木村守男 아오모리 현지사는 '아오모리 현에 최종 처분장을 두지 않는다'는 약속을 정부에 요구했고 다나카 마키코田中眞紀子 과학기술청 장관이 문서로 약속했다. 그러나 냉각 목적으로 30~50년간 '일시 저장'된 아오모리 현 롯카쇼 촌이 결국 영구 저장지가 되는 것은 아닌지에 대한 우려가 있어 왔다.

아오모리 현 롯카쇼 촌과 각 원전 입지 지역은 방사성 폐기물을

---

14 방사성 폐기물 처분과 관련된 4개의 제언이 발표되었다. 일본학술회의 「회답 고준위 방사성 폐기물 처분에 대하여回答 高レベル放射性廃棄物の処分について」(2012년 9월 11일, http://www.scj.go.jp/ja/info/kohyo/pdf/kohyo-22-k159-1.pdf). 일본학술회의 고준위 방사성 폐기물 처분에 관한 추적 조사 검토위원회·잠정 보관과 사회적 합의 형성에 관한 분과회 「보고 고준위 방사성 폐기물 문제에 대한 사회적 대처 전진을 위하여報告 高レベル放射性廃棄物問題への社会的対処の前進のために」(2014년 9월 19日, http://www.scj.go.jp/ja/info/kohyo/pdf/kohyo-22-h140919-1.pdf). 일본학술회의 고준위 방사성 폐기물 처분에 관한 추적 조사 검토위원회·잠정 보관에 관한 기술적 검토 분과회 「보고 고준위 방사성 폐기물의 잠정 보관에 관한 기술적 검토報告 高レベル放射性廃棄物の暫定保管に関する技術的検討」(2014년 9월 19일, http://www.scj.go.jp/ja/info/kohyo/pdf/kohyo-22-h140919-2.pdf). 일본학술회의 고준위 방사성폐기물 처분에 관한 추적 조사 검토위원회 「제언 고준위 방사성 폐기물 문제 처분에 관한 정책 제언—국민적 합의 형성을 위하여提言 高レベル放射性廃棄物問題の処分に関する政策提言—国民的合意形成のために」(2015년 4월 24일, http://www.scj.go.jp/ja/info/kohyo/pdf/kohyo-23-t212-1.pdf).

둘러싼 이해에 있어 어느 정도 균형이 잡혀 있다고 볼 수 있다. 만약 롯카쇼 촌이 저준위 및 고준위 방사성 폐기물을 받아들이지 않는다면 갈 곳 없는 폐기물들은 원전 부지 내 또는 근처에 계속 저장될 수밖에 없기 때문이다. 1984년 당시 핵연료사이클시설의 입지가 서둘러 진행된 것은 특히 초기에 건설된 원전에서 저준위 방사성 폐기물과 사용이 끝난 핵연료를 저장할 수 있는 여력이 줄어들고 있었기 때문이다.

잉여 플루토늄 문제

두 번째 문제는 잉여 플루토늄 문제이다.

1995년 12월 고속증식로 몬주의 나트륨 누출 사고를 계기로 일본의 방사성 폐기물 문제는 한층 더 심각해졌다. 일본은 핵무장의 잠재적 가능성이 가장 높은 나라이고, 국제원자력기관IAEA이 잉여 플루토늄의 핵병기 전용을 가장 경계하고 있는 나라이다. 그래서 1991년 8월 이후로 일본 정부는 잉여 플루토늄을 소유하지 않겠다는 국제공약을 내세워 왔다. 현재 IAEA는 세계 144개국에서 사찰을 실시하고 있는데 IAEA의 전체 사찰업무 중 24%가 일본 한곳에 몰려 있다. 만약 일본이 재처리공장 운전을 시작한다면 전체 사찰업무 중 30%가 일본에 몰리게 된다(반 히데유키 伴英幸, 『원자력정책대강 비판原子力政策大綱批判』, 七つ森書館, 2006, 134쪽).

프랑스와 영국도 재처리를 하고 있지만 두 나라는 핵병기 보유국이기 때문에 잉여 플루토늄의 존재가 문제시되지 않는다. 일본은 비핵보유국이면서도 핵무장이 가능할 만큼의 기술력과 자금력을 가지고 있기 때문에 일본의 잉여 플루토늄이 경계 대상이 되는 것이다.

사용이 끝난 핵연료의 전량 재처리와 잉여 플루토늄을 소유하지 않는다는 두 개의 원칙을 지키기 위해서는 재처리에서 회수된 플루토늄의 양만큼 수요량이 안정적으로 확보되어야 한다. 몬주 운전 재개 목표를 세울 수 없게 된 것은 곧 몬주에서 태울 예정이었던 연간 약 0.5톤의 플루토늄이 남게 된다는 것을 의미한다.

일본은 2013년 말 현재 47.145톤의 플루토늄을 보유하고 있고 그 중 36.312톤은 영국과 프랑스의 재처리 공장에 보관되어 있다(원자력위원회 자료). 롯카쇼 촌의 재처리 공장에서 예정대로 연간 800톤의 사용이 끝난 핵연료가 재처리된다면 결국 연간 8톤의 플루토늄이 나오게 되는 것이다.

경수로에서 MOX연료를 태우는 것을 일본식 영어로 '플루서멀'이라고 부른다. 일본 정부는 원래 1990년대 후반부터 간사이전력, 도쿄전력에서 각 2기씩 플루서멀을 실시하고 2000년 이후에는 12기 정도만 실시한다고 했다. 그러나 경수로는 원래 MOX연료를 태우는 것을 전제로 설계된 것이 아니기 때문에 안전성에 대한 우려가 높아졌다. 몬주 사고와 함께 도넨動燃 재처리공장 아스팔트고형화처리시설에서의 사고(1997년 3월)가 발생하고, 후쿠시마, 후쿠이, 니가타 세 개 현의 지사가 신중한 입장을 표명한 것, 그리고 1999년 9월에 MOX연료 품질 데이터를 영국 BNFL(영국핵연료공사)가 고쳐 쓴 문제가 불거지고, 같은 해 9월 말 JCO의 임계사고가 발생하자 이를 계기로 원자력발전에 대한 비판과 불안이 더욱 거세지면서 플루서멀의 실시가 대폭적으로 늦춰졌다. 결국 플루서멀이 실시된 것은 계획 시점부터 약 19년 정도 늦어진 2009년 12월 겐카이 3호기에서였다. 그리고 이카타伊方 3호기, 후쿠시마 제1원전 3호기, 다카하마 3호기로 이어지고 있다[15].

롯카쇼 촌의 재처리공장 가동은 당초 계획은 1997년이었지만 연기가 반복되면서 이미 13년 이상 늦어진 상태이다. 2004년 12월부터 우라늄 시험을, 2006년 3월부터는 사용이 끝난 핵연료를 사용한 액티브시험을 개시했으나 유리고형화의 제조실험이 난항을 겪고 있고 심지어 원인이 무엇인지조차 밝혀지지 않았다. 잘 녹지 않는 백금족 원소가 원자로 바닥에 쌓여 유리가 흐르지 못하는, 유리용해가 잘 이루어지지 않는 사태가 3년 가까이 계속되고 있는 것이다[16].

공사비도 당초 예상한 7,600억 엔에서 2조 1,400억 엔, 2조 1,930억 엔까지 약 세 배 가까이 늘었다.

재처리공장의 본격적인 가동 개시 시기가 늦어졌기 때문에, 잉여 플루토늄 문제가 표면화되지 못한 채 끝났다는 모순된 사태가 계속

---

15 플루서멀 운전을 하고 있었던 후쿠시마 제1원전 3호기가 노심용해를 일으켰기 때문에, 플루서멀로의 재가동 시기는 불투명한 듯했으나, 2016년 1월, 다카하마 3호기가 플루서멀 운전에 의한 재가동을 개시했다.

16 니혼겐넨日本原燃주식회사는, 2013년 5월 26일, 유리고형화의 제조실험이 완료되었다고 발표했다. 롯카쇼재처리공장은, 원자력규제위원회의 새로운 규제기준에 따라 적합성을 심사 중이다. 니혼겐넨주식회사는, 2016년 3월까지 공사를 완료하고자 한다.

되고 있다. 잉여 플루토늄 문제를 만들어내지 않기 위해서는 재처리를 중지해야 하지만 그렇게 하면 사용이 끝난 핵연료의 전량 재처리 원칙을 지킬 수 없게 된다는 모순에 빠지게 된다.

이 두 가지 원칙이 양립 불가능하게 된다면 우리는 과연 어느 쪽을 우선해야만 할 것인가?

이러한 모순 앞에서 정부는 원자로 외 규제법原子炉等規制法을 1999년 6월에 개정하고, 발전소 이외의 장소에 중간저장시설을 만들어 사용이 끝난 핵연료의 '중간저장'이라는 명목하에 전량 재처리 원칙을 조금씩 완화시키기 시작했다.

만약 롯카쇼 촌의 재처리공장이 순조롭게 가동했다고 해도 그 처리 능력은 연간 800톤이기 때문에 2010년 발생한 사용이 끝난 핵연료가 약 1,000톤이었음을 감안할 때 처리 가능 한도가 80%에 그침을 알 수 있다. 롯카쇼재처리공장에는 3,000톤분의 저장풀이 있지만 이것만으로는 부족하기 때문에 원자력선 무쓰의 모항이었던 무쓰 시むつ市 세키네하마関根浜 근처에 5,000톤의 (처리 능력을 가진) 중간저장시설을 만들게 되었다. 이는 2012년 7월부터 조업 예정이었다[17].

---

17 중간저장시설의 건설공사는, 2011년 3월 11일 지진 재해의 영향으로 중단되었었지만, 2012년 3월에 재개, 2013년 8월 공사는 완료되고, 원자력규제위원회의 새로운 규제기준에 따른 적합성을 심사 중이다. 2016년 10월부터 조업 개시 예정이다.

재처리 외에는 생각해 본 적도 없다

세 번째 문제는 재처리 비용이 상당히 높음에도 불구하고 정책 전환이 어렵다는 모순이다.

독일은 재처리를 철회했고, 탈원자력 합의가 성립된 2000년에는 2005년 7월 1일 이후부터의 재처리를 모두 금지하고 있다. 독일이 이렇게 방침을 전환한 것은 직접 처분 쪽이 재처리보다 경제적, 환경적으로 뛰어나다고 판단했기 때문이다.

그런데 왜 일본은 재처리를 고집하는 것일까?

재처리와 직접 처분 중 어느 쪽이 더 경제적일까? 원자력위원회는 직접 처분 비용을 어떻게 상정하고 있는 것일까?

필자는 2003년 10월 11일, 아오모리 시에서 원자력위원회와 원자력자료정보실原子力資料情報室이 공동 개최한 공개토론회 때 원자력위원회 측에 위와 같은 질문들을 던졌다. 이에 대해 곤도 순스케近藤駿介(그 후 위원장이 된 인물)는 "일본은 직접 처분 비용을 계산한 적이 없다. 재처리 외에는 생각해 본 적이 없다"고 답변했다. 어이가 없었다.

합리적인 정책 결정이라 함은 몇 개의 선택지 중에서 일정한 기준에 따라 선택되어야 하는 것이다. 1961년에야 비로서 개정된 원자력개발이용장기계획에 명기된 이래로 40년 동안 재처리라는 하나의 방법밖에 검토한 적이 없다고 하는 것은 무척 비이성적인 일이라 할수 있다.

2004년 3월 후쿠시마 미즈호瑞穗 참의원 의원의 국회 질문에 대해서도 당시 나카가와 쇼이치中川昭一 경제산업성 장관과 구사카 가즈

마사日下一正 심의관은 OECD의 계산치를 참고했을 뿐 일본이 독자적으로 계산한 적은 없다고 답변했다. 그러나 2004년 7월 2일 경제산업성은 1994년에 재처리와 직접 처분 비용을 비교하여 직접 처분 비용이 재처리 비용의 약 1/4이라는 결과를 얻었다는 사실을 인정했고, 사실 은폐에 대한 비난을 받았다(「아사히신문」, 2004년 7월 7일자).

무엇을 위한 재처리인가

이때부터 전력업계 관계자뿐 아니라 야마지 겐지山地憲治와 같이 전력업계와 가까운 연구자도 비용이 많이 드는 재처리는 하지 않는 것이 좋겠다는 의견을 공공연하게 내놓기 시작했고, 특히 전기사업연합회가 2003년 11월 사용이 끝난 핵연료의 처리 비용에 약 19조엔이 든다는 결과를 발표한 이후 재처리공장 동결론이 공공연하게 이야기되기 시작했다. 2004년 12월부터 우라늄 테스트가 예정되어 있었기 때문에 재처리 공장 내부가 방사능으로 오염되기 전에 철회하자는 의견이 강하게 대두하였다. 정부가 보조금 형태로 아오모리 현에 거액의 위약금을 지불하더라도 재처리 사업을 중지해야만 한다는 의견이 전력자유화를 주장하던 핫타 다쓰오八田達夫와 같은 경제학자로부터도 나오게 되었다(「시나노마이니치신문信濃每日新聞」, 2004년 7월 6일자).

사토 에이사쿠 후쿠시마 현지사(당시)와 같은 원전 주요 입지 현의 지사와 고노 타로河野太郎 중의원 의원과 같은 자민당 내부에서도 재처리 공장의 조업 동결을 요구하는 목소리가 나오기 시작했다.

결국 원자력 장기계획을 개정하는 원자력위원회 신계획책정회의新計画策定会議(의장 곤도 순스케 원자력위원회 위원장)가 실질적인 정책결정의 장이 되었고, 2004년 6월부터 11월에 걸쳐 전량 재처리, 일부 재처리, 전량 직접 처분, 당분간 재처리 없이 중간저장이라는 네 개의 시나리오를 논하였다. 각각에 드는 총비용 등을 계산하고 ① 에너지 안전 보장 ② 자원의 유효 활용 ③ 지역 아오모리 현과의 신뢰 관계 유지 등을 고려한 뒤 경제성은 직접 처분이 우위이나 정책 변경 비용을 고려하면 재처리 쪽이 우위가 된다는 결론을 내놓고 재처리 노선을 유지하기로 하였다.

전제 조건이나 결과의 타당성에 의심의 여지는 있으나 일본 원자력 정책사에서 처음으로 네 개의 시나리오 각각에 대한 계산 결과가 명시되고 일정 기준에 따라 하나의 노선이 선택된 것이다.

경제산업성과 전력업계의 전력자유화론자는 경제성을 중시하여 재처리 동결을 주장하는 쪽이었다. 그러나 재처리 동결파는 패했고, 재처리 노선은 그대로 유지되게 되었다.

재처리 공장 가동은 해당 지역에 정말 이익인가? 재처리 공장을 재검토하는 회의는 재처리 공장 가동을 지역이 원한다는 전제하에 논의가 진행되었다. 아오모리 현민이나 롯카쇼 촌 마을사람들이 정말 재처리 공장의 가동을 바라고 있는가? 하는 의문은 신계획책정회의에서 원자력자료정보실 공동대표인 반 히데유키 위원장만이 제기했을 뿐 지역에서도 반대나 불안의 목소리가 크다는 사실을 인지하고 있던 위원은 극히 소수였다. 이렇게 재처리 유지파가 반격에 성공하여 일본 사회는 방향을 역전시킬 수 있는 커다란 기회를 잃게 되었다.

정책 변경 비용—아오모리의 거부 카드

롯카쇼재처리 공장이 가동되지 않으면 그만큼 롯카쇼 촌 주변의 방사능 오염 위험성은 낮아지고 전력회사 역시 재처리로 인한 추가 비용 부담을 줄일 수 있다. 그러나 재처리 중지는 동시에 핵연료사이클 계획의 붕괴를 의미하고, 핵연료사이클 시설은 실질적으로 '원자력발전의 쓰레기처분장'이 된다. 또한 아오모리 현과 롯카쇼 촌이 사용이 끝난 핵연료의 반입을 더 이상 승인하지 않을 가능성도 있다. 그렇게 되면 원전이 입지한 시·정·촌 또는 현으로부터도 반발이 있을 수 있다. 결국 이러한 정책 변경 비용이 더 중시된 것이다.

실제로 미무라 신고三村 申吾 아오모리 현지사는 2004년 9월 앞서 언급한 원자력위원회 신계획책정회의에서 "아오모리 현은 어디까지나 국책이기 때문에, 전량 재처리된다는 것을 전제로, 롯카쇼재처리 시설에 사용이 끝난 연료를 받아들이고 있는 것이며, 만에 하나라도 이것들이 재처리되지 않는다면 누가, 어떤 곳에서 보관하겠습니까"라는 발언을 하고 1998년 7월 아오모리 현 롯카쇼 촌과 니혼겐넨 주식회사가 상호 교환한 '각서'를 근거 삼아 현행 재처리 추진 노선을 유지하도록 강하게 요구하였다. 이 각서에는 "재처리 사업 실시가 명백하게 곤란해진 경우, 아오모리 현 롯카쇼 촌 및 니혼겐넨 주식회사가 협의하여, 니혼겐넨 주식회사는 사용이 끝난 핵연료 반출을 포함한 모든 필요한 적절한 조치를 신속하게 행한다"고 명시되어 있다[18].

군사 전용이 가능한 권익의 확보

아오모리의 거부 카드라는 정책 변경 비용과 함께 정책 변경 비용의 또 하나는, 재처리는 "국제적으로 인정된 귀중한 기득권이라 불러야 하는 것"이며 "한 번 상실하면 두 번 다시 회복할 수 없는 권리이기 도 하다"는 도노즈카 유이치殿塚猷一 핵연료사이클개발기구 이사장 (당시)의 발언(제4회 및 제7회 책정회의)에서도 알 수 있듯이 향후 군사 목적으로 전용이 가능한, 핵에 관련되는 국제적인 권익을 계속 확보 해 두고 싶다는 생각이다. 독일이 재처리를 철회하였기 때문에 비핵 보유국으로서 우라늄 농축과 재처리, 고속증식로 등의 기술 보유 권 리를 인정받고 있는 곳은 일본뿐인 것이다. 그 권익을 계속 보유하기 위해서 롯카쇼 촌의 재처리 공장은 "형식적이라도 좋으니 계속 시운 전할 필요가 있다"는 것이다(요시오카 히토시, 『원전과 일본의 미래原発 と日本の未来』, 岩波書店, 2011, 41쪽). 신계획책정회의 위원이었던 요시 오카 히토시는 우라늄 농축공장도 고속증식로 몬주도 마찬가지라고 지적하고 있다. 일본이 재처리나 우라늄 농축, 고속증식로에 이토록 연연해 하는 것은 바로 이러한 이유 때문이다.

---

18 민주당 정권이 2012년 9월 '혁신적 에너지·환경전략革新的エネルギー·環境戦略'을 발표했을 때, 노다 내각은 당초 롯카쇼 촌에서의 재처리 중지도 포함하는 것으로 했 다. 그러나 롯카쇼 촌 의회와 아오모리 현 미무라 지사의 강한 반대에 부딪혀, 노다 내각은 재처리 중지는 제외하는 것으로 했다.

"핵병기에 대해서는 NPT(핵확산금지조약) 참가 여부와 관계 없이 당면 핵병기는 보유하지 않을 방침이나 핵병기 제조를 위한 경제적 기술적 능력은 계속적으로 보유함과 동시에 이에 대한 비난을 받지 않도록 배려한다." 이것은 최근 기밀 해제된 1969년 9월 29일자 극비 문서 「우리 나라의 외교정책대강わが国の外交政策大綱」의 1절(67~68쪽) 이다[이 문서의 존재는 웹사이트 '핵정보核情報(http://kakujoho.net/)'를 통해 알게 되었다]. 잉여 플루토늄을 가지지 않겠다는 것을 비롯하여 일본의 재처리 노선은 42년 전 위 문장과 맞아떨어짐을 알 수 있다.

독일이 재처리 노선을 최종적으로 파기한 것은 2000년이고, 그 정치적 배경에는 유럽의 냉전 종식과 독일의 통일이 있었음을 새삼 떠올리게 된다.

순진한 수익자로부터 벗어나자

앞서 살펴본 것처럼 방사성 폐기물 문제는 원자력발전을 하고 있는 모든 나라에 공통된 과제이지만 핵연료사이클 노선을 추진해 온 일본은 일본만의 특유한 문제 구조와 위와 같은 세 개의 모순을 안고 있다.

핵병기 개발을 위한 기술적 가능성을 유지하겠다는 목적도 표면화되고 있다[19].

---

19 2012년 원자력규제위원회의 설치에 있어, 동 위원회 설치법 제1조는, "국민의 생명, 건강 및 재산의 보호, 환경의 보전과 함께 우리나라의 안전보장에 이바지하는 것을 목적으로 한다"(밑줄 필자)라고 하여, 이제까지의 안전규제에는 없었던 '안전보장에 대한 공헌'이 목적의 하나로 거론되었다. 원자력시설을 다루는 기관에 '안전보장에

그러나 일본은 정부도 전력회사도, 정권당뿐 아니라 야당 그리고 미디어까지도 이러한 문제들을 널리 알리려 하지 않았고, 방사성 폐기물 문제가 선거의 쟁점이 된 적도 거의 없었다. 대다수 국민은 롯카쇼 촌이나 원전 입지 지역과 같은 주변부와 미래세대에게 모순을 떠안긴 채 그저 순진한 수익자로서 전력 서비스의 혜택을 계속 누려온 것이다.

재처리에 의해 플루토늄이나 우라늄을 추출하는 핵연료 리사이클에 대해서는 안전성이나 비용 그리고 핵확산 가능성과 같은 부분에서 거센 비난이 있다.

핵연료사이클의 대전제는 원전의 확대이다. 후쿠시마 사고를 계기로 일본이 원전에 의존하지 않는 사회를 지향하려 한다면 고속증식로를 포함하여 핵연료사이클 계획은 실질적인 의미를 잃게 된다. 후

기여한다'는 문구가 포함된 것은, 일본에서 처음 있는 일이다.

동시에 원자력기본법도 개정되어, 마찬가지로 "원자력 이용의 안전 확보에 대해서는, 확립된 국제 기준에 입각하여, 국민의 생명, 건강 및 재산의 보호, 환경의 보존과 함께 우리나라의 안전보장에 이바지하는 것을 목적으로 하여, 행하는 것으로 한다"(밑줄 필자)라고 하는 1항이 추가되었다.

후쿠시마 사고 이후, 약 900만 부로 일본 최대 발행부수를 자랑하는 요미우리신문은, "일본은, 평화적 이용을 전제로, 핵병기 재료이기도 한 플루토늄의 활용을 국제적으로 인정받아, 높은 수준의 원자력 기술을 보유해 왔다. 이것이 잠재적인 핵억제력으로도 기능하고 있다"[간 수상(당시)이 국회에서 핵연료사이클 계획 재검토에 대해 언급한 것을 비판한 2011년 8월 10일자 요미우리신문 사설), "일본은 원자력의 평화적 이용을 통해 NPT(핵확산금지조약) 체제의 강화에 노력하고, 핵병기 재료가 될 수 있는 플루토늄의 이용을 인정받고 있다. 이러한 현실이, 외교적으로는, 잠재적인 핵억제력으로 기능하고 있는 것도 사실이다"(노다 내각 발족 직후인 2011년 9월 7일자 「요미우리신문」 사설)이라고 이야기하는 등, 재처리를 포함한 핵연료 사이클의 잠재적인 핵억제력으로서의 의의에 대해 여러 차례 언급하고 있다.

쿠시마 사고로 일본 사회는 핵연료사이클 계획을 근본적으로 재고해야 한다는 과제에도 직면하게 되었다.

후쿠시마 사고가 거듭 우리에게 묻고 있는 것은 지진열도에 설치된 54기나 되는 원전이 초래할 안전한 사회와 생활의 전제 조건인 '환경 위기관리'의 기술적, 경제적, 사회적 어려움이다. 방사능에 의한 환경오염 위험은 광역적이고 세대를 초월한 환경 위기이다. 방사성 폐기물 문제는 추진론의 전제처럼 그저 기술적인 문제만 있는 것이 아니다. 이는 지구환경문제나 에너지문제에 대한 대응, 라이프 스타일의 변화 등과도 중첩되는 종합성, 학제성이 높은 사회문제인 것이다. 환경위기관리라고 하면 공해문제가 부각되던 1960년대, 1970년대에 비해 세련되게 들리지만 정작 진짜 문제는 원전이나 핵연료사이클 시설 등과 같은 말단부에 집중되어 있다. 게다가 최첨단기술이라는 원전 주변에서 벌어지는 입지활동에는 돈과 인간관계, 개발 환상을 이용하는 전근대적 회유책이 여전히 사용되고 있다.

자원낭비적인 '순진한' 수익자로부터 벗어나기 위해서는 에너지를 효율적으로 이용하고 탈원전으로 전력의 녹색화라는 선택지 외엔 방법이 없는 것 아닐까?

제 2 장

녹색화는 21세기의 표어

폐쇄된 란초 세코Rancho Seco 원전과 태양광 판넬.
(사진제공: 새크라멘토 전력공사).

1

탈원전 그리고 전력의 녹색화

원자력발전 붐은 이미 1970년대 중반에 끝나 있었다 — 미합중국

원자력발전은 '저렴하고 깨끗하며 안전하다'(cheap, clean and safe)는 신화가 미국, 독일 등에서 깨진 것은 이미 1970년대 중반부터였다.

 미국은 스리마일 섬 사고 전년도인 1978년을 마지막으로 원전 신규 발주가 끊어졌고, 1974년 이후 발주된 원자로는 1기도 완성되지 못했다. 아들 부시가 대통령에 취임한 2001년부터 요란을 떨었던 '원자력 르네상스'에서 가장 주목받는 부분도 원전 발주 재개로 과연 30년 만의 원전 건설이 이루어질 것인가 하는 점이었다. 법인세 공제 등과 같은 우대 조치를 기대하고 부시 정권 말기까지 서둘러 총 30기분의 원전 신설 계획이 세워졌으나 2011년 6월 말 시점에서 단 1기의 원전 건설공사도 시작되지 못했다[1]. 오히려 2010년 시점에서 눈에 띄게 철수가 이루어지기 시작했다. 이에 대한 자세한 설명은 다시 언급할 것이나 그 흐름에 후쿠시마 사고가 결정타를 가하게 된다. 후쿠시

---

1 2015년 4월 시점에서 5기가 건설 중이다. 그중 4기는, 2013년 3월에 공사가 시작되었다. 나머지 1기는 1973년에 발주되어 1988년에 공사가 중단되었고 2007년 공사가 재개된 것이다.

마 사고를 계기로 원전 건설 비용 및 운전 비용이 한층 더 증가되었기 때문에 미국에서의 원전 건설 재개는 더욱 어려워지게 된 것이다.

1970년대 초 당시 닉슨 대통령은 2000년까지 미국 전역에 1천 기의 원전을 건설하고 전력 공급량의 절반을 원자력발전으로 충당하겠다고 밝혔다. 북캘리포니아에 있는 PG&E사는 1960년대 전반 캘리포니아 연안에 총 63기의 원전 건설을 계획하고 있었으나 실제로 완공된 것은 3기뿐이었다.

미국의 경우 이제까지 원자로 249기가 발주되었다. [표 2-1]은 미국의 원자로 상황을 발주 연도별로 필자가 정리한 것이다[2]. 이 표를 통해 다음과 같은 사실을 알 수 있다. ① 미국의 경우 두 자리 숫자의 발주가 계속된 원자로 발주 붐은 1966년부터 1974년까지 9년 정도이다. ② 1975년 이후 신규 발주는 급격히 줄어들고 있다. ③ 1978년을 마지막으로 신규 발주는 32년째 없는 상황이다. ④ 1974년 이후 발주된 원자로 중 완성된 것은 1기도 없다. ⑤ 공사가 취소되거나 중지된 원자로는 모두 125기에 달하며 완성되어 운전을 개시한 원자로 123기보다 많은 숫자이다. 발주된 원자로 건설 계획 중 절반 이상이 건설 도중 파기되었다. ⑥ 1970년까지 발주된 원자로 108기 중 14기가 도중에 파기되었고 87%만이 완공되어 운전을 개시했다. ⑦ 1971~1973년 사이에 발주된 100기 중 조업할 수 있었던 것은 29기로 30%가 안 된다. ⑧ 도중에 파기된 원자로 중 40% 이상은 스리마

---

2 2015년 4월 시점에서 미국에는 99기가 가동 중이다. [표 2-1]에는 가동 중인 것이 104기이나 2003년에 4기가, 2014년에 1기가 폐쇄되었다.

[표 2-1] 미국의 발주 연도별 원자로 변화 추이(2010년 말 현재)

발주 연도	발주로 수	평균출력 (만kW)	현재 운전 중	취소/건설 중지				폐쇄	건설 중
				1978년 이전	1979~ 1985년	1986년 이후	계		
1953	1	6.00	0	0	0	0	0	1	0
1955	2	23.25	0	0	0	0	0	2	0
1956	1	17.50	1	0	0	0	0	0	0
1958	1	6.50	0	0	0	0	0	1	0
1959	1	7.20	0	0	0	0	0	1	0
1962	2	31.60	0	0	0	0	0	2	0
1963	5	60.36	3	1	0	0	1	1	0
1965	7	63.93	5	0	0	0	0	2	0
1966	20	82.57	19	0	0	0	0	1	0
1967	31	85.39	22	1	1	0	2	7	0
1968	16	94.79	11	2	0	2	4	1	0
1969	7	102.90	4	0	3	0	3	0	0
1970	14	101.94	10	1	3	0	4	0	0
1971	21	100.92	9	5	7	0	12	0	0
1972	38	108.88	11	15	8	4	27	0	0
1973	41	114.57	9	11	20	0	31	0	1
1974	28	118.80	0	12	16	0	28	0	0
1975	4	103.70	0	4	0	0	4	0	0
1976	3	126.80	0	0	3	0	3	0	0
1977	4	126.00	0	0	4	0	4	0	0
1978	2	112.00	0	0	0	2	2	0	0
합계	249		104	52	65	8	125	19	1

출처: 에너지국エネルギー局 자료를 기준으로 작성

일 섬 사고 이전에 취소되었다.

1979년 스리마일 섬 사고를 계기로 미국의 원자로 탈피가 시작되었다는 내용의 문헌이 많은데 이는 정확한 내용이 아니다. 미국의 원전 탈피는 1970년대 중반부터 이미 시작되었기 때문이다. 1979년 스리마일 섬 사고는 그것을 결정적으로 가속화시켰다는 것이 정확한 이해이다. 경제적 위험 부담이 크다는 문제는 이미 그 전부터 뚜렷이

나타나고 있었기 때문이다. 일본에서 널리 퍼진 이해는 스리마일 섬 사고의 특수성이 강조된 나머지 경제적 위험 부담이 크다는 또 하나의 문제를 외면하는 효과가 있다.

세계 최대의 원전 대국 미국의 실상은 1970년대 전반까지의 모습을 토대로 만들어진 것이다.

발주 제도가 다르기 때문이기도 하지만 어찌되었건 이러한 사실은 일본에 알려진 원전 상식과 매우 다르다는 것을 알 수 있다.

아톰의 환상

1950년대부터 1960년대의 고도경제성장기 동안 '원자력의 평화적 이용'이라는 구호하에 원자력은 '꿈의 기술'로 요란을 떨었고 일본, 미국, 유럽에서도 장밋빛 기대가 피어났다. 데즈카 오사무手塚治虫의 인기 만화 「철완 아톰鉄腕アトム」이 그 상징이다. 1952년부터 1968년까지 잡지에 연재되어 1963년에는 최초의 국산 애니메이션으로 방송된 작품이다. 아톰은 가슴에 원자로를 내장한 로봇이다. 여동생의 이름은 '우랑ウラン'(우라늄). 당시의 낙관적이고 희망적인 이미지를 그대로 보여 주고 있다. 그런데 아톰은 방사성 폐기물을 어떻게 처리하고 있었을까?

원자력은 진보와 풍요의 대명사였다. 제1차 남극관측대 월동대장越冬隊長이었고 원자력선 개발사업단 이사였던 니시보리 에자부로西堀栄三郎는 아오모리 현의 한 지방 신문에 원자력선 모항의 '안전성'을

이야기하면서 "애초에 원자력의 평화적 이용을 두고 무서운 것이라던가, 위험한 것이라고 하는 사람은 문명에서 뒤떨어진 원자력 알레르기 환자로 지나치게 시대에 뒤쳐진 사람이다. (중략) '원자'가 붙으면 무조건 위험하다고 하는 것은 불을 두려워하는 야수와 같다"('도오일보東奧日報」, 1967년 9월 28일자 석간; 나카무라 료지中村亮爾, 『우리 마을에 원자력선이 왔다ぼくの町に原子力船がきた』, 岩波書店, 1977, 7~8쪽)」라고 적었을 정도이다. 그러나 원자력선 무쓰의 모항 제의를 받아들인 시모키타 반도는 '원자력 반도'화 되는 첫 계기가 되었다. 역병과 같은 원자력 시설과의 긴 악연이 시작되었던 것이다.

1994년판 『원자력 백서』에는 '매우 짧았던 화석 연료 시대'라는 도식하에 "산업 혁명 이후 급속하게 화석 연료가 주 에너지원이 되었다. 그러나 긴 역사 속에서 볼 때 그 기간은 매우 짧으며 비교적 단기간에 고갈되었다. 그 후 원자력·신에너지가 주 에너지원이 될 것이다"라고 설명하고 있다(같은 책, 17p). 그러나 어쩌면 원자력이 화석 연료보다 훨씬 더 '짧은' 기술이 되는 것은 아닐까? 독일에서는 후쿠시마 사고 이전부터 원자력은 그저 과도기적 에너지일 뿐이라는 생각에 모든 정당이 동의하고 있었다.

원자력발전은 냉전과 고도 경제 성장 시대가 필요로 한 기술이었고 냉전과 고도 경제 성장이 끝나면서 함께 후퇴해 가고 있다. 이 책에서 살펴보듯이 성장 지향 사회로부터의 전환이 세계적 과제가 되고 있는 만큼 후퇴는 불가피하다.

○○를 녹색화하다

원서의 부제인 '전력을 녹색화하다'가 생소하게 느껴지는 사람도 있을 것이다. 그러나 녹색화(greening)는 1990년대 이후 전 세계적인 핵심어 중 하나이다. 21세기의 가장 큰 과제 중 하나는 세금 제도의 녹색화 등과 같이 모든 경제 활동과 경제 정책의 녹색화이며 전력의 녹색화, 에너지의 녹색화이다.

구글에서 'greening'으로 검색해 보면 '그리닝'이라는 성을 포함하여 약 1,080만 건의 기사가 검색된다. 녹색화를 표제로 베스트셀러가 된 책으로는 1970년에 출판된 찰스 라이히Charles A. Reich의 『The Greening of America』가 있다. 록음악이나 재즈를 예찬했던 대항문화 찬가라고 할 수 있는 책이다.

환경주의적인 가치나 운동, 전환을 의미하는 그리닝은 1960년경부터 사용되었다. green에는 일본어 '아오이青い'(파랗다, 덜 익다, 미숙하다)처럼 '젊은', '미숙한'이라는 뜻도 담겨 있다.

미국 아마존 사이트에서 greening으로 검색해 보면 1,657건의 책이 검색된다. 일본인들이 갖고 있는 greening의 이미지인 '녹화綠化'라는 뜻에 한정해 살펴보면 『교정을 녹색화하다』, 『거리를 녹색화하다』 등 그 수가 적다. 오히려 『비즈니스를…』, 『세제를…』, 『경제를…』 『개발 원조를…』, 『미군을…』, 『IT를…』, 『국가를…』 등과 같이 무엇이나 녹색화의 대상이 되고 있음을 알 수 있다. 『중국을 녹색화하다』, 『브라질을 녹색화하다』, 『조지아Georgia 주를 녹색화하다』와 같이 국가 이름이나 지명의 녹색화가 제목인 책도 적지 않다.

대부분 '환경가치주도형으로 전환(개혁)하다', '환경적인 시점을 가미하다'라는 뜻으로 사용되고 있음을 제목에서 짐작해 볼 수 있다. '지속 가능하게 만든다'와 거의 같은 뜻일 수도 있겠지만 보다 직감적이고 이미지 환기적이라 하겠다.

2
새크라멘토 전력공사 재생의 의미

존립의 갈림길에서 대역전 성공

미합중국 캘리포니아 주도인 새크라멘토Sacramento에는 원전을 주민투표로 폐쇄한 뒤 훌륭하게 재생시킨 전기 사업자가 있다. 전 세계적으로 원전 폐쇄 후 전력 녹색화에 성공한 대표적 사례이다. 이에 대해서는 필자의 이전 저서 『탈원자력 사회의 선택脫原子力社会の選択』(증보판增補版)에 자세히 설명해 두었기 때문에 흥미가 있으신 분은 참고하길 바란다. 여기서는 요점만 추려 소개하고자 한다.

1989년경 새크라멘토 전력공사Sacramento Municipal Utility District; SMUD는 언제 흡수 합병될지 모르는 존망의 갈림길에 놓여 있었다. 그렇게 구렁텅이 속에 빠져 있었던 전력공사가 3년 후 1992년에는 뉴욕타임스를 비롯한 전미 주요 주간지에 등장하게 되고 전미공영전력협회상American Public Power Association's Award을 수상하기에 이르렀다. 그 비결은 무엇이었을까?

새크라멘토 전력공사의 변화는 1989년 6월 7일 아침, 전날 주민투표 결과에 따라 문제투성이였던 원전을 폐쇄한 것에서 시작되었다. 주민투표 안건은 "1989년 6월 6일 이후 새크라멘토 전력공사가 란초 세코Rancho Seco 원전을 운영하는 것을 인정한다는 전력공사 조례안을 수용할 것인가?"였다. 투표율 40%, 찬성 46.6%, 반대 53.4%로 조례안은 부결되었다. 투표 결과는 법적 구속력이 없으나 전력공사 총재는 투표 전 공약에 따라 다음 날 아침 메인 스위치를 내릴 것을 명하였다.

주민투표 안건으로 다루어진 것은 새크라멘토 전력공사에 대한 것이었고 투표 결과는 전력공사의 경영 능력과 원전 관리 능력에 대한 불신감의 표명이었다. 주민은 문제투성이의 원전에 실망함과 동시에 원전을 둘러싸고 계속해서 문제를 일으키는 전력공사의 경영 자체에 질려 있었다. 새크라멘토 전력공사의 극적인 경영 재건은 아마 일본이었다면 어려웠을지도 모른다. 일본의 정치나 행정은 기업의 활력과 자발적인 아이디어, 창조적인 견해를 오히려 깎아 내리기 때문이다.

그렇다면 원전 폐쇄로 어떻게 단기간의 경영 재건이 가능했던 것일까?

경영 위험 부담 저하

원전 폐쇄로 경영 재건이 가능해진 첫 번째 이유는 경영 위험 부담이 대폭 줄었기 때문이다.

란초 세코 원전은 출력 91.3만kW의 가압수형로로 1969년 3월에 착공하여 1975년 4월에 영업운전을 개시, 새크라멘토 전력공사 전력의 58%를 공급할 예정이었다. 원자로 1기에 전력 공급의 58%를 의존하는 것은 위험 부담이 지나치게 높다. 실제로 이 원전에는 문제가 계속되었다. 영업 운전 개시 후 처음 18개월 동안에만 총 14개월의 정지 기간이 발생했다. 운전 실적은 14년간 평균 가동률 39.2%로 낮은 수준이었다. 미국의 경우 정기점검 제도가 없기 때문에 연간 평균 7개월 정도 고장으로 운전이 정지되었다고 볼 수 있다. 또한 란초 세코 원전에서 발생하는 문제를 해결하기 위해 거액의 비용이 요구되면서 란초 세코 원전이 영업 운전을 시작한 1975년부터 전기요금은 급상승했다. 원전 폐쇄 후 가장 큰 경영 위험 부담 요소가 사라졌고 그 결과 월가Wall street의 채권시장에서도 새크라멘토 전력공사의 평가가 상승했다.

공영 전력공사를 지키자

두 번째 열쇠는 '공영 전력공사'라는 독특한 경영 형태와 공사의 역사에 있다.

일본에서 미국은 자본주의의 화신, 약육강식의 돈벌이 중심의 기업 사회라는 고정관념이 강하다. 그러나 그것은 단편적인 관점일 뿐이다. 그러한 관점만으로는 미국의 자원봉사 활동과 NGO, NPO 등의 발달을 이해할 수 없다. 물론 과점적인 거대 기업이 정치적, 사회적으로 큰 지배력을 발휘해 온 나라이기는 하지만 다른 한편으로는 거대 기업을 견제하고 이에 대항하고자 하는 사회 운동이나 소비자 운동 등이 활발한 나라이기도 하다.

새크라멘토 전력공사는 인구 약 142만 명의 새크라멘토 카운티와 그 주변을 영업 구역으로 하고 계약 소비자 수만 약 60만 건인, 공영 전력으로는 미국 전체에서 6번째로 큰 규모이다. 최대수요 전력은 2006년 7월 330만kW이다. 설비 용량으로는 일본의 9개 전력 회사 중 가장 작은 시코쿠전력의 절반 정도이다.

새크라멘토 전력공사는 특정사업공사(special district)라는 지방행정기관이다. 일본의 경우 청소공사 등이 광역시·정·촌 권에서 특정사업공사 형태로 운영되고 있다.

주민투표에 의해 뽑힌 7명의 이사(임기 4년)로 구성된 이사회가 최고결의기관이다. 요금 설정 및 주요 자본 설비 구입, 전원 확보에 관한 방침 등을 결정한다. 총재 임명도 기본 권한 중 하나이다.

새크라멘토 전력공사의 경영 시스템은 민의를 경영에 직접 반영한다는 의미에서 철저히 민주적이다. 란초 세코 원전의 운전 계속 여부는 1980년대 후반 지역사회를 양분하는 쟁점이었지만 지방정부나 행정기관이 이 문제에 개입하는 것은 법률상 불가능했다. 주 의회 의원이나 시장들이 개인적으로 의견을 낼 수는 있었지만 실질적으로 누구도 개입하는 일은 없었다.

주민투표 다음 날 아침부터 원자로 운전은 정지되었지만 이 명령을 내린 총재가 연방 에너지국이나 주의 전력담당부서들로부터 승인을 받거나 사전 교섭을 했던 것은 아니다. 원전 폐쇄는 완전히 해당 지역 유권자의 자율적인 의사에 따라 이루어진 것이다.

원전 폐쇄로 주민들이 지키려 했던 것, 특히 원전 폐쇄를 주장한 자유파 이사들과 시민운동 리더들이 지키려 했던 것은 다름아닌 자신들이 통제 가능한 공영전력공사라는 본연의 형태 및 전력서비스였다. 애초에 민영 대규모 전력회사에서 독립해서 새크라멘토 전력공사를 설립한 목적도 저렴한 가격으로 질 높은 전력 서비스를 스스로 만들어 가기 위함이었다.

새크라멘토 주민들에게 닥친 문제는 자신들의 전력공사를 지키는 것을 최우선으로 할 것인가(그를 위해서는 원전 폐쇄도 어쩔 수 없다) 아니면 전력공사의 경영을 위협해 온 원전을 고집할 것인가(전미 원자력 산업의 관심은 여기에 있었다)라는 선택이었다. 물론 원전은 전력원의 하나일 뿐이고 원전의 운전 자체가 목적은 아니다. 시민운동 측은 원전 일반의 옳고 그름을 가장 먼저 따지는 전략을 취하지 않고 지지층의 확대를 겨냥하여 이러한 경제적, 경영적 시점, 그리고 주민자치적 시점에서 다툼의 범위를 설정하였다.

원전 폐쇄가 새크라멘토 전력공사에 가져온 제3의 성과는 원전 유지파와 폐쇄파 간 논쟁이 사실상 매듭 지어지면서 란초 세코 원전을 둘러싼 다년간의 정치적 대립이 끝나고 전력공사와 지역사회 내부에서 경영 재건 기본 방침에 관한 합의가 성립된 것이다.

원전이 폐쇄되지 않았다면 정쟁과 혼란은 계속되었을 것이고 새크라멘토 전력공사의 재생도 없었을 것이다. 원전 폐쇄는 그 후에 이어지는 올바른 노선 선택의 첫걸음이었다.

전력녹색화의 비전과 리더십

새크라멘토 전력공사가 경영 재건에 성공할 수 있었던 결정적인 열쇠는 1990년 6월에 취임한 신임 총재 데이비드 프리먼S. David Freeman의 비전과 리더십에 있었다.

전기사업자의 미래를 선도하는 것은 에너지의 효율적 이용과 재생가능에너지 개발 및 활용이다. 새크라멘토 전력공사가 미국 전역뿐아니라 전 세계적으로도 주목을 받게 된 가장 큰 이유는 바로 이와같은 비전에 있었다.

새크라멘토 전력공사는 ① 환경피해를 최소화하고 ② 전력 서비스의 비용을 낮추면서 ③ 고객에게는 최대로 에너지 서비스를 제공하고 ④ 고객과의 사이에서 커뮤니티 의식을 만들어내는 데 성공한 21세기 전기사업자의 본보기라고 평가된다. 새크라멘토 전력공사의 경영 재건은 녹색화라는 전력서비스의 미래상을 제공하고 지역사회의 신뢰 회복에도 성공하면서 미국과 전 세계의 주목을 받았다.

절전은 발전이다

그렇다면 란초 세코 원전을 폐쇄하면서 어떻게 전원을 확보한 것일까? 전기사업자를 지배해 온 전통적인 사고방식은 수요 증가에 맞추어 전력 공급은 늘려야 하고, 전력 소비가 증가하면 전기사업자의 이윤도 늘어난다는 것이었다. 일본의 경제산업성이나 전력회사도 오랫동안 이 사고방식을 고집해 왔다.

그러나 이러한 사고방식과 달리, 수요를 억제하고 전력 설비를 늘리지 않는 대신 가동률을 더 높여 경영 효율을 개선하는 것이 더 합리적이고 현명하다는 의견이 1980년대 중반부터 나타나기 시작했다. 수요관리형 경영Demand Side Management; DSM이나 비용 최소화라고 불리는 접근 방법이다. 새로운 전원 확보가 어렵고 건설 비용이 많이 들수록 DSM의 경제합리성은 높다. 새크라멘토 전력공사가 대처해 온 것도 그렇게 하기 위한 다각적, 조직적 노력이었다.

전력 수요는 하루 동안 또는 1년에 걸쳐 크게 변화하지만 이것을 가능한 한 균등하게 유지하려고 하는 것이 로드 매니지먼트이다. 최대 수요 전력을 억제하는 피크컷peak-cut이 그 대표적인 방법이다. 새크라멘토의 경우 전력 수요의 절정은 냉방소비가 증가하는 한여름 오후였다. 이것을 어떻게 절약할 것인가?

바로 '절전은 발전Conservation is Power'이라는 점을 강조했다. Power에는 전력이라는 뜻도, 힘이라는 뜻도 있기 때문에 탁월한 구호였다. 2000년까지 란초 세코 원전의 발전 능력에 필적하는 평균 출력 80만kW 상당의 절전이 목표치로 설정되었다. 절전은 발전이라고 하는 이유는, 절전은 곧 각 소비자가 소규모 발전을 하는 것과 같은 의미이며, 환경 대책도 된다는 점에서 절전 그 이상의 효과가 있기 때문이다. 환경에 대한 새로운 부하는 전혀 없다. 이산화탄소 배출량도 증가하지 않는다. 방사성 폐기물 처리나 사고 위험도 없다. 발전소를 늘리는 것은 임시방편밖에 되지 않지만 절전의 효과는 장기적이고 지속적이다. 게다가 수요자와 소비자의 협력이 불가결하고 절전의 힘에 대한 소비자의 인식이 높아질 수 있다.

주목할 것은 바로 원전 폐쇄로 이러한 적극적인 절전 정책이 등장했다는 점이다. 원자력발전은 수요에 따라 출력을 조정하는 탄력적 운전이 어렵고 100%에 가까운 고출력으로 운전될수록 효능을 발휘한다. 따라서 원자력발전 의존도가 높은 상태에서는 전력 수요 억제나 DSM은 설득력이 떨어진다. 실제로 프랑스나 일본의 전기사업자는 지금까지 DSM에 소극적이었다.

새크라멘토 전력공사는 스무 가지 이상의 효율적 에너지 이용 프로그램을 실시했고 이를 위해 1992년부터 2000년 사이에 많은 투자가 이루어졌다. 연간 총투자 비용은 1992년 기준 4,600만 달러로 1kWh당 3.3센트였고, 2000년에는 6,900만 달러로 1kWh당 4.0센트가 예상되었다. 이것은 1kWh 4센트 전후의 신설 열병합발전cogeneration(전력과 열을 함께 공급) 등의 발전 단가보다 낮은 것이었다.

발전을 위한 투자보다 절전에 대한 투자가 경제적으로 합리적이라는 것이 새크라멘토 전력공사의 새로운 발상이다. 주요 프로그램은 ① 절전 제품 보급 및 개발 캠페인을 실시, 소비자에게 보상금을 지급하여 에너지 효율이 높은 냉장고, 에어컨, 조명 설비로 바꾸도록 권했다. ② 특별 계약한 가정용 에어컨이나 사용량이 많은 고객의 전원 사용을 일정 시간 동안 리모컨으로 중단시키는 대신 해당 고객의 전기 요금을 할인해 주는 서비스를 실시했다. ③ 일반 주택, 업무용 건축의 단열 및 차열 대책을 위한 상담 업무와 검사에 힘을 쏟았다.

④ 차열 대책으로 2000년까지 50만 그루의 나무를 소비자에게 무상으로 제공하는 '녹색 에어컨' 계획을 실시했다. ⑤ 솔라 프로그램으로 태양열 온수기를 장려하고 태양광 판넬 설치 협조를 요청했다.

태양광발전 파이오니어—세계 첫 녹색전력제도

1993년 태양광발전 추진책의 하나로 프리먼 총재의 아이디어로 시작된 것이 바로 '태양광발전 파이오니어'이다. 이는 희망자에 한해 10년간 매달 4달러의 할증 요금을 내고 남향으로 난 자기 집 지붕을 태양광 판넬 설치를 위해 새크라멘토 전력공사에 대여하는 시스템이다. 발전된 전력은 자가 소비하지 않고 그대로 송전망으로 보낸다. 이타적 자원 행동이다. 영리 목적의 민간 전력회사에서는 할 수 없는, 소비자가 주인이고, 직접 민주주의로 운영되는 공영 전력공사이기 때문에 가능한 시스템이다. 월 4달러의 할증 요금은 칩 비용이다. 첫해 100건 모집에서 약 2천 건 이상의 응모가 있었고 1999년까지 7년간 558건이 설치되었다.

1997년 6월부터는 커뮤니티 솔라 프로그램이라는 새로운 프로그램이 시작되었다. 희망자에 한해 1kWh당 1센트의 할증요금을 지불하고 학교, 교회, 공공시설에 태양광 판넬 설치를 지원하려는 것이다. 이 시스템 역시 학교나 교회는 지붕을 제공하고 전력공사의 비용으로 태양광 판넬을 설치한 뒤 전기는 공사 송전망으로 직접 보내는 것이다.

이는 아직까지 상대적으로 비싼 태양광 판넬 설치 비용을 주민과 전기사업자가 조금씩 분담하는 아이디어의 실천이며 국제적으로 큰 반향을 얻어 기부금형 녹색전력제도의 세계 첫 시도로 여겨지고 있다.

'전력 대량 소비는 풍요와 발전의 상징이다'라는 신화 대신 합리적인 에너지 사용이야말로 미래를 위한 선택이라는 것을 새크라멘토 전력공사는 보여 주었다. 프리먼 총재를 비롯한 그들은 새크라멘토 전력공사가 갖고 있던 '란초 세코 원전, 사고, 서툰 풋내기, 원자력 산업, 비밀주의'와 같은 음울한 전기사업자의 이미지를 '초록, 에콜로지, 태양광발전'이라는 미래지향적 이미지로 바꾸었다.

이제 도쿄전력이라는 세계 최대 민영 전력회사는 후쿠시마 사고의 이미지를 어떻게 떨쳐낼 것인지, 어떻게 미래지향적인 시스템으로 전환할 것인지, 이것은 일본 사회 전체가 직면한 커다란 과제이기도 하다.

스마트 그리드에 의한 '스마트 새크라멘토'

캘리포니아에서는 2001년 1월의 대규모 정전으로 대기업 전력회사의 경영 위기가 표면화되었다. 그러나 새크라멘토 전력공사는 7일 동안만 정전이 되었을 뿐 금새 전력 위기를 이겨냈다.

캘리포니아 주정부는 주 내 전기사업자에게 전력 공급의 일정 부분을 재생가능에너지로 대체하도록 하였다. 그 비율은 2013년까지 전력 공급의 20%, 2020년까지 33%이다. 새크라멘토 전력공사는 주내 대규모 전기사업자로는 처음으로 이 목표를 달성했고 2010년 전력공급의 20%를 수력을 포함한 재생가능에너지로 공급했다.

새크라멘토 전력공사가 힘을 쏟고 있는 '스마트 새크라멘토'는 오바마 정권과 에너지국Department of Energy이 추진하는 스마트 그리드이다. 정보 기기를 활용한 '스마트 미터'를 2009년부터 2011년 말까지 지역 내 약 60만 사업자 및 각 가정에 무료로 설치한 뒤[3] 캘리포니아주립대학 등과 협력하여 효율적 에너지 이용에 도전한다. 스마트 미터의 도입과 설치는 스마트 그리드의 제1단계이다.

일본에서 전력 사용량 검침은 60년 전과 마찬가지로 월 1회씩 사람에 의해 이루어지고 있다. 게다가 이유는 알 수 없으나 최근까지 전력회사와 경제산업성 모두 스마트 그리드나 스마트 미터 도입에 소극적이었다.

기존의 전력계를 스마트 미터로 바꾸면 이제까지 수작업으로 월 1회만 집계할 수 있었던 전력 사용량을 언제든 바로 집계할 수 있게 된다. 새크라멘토 전력공사는 1일 4회 집계하고 있다. 그뿐 아니라 수요자의 전력 소비 패턴도 상세히 파악할 수 있게 된다.

수요자 측도 컴퓨터나 스마트폰 등을 통해 웹사이트에 로그인하면 실시간으로 자신의 전력사용량(시간, 일, 월 단위 집계 가능)과 전기요금, 전력 소비 패턴을 파악할 수 있게 된다. 전력회사와 전력 수요자

---

3 스마트 미터 설치는 2012년 말로 완료되었다.

모두 전력 수요 현황을 '시각화'해서 볼 수 있는 것이다.

시간대별 요금 체계와 조합하면 소비자는 전기요금이 저렴한 오프 피크off-peak 시에 세탁기를 사용하는 등 효과적인 절전과 전기요금 절약이 가능하게 된다. 자신의 생활 양식에 맞춘 절전 프로그램과 전기요금 프로그램을 선택할 수 있게 되는 것이다. 게다가 스마트 미터는 외출 시 바깥에서 원격 조작으로 에어컨 스위치를 끄거나 켤 수도 있다.

무턱대고 에어컨의 스위치를 끄는 것이 아니라 가장 효과적인 시간대를 알고 절전하기 때문에 효율적으로 전기요금을 절약할 수 있게 되는 것이다.

스마트 그리드는 송전망의 고기능화로 수요자와 가까운 곳에서 배전 네트워크를 제어할 수 있게 된다. 앞으로 가정에서 플러그인 하이브리드 자동차나 전기자동차의 충전 관리 및 태양광 발전 등과 같은 재생가능에너지를 송전망에 접속할 때 제어할 수 있게 되는 것이다.

스마트폰 시장을 선점했던 것처럼 미국에서 시작된 스마트 그리드가 차세대 송전망의 세계표준이 될지도 모른다. 2011년 내로 모든 스마트 미터 설치를 끝내는[4] 새크라멘토 전력공사는 미국 내 전기사업자 중 선두 주자가 된다.

도쿄전력은 10년 계획으로 모든 가정에 스마트 미터를 설치할 예정이었지만 거액의 보상금을 지불해야 되게 되면서 지연될 수밖에

---

4 2013년 7월 시점에서 미국 전체에 4,600만 대, 약 1/3세대에 스마트 미터가 설치되었다. 스마트 미터의 설치에 관해서는 미국이 몇 년이나 앞서 나가고 있다.

없을 것이다. 후쿠시마 사고로 일본 전력 서비스 수준은 세계 표준에서 크게 뒤처질 가능성이 있다[5].

---

5 일본의 전기사업자 중에서는 간사이전력이 2012년부터 스마트 미터 설치를 시작, 2023년 3월 말까지 설치를 끝낼 계획이다. 도쿄전력도 2014년부터 스마트 미터 설치를 시작하였고 2021년 3월 말까지 설치를 끝낼 계획이다. 다른 전기사업자도 거의 비슷한 계획을 가지고 있다.

3
지구온난화와 '원자력 르네상스'

조커를 뽑은 도시바, 히타치, 미쓰비시

2001년 조지 W. 부시George W. Bush 정권이 시작된 때부터 온난화
대책과 석유, 천연가스 등의 에너지 가격 급등을 배경으로 미국과 유
럽 그리고 일본에서 '원자력 르네상스'의 구호가 요란스러웠다.

일본에서는 전력의 안정적 공급이라는 이유와 함께 운전 중에는
이산화탄소가 배출되지 않는다는 이유를 들어 지구 온난화 대책을
원자력발전 추진 구실로 이용하게 되었다.

2005년 도시바는 영국의 영국핵연료공사British Nuclear Fuels
Limited; BNFL가 매각한 웨스팅하우스일렉트릭사Westinghouse
Electric Company; WH의 원자력 부문을 낙찰 받은 뒤 자회사화하여
세계 제일의 원자로 제조업체가 되었다. GE의 라이벌인 WH는 미
국을 대표하는 종합전기제조업체로 간사이전력 등에서 채택하고 있
는 가압수형로Pressurized Water Reactor; PWR를 개발해 왔다. WH는
서서히 쇠퇴하여 1999년에 소멸하였지만 1999년 원자력 부문을 영
국 BNFL에 매각했다. 도산 직전의 BNFL이 포기한, 더 정확한 표
현을 쓰자면 그 배후에 있는 영국 정부가 포기한 사양산업인 WH의

원자력 부문을 원자력 르네상스를 기대하며 예상 가격의 배 이상인 50억 달러를 주고 매수한 것이 바로 도시바다.

도시바와 함께 이제까지 GE의 비등수형로Boiling Water Reactor; BWR를 납입해 온 히타치 제작소는 2006년, 도시바에 대항하기 위해 GE의 원자력 부문과 사업 통합을 꾀했다. WH의 낙찰로 도시바에 패한 미쓰비시 중공업은 가압수형로 제조사인 프랑스 국책 회사 아레바AREVA 그룹과 제휴했다. 이로써 세계 원자력 산업은 도시바와 WH, 히타치와 GE, 미쓰비시와 아레바 이렇게 세 개의 그룹으로 나뉘게 되었다.

일본 원자력 플랜트 제조업체 3사 모두가 원자로 수주 감소라는 위기에 직면한 미국, 프랑스의 플랜트 제조업체를 살리고 원자력 업계 재편의 주역이 되어 원자력 르네상스에 의한 사업 기회 확대 방향으로 나아간 것이다.

도시바를 비롯한 3사 모두 후쿠시마 사고 후에도 큰 소리를 쳤다. 그러나 원자력 르네상스의 선두 주자를 지향한 3사의 선택은 카드게임으로 말하자면 조커를 뽑았다고는 말할 수 없지 않을까?

1980년대부터 풍력발전에 열심인 미쓰비시중공업을 제외하면 도시바도 히타치도 태양광발전이나 풍력발전 등과 같은 재생가능에너지에 대한 관심이 부족하다. 원전 일변도의 두 회사는 후쿠시마 사고 후 어떻게 궤도 수정을 할 것인지 의문이다.

아시아는 급증, 유럽은 감소

2015년 4월 말 현재 전 세계에서 가동 중인 상업용 원자로는 모두 438기(IAEA에 의함. '몬쥬' 등 장기 정지 중인 원자로 제외)이다. [표 2-2]는 1995년 말과 2010년 말, 그리고 2015년 4월 말 시점에서 운전 중이거나 건설 중인 원자로의 수를 국가별, 지역별로 표시한 것이다.

전 세계에서 현재 가동 중인 원자로는 1995년 말 437기에서 2010년 말 443기로 15년간 6기가 증가되었을 뿐이다. 후쿠시마 사고 이후 5기가 줄었다. 크게 증가된 곳은 아시아로 82기에서 125기로, 43기나 증가했다.

눈에 띄게 늘어난 곳은 한국, 중국, 인도로 최근 19년간 모두 48기나 증가했다. 나중에 다시 언급할 것이나 일본은 2010년 시점에서 3기가 늘었지만 후쿠시마 사고 후 11기가 줄었다.

2010년 말 현재 건설 중인 것은 모두 64기이다. 2015년 4월 말 시점에서도 마찬가지이다. 중국이 24기로 가장 많고 러시아가 9기, 인도가 6기로 그 뒤를 잇고 있다. 일본은 2기를 건설 중이다(시마네 3호기, 오마). 경제 성장이 눈에 띄는 BRICs(브라질, 러시아, 인도, 중국) 4개국에서는 총 40기가 건설 중이다. 건설 중인 원자로 중 63%가 BRICs 4개국에서 건설되고 있는 셈이다. 아시아 전체로 보면 모두 40기가 건설 중이다. 건설 중인 전 세계 원자로의 63%가 아시아에서 건설되고 있고 그중 50%에 해당되는 32기가 대만을 포함한 동아시아에서 건설되고 있다.

원자력발전 르네상스가 널리 홍보된 미국에서 건설 중인 것은 앞

[표 2-2] 세계 원자력발전의 추이(1995, 2010, 2015년)

지역/나라		운전 중 기수			건설 중 기수		
		1995.12.31 현재	2010.12.31 현재	2015.04.30 현재	1995.12.31 현재	2010.12.31 현재	2015.04.30 현재
서유럽	프랑스	56	58	58	4	1	1
	독일	20	17	9			
	영국	35	19	16			
	스웨덴	12	10	10			
	스페인	9	8	7			
	벨기에	7	7	7			
	스위스	5	5	5			
	핀란드	4	4	4		1	1
	네덜란드	2	1	1			
	소계	150	129	117	4	2	2
북미	미국	109	104	99	1	1	5
	캐나다	21	18	19			
	소계	130	122	118	1	1	5
아시아	일본	51	54	43	3	2	2
	한국	11	21	24	5	5	4
	대만	6	6	6		2	2
	인도	10	20	21	4	5	6
	중국	3	13	27		27	24
	파키스탄	1	3	3	1		2
	이란			1	2	1	
	소계	82	117	125	15	42	40
동유럽	러시아	29	32	34	4	11	9
	우크라이나	16	15	15	5	2	2
	리투아니아	2					
	카자흐스탄	1					
	아르메니아	1	1	1			
	불가리아	6	2	2		2	2
	헝가리	4	4	4		2	2
	체코	4	6	6	2		
	슬로바키아	4	4	4	4		
	슬로베니아	1	1	1			
	루마니아		2	2	2		
	소계	68	67	69	17	17	15

중남미	아르헨티나	2	2	3	1	1	1
	멕시코	2	2	2			
	브라질	1	2	2	1	1	1
	소계	5	6	7	2	2	2
아프리카	남아프리카	2	2	2			
	소계	2	2	2			
합계		437	443	438	39	64	64
총출력 (만kW)		34,674.3	37,537.4	379,261			

출처: IAEA's Nuclear Power Reactors in the World, 1996년판 및 2011년판에 근거하여 작성. 2015년 데이터는 2015년 4월 말 시점의 IAEA's Power Reactor Information System에 근거.

서 언급한 것처럼 1973년에 발주된 1기를 포함한 5기뿐이다. 독일에서는 후쿠시마 사고 이후 8기가 폐쇄되고 2022년 말까지 남은 9기도 폐쇄가 결정되어 있다. 지난 19년간 서유럽에서는 33기가, 미국에서는 2기가 폐쇄되었다. 영국에서도 20기 남은 구형 가스냉각로 중 이미 19기가 폐쇄되었다.

[표 2-2]에서 일본은 후쿠시마 사고 이후 가동 중인 원전이 11기 감소했다. 일본도 원전이 줄기 시작하는 사회를 맞이하게 되었다.

전 세계에서 운전 중인 원자로는 곧 430기를 밑돌 것이다.

1990년대 이후 유럽과 미국에서는 원자력 탈피가 진행되고 있다. 원자력 르네상스를 떠들었지만 지난 19년간 핀란드와 프랑스에서 건설된 원자로는 각각 1기씩이다.

게다가 후쿠시마 사고로 원자력 르네상스는 하룻밤 사이에 날아가 버렸다.

온난화 대책을 구실로―환경 국가 네덜란드의 변신

원자력 르네상스의 흐름을 유럽에서부터 살펴보자.

2005년 2월 16일 드디어 온난화 방지에 관한 교토의정서가 발효되었다. 필자는 당시 국제교류기금 아베安倍 펠로십의 연구원으로 네덜란드에 체재하면서 유럽 각국의 에너지 정책을 연구하고 있었는데 당시 네덜란드 정부와 네덜란드 국민이 보여 준 반응은 매우 인상 깊었다.

교토의정서가 발효되기 전날인 2월 15일 네덜란드 정부 외무장관은 연설 중에 온난화 대책의 일환으로 네덜란드에서 가동 중이던 단하나의 원전인 보르셀레Borssele 원전의 운전 기간을 연장해야 한다고 발표했다. 보르셀레 원전은 이미 2013년 폐쇄하기로 되어 있던 것이었다. 다음 날 원자력 규제를 관할하는 환경청 장관이 그 의견에 찬동했고, 두 사람의 발언이 매스컴에서 대대적으로 다루어지면서 신규 발주 검토를 바라는 목소리가 정권 내에서 표면화되고, 생각하지도 못했던 원자력 부활로 네덜란드 국민을 놀라게 했다.

보르셀레 원전(출력 48.5만kW. 1973년 가동 개시)은 라인강 최하류 로테르담 근처에 있다. 폐쇄를 요구하는 여론이 강해지면서 1994년 정부의 결정으로 2003년 폐쇄가 결정되었지만 2002년 보수정권이 탄생하면서 2013년까지(40년간 가동) 운전 기간이 연장되었다. 가동률이 높았고 경영자인 전력회사와 원전 소속 근로자는 운전 기간 재연장을 요구했다. 네덜란드의 경우 원전 운전 기간에 대한 법적 제한이 없다. 전력회사 측은 전력 자유화 시대에 정부가 40년으로 폐쇄를 명할 수 있는 근거는 없으며 정부가 폐쇄를 강제한다면 7억~12억 유로(약 1,000억~1,800억 엔)의 보상을 요구하겠다는 강한 자세를 보였다.

이에 대해 환경청 장관 측은 협상을 위한 제안을 하나 내놓았다. 2033년까지 가동 기한을 연장하게 되면 전력회사에 보상금을 지불할 필요가 없어짐으로 그 보상금만큼의 재정을 재생가능에너지 진흥에 사용하겠다는 제안이다. 너무 속보이는 제안이라는 비난이 강했지만 재생가능에너지 진흥을 위한 투자와 교토의정서에서 정한 삭감량에 기여할 수 있다는 점에서 정부는 2033년까지의 운전 기간 연장을 2006년 결정했다.

2013년부터 보르셀레 원전 2호기를 건설할 계획이 있었지만 2012년 전력회사는 재정적인 이유와 전력 시장의 불안정성을 이유로 건설 공사 시작 시기를 2~3년 연기하겠다고 발표했다.

2000년 온난화 대책을 위한 당사국총회(COP6, 헤이그)를 개최하는 등 환경 국가의 이미지가 강했던 네덜란드였지만 구체적인 온난화 대책은 거의 없었고 온실 효과 가스 삭감도 눈에 띄는 결과를 내지 못했다. 정책에 일관성이 부족하여 풍력발전 설치도 좀처럼 늘지 않았다.

2002년 7월에 탄생하여 2010년 10월까지 4차에 걸쳐 집권해 온 발케넨더Balkenende 수상의 보수 정권은 비교적 환경정책에 냉담한 편이다. 이미 네덜란드 정부는 환경정책 선진국의 길을 추구하지 않겠다고 선언했다. 실제로 일본과는 반대로 이 정권하에서 환경장관은 환경청장으로 격하되었다. 환경 NGO나 환경정책을 지지해 온

중류층의 경제적, 심리적 여유 저하도 지적되고 있다. 영국, 핀란드, 프랑스, 미국에서의 원자력 르네상스 현실은 앞서 언급한 필자의 책에서도 언급했기 때문에 이곳에서는 간결하게 요점만 적고자 한다.

폐로화 시대를 맞이한 영국

일본에서는 후쿠시마 사고 후에도 영국은 2006년부터 원전 추진 정책을 취하고 있다고 보도되고 있다. 이는 2006년의 에너지 백서를 근거로 한 것이지만 실정과는 다르다. 10년간 장기 정권을 유지하고 2007년 6월에 퇴진한 블레어Blair 정권은 2003년 에너지 백서에서 원전을 온난화 대책을 위한 선택지에서 배제하지 않겠다고 표명했다. 그 결과 원자력 르네상스 도래에 대한 기대로 영국 원자력 산업에 활력을 불어넣었다.

2006년 에너지 백서에서 정부는 2019년 운전 개시를 목표로 아레바사의 160만kW 원자로 4기의 건설을 추진했으나 현실성이 떨어진다. 보수당과 자유당이 연립하는 당시의 캐머런Cameron 수상은 야당 때부터 분산형 전력 공급 추진자로 원자력발전에 회의적이기 때문에 당분간 신규 발주는 없을 것으로 전망된다. 원자력 르네상스에 대한 기대에도 불구하고 1995년 9월 운전을 개시한 원전을 마지막으로 신규 발주는 15년 이상 끊긴 상태이다.

일본의 미디어는 언급하지 않고 있지만 영국에서는 사실상 원자력 탈피가 진행되고 있다. 또한 영국은 이미 교토의정서의 삭감 목표인

1990년 대비 12.5% 감소를 달성하는 등 온난화 대책의 우등생이기도 하다. 영국은 독일과 함께 원자력 탈피와 온난화 대책을 양립시켜 왔다.

1997년 영국에서는 35기의 원자로가 가동되고 전력의 26%를 원자력에 의존하고 있었지만 이 해가 원자력 의존율 절정의 해가 되었다. 영국의 원자로는 낡고 소형이며 경제성이 낮은 가스냉각로가 20기나 있었다. 원자력 사업은 민영화를 위해 1996년 브리티시 에너지사British Energy; BE가 설립되었지만 새로운 회사 성장에 방해가 되지 않도록 구형 가스 냉각로 20기는 새 회사로 이관되지 않고 순차적으로 폐쇄되어 이미 19기가 폐쇄된 상태이다. 마지막 1기도 2015년에 폐쇄될 예정이다. 원자력 의존율은 2015년 17%로 낮아졌다.

BE에는 모두 15기의 원자로가 이관되었지만 이 회사는 설립과 동시에 3기의 원자로 건설 계획을 경제적인 이유로 철회했다. 그럼에도 불구하고 BE는 적자를 기록하여 도산 위기를 맞았다. 영국 정부는 2004년 거액의 공적 자금을 투입하였지만 2009년 1월 프랑스 전력공사Electricite de France; EDF에 매각되어 2010년 7월부터 EDF에너지사가 되었다.

2005년 4월 영국 정부는 경영난에 봉착한 BNFL의 업무를 넘겨받아 원자로 폐지를 담당하는 원자력폐지조치기관Nuclear Decommissioning Authority; NDA을 설립했다. BNFL이 소유한 구형 가스냉각로 원전이나 영국원자력공사The United Kingdom Atomic Energy Authority; UKAEA의 고속증식로 등의 자산과 부채가 이관되어 폐로나 오염 세척 계획을 진행하게 되었다. 원자력폐지조치기관은 폐로만을 특화한 새로운 기관이다. 이처럼 영국은 블레어 정권의 기대에도 불구하고 오히려 본격적인 폐로의 시대가 시작되었다.

건설 공사의 지연과 공사비 증가 — 핀란드

핀란드에서는 2005년 9월부터 올킬루오토 3호기(160만kW)의 건설 공사가 시작되었다. 올킬루오토는 핀란드 동부의 작은 섬이다. 1호기(1979년 운전 개시), 2호기(1982년 운전 개시)가 가동되고 있다(양쪽 모두 비등수형로). 2000년에 건설이 신청된 3기는 서유럽에서 십 수년 만에 나온 신규 발주이고 유럽 첫 가압수형로 원전이며 원자력 르네상스의 선두 주자로 주목을 받았다. 프랑스 아레바사가 설계, 제조를 담당했다. 원래 2009년 5월에 운전을 개시할 예정이었지만 건설 공사 도중 문제가 자주 발생하면서 운전 개시는 계속 연기되어 현재 2018년이 가동 예정 시기이다. 비용도 처음 약 30억 유로(3,600억 엔)에서 공사 지연으로 55억 유로(6,500억 엔)가 추가되면서 총비용도 2배 가까이 늘었다. 전력회사는 추가 부담을 거부했고 아레바사는 국제상업회의소에 중재를 신청한 상태이다. 문제의 원인 중 하나는 건설을 담당한 나라가 모두 29개국이고 약 15개국 작업원이 함께 일하는 국제적인 오합지졸부대의 조정과 의사소통의 어려움이다.

2010년 4월 핀란드 정부는 올킬루오토 4호기의 건설을 허가했지만, 2015년 3월 건설 공사는 취소되었다. 3호기 건설 공사의 지연과

트러블이 취소 이유이다. 핀란드의 경우 가동 중인 원전은 모두 4기, 전력 공급량의 28.4%를 원자력발전으로 충당하고 있다. 에너지 자급률이 낮은 탓인지 2008년 여론조사 결과 61%가 원전을 지지하고 있다. 이는 EU평균 44%보다 17% 더 높은 수치이다[6].

원자력 르네상스가 날아가 버린 미국

미국에서는 조지 W. 부시 정권 말기까지 막바지 순간에 원전 신설 계획이 30기나 제출되었다. 2009년부터 시작된 오바마 정권도 부시 정권을 이어받아 전력회사의 자금 조달 비용을 내리고 원전 신설의 후원을 위해 정부의 채무 보증액을 3배까지 증액하기로 했다. 그러나 2013년 3월까지, 건설 공사가 시작된 것은 4기뿐이다. 미국 원자력 규제위원회가 건설 계획을 심사 중이지만 2008년 가을 리먼 쇼크 이후의 경기 침체와 그로 인한 전력 수요 정체 등을 배경으로 동결 및 취소 결정이 잇따르고 있다. 특히 후쿠시마 사고 이전인 2010년부터 그러한 후퇴의 움직임이 눈에 띄게 늘고 있다.

후쿠시마 사고 후인 4월 19일 대기업 전력회사인 NRG에너지는

---

6 2008년 원자력발전과 방사성 폐기물에 관한 Eurobarometer 조사에 따르면 2008년 당시 EU가맹국 27개국(응답자수 26,746명) 중 평균 44%가 원자력발전을 지지하였고 45%는 반대했다. 핀란드(응답자수 1,001명)는 61%가 원자력발전을 지지하였고 36%가 반대하였다. 선택지는, 원자력발전에 절대 찬성, 찬성에 가깝다, 반대에 가깝다, 절대 반대, 이렇게 네 가지였다(Special Eurobarometer 297, Attitudes towards radioactive wastehttp://ec.europa.eu/public_opinion/archives/ebs/ebs_297_en.pdf를 참조할 것).

텍사스 주에 건설 예정이었던 사우스 텍사스 프로젝트 3, 4호기 프로젝트에의 추가 투자를 보류하겠다며 철수를 발표했다. 도쿄전력도 출자하여 도시바와 합병으로 건설할 예정이었으나 후쿠시마 사고 후 도쿄전력은 해외 사업에서 철수하기로 했다. 도시바는 사업을 계속할 뜻을 갖고 있지만 NRG에너지를 대신할 새로운 출자자를 찾지 못하면 흐지부지될 가능성이 높다.

오바마 대통령은 후쿠시마 사고 후에도 원전 추진 입장을 유지하고 있다. 그러나 전력 시장이 자유화되고 있는 미국에서 앞으로 전력회사는 건설 비용에 민감해질 수밖에 없다. 미국에서는 원전 건설도 투자펀드로부터 자금 출자를 받는다. 앞으로 원자력규제위원회의 안전 기준이 강화되면서 건설 비용 상승과 공사 기간 연장이 예상되기 때문에 투자펀드로서는 원전 건설에 대한 투자 매력은 큰 폭으로 떨어졌다. 이미 2010년부터 먹구름이 짙어져 가던 원자력 르네상스는 후쿠시마 사고로 결정타를 맞았다. 어떤 저널리스트의 표현처럼 "원자력 르네상스는 하룻밤 사이에 날아가 버렸다".

한국과 일본의 원전 수출 경쟁

2009년 12월 한국은 이명박 당시 대통령이 직접 영업 선봉에 서서 프랑스, 일본 등을 제치고 아랍에미리트UAE와 원전 수출 계약을 맺었다. 200억 달러에 수주하고 4기의 건설 및 운영을 책임지는 것이다. 한국은 이 성공을 계기로 2030년까지 원전 80기의 수출을 목표로 세우고 있다.

한국의 원자력 추진 체제는 기본적으로 일본을 모델로 하고 있기 때문에 일본과 매우 유사하다. 원전의 안전 관리는 교육과학기술부(일본의 옛 과학기술청에 해당)가 담당하고 원자력안전위원회가 안전에 관한 정책 결정을 담당하며 한국원자력안전기술원(일본의 원자력안전·보안원에 해당)이 실제 심사나 검사를 하고 있다. 일본에서 '원자력 무라ムラ'라 부르는 원자력 관련 인사이더들의 농밀한 네트워크를 한국에서는 '원자력 마피아'라 부른다.

한국에 패한 일본은 2010년 2월 베트남의 원전 건설 첫 2기분 수주에서도 푸틴 대통령이 직접 영업 선봉에 나선 러시아에게 패했다. 이 때문에 민주당 정권은 초조해졌고 2010년 6월에는 신성장전략에 '원전 건설'을 적어 넣었다. 10월 31일에는 엔 차관 790억 엔 공여라는 선물을 제공하여 베트남의 나머지 2기분 수주를 겨우 성사시켰다.

일본의 원전 추진 정책은 한국이나 중국의 원전 추진 정책을 가속화시키고 나아가 개발도상국으로의 원전 수출 경쟁을 단계적으로 확대시키고 있다.

원전 수출로 '초일류국가'의 길을 걷고자 하는 한국은 2016년경에는 각 원전의 사용이 끝난 핵연료 저장 풀이 가득 차는 것을 이유로 한미원자력협정(1974년 제정, 2014년 만료)을 개정하여 건식재처리(초산 수용액 등을 사용하지 않고 사용이 끝난 핵연료를 용해하는 방법)를 미국으로부터 인정받으려 하고 있다. 2010년 10월부터 교섭이 시작되었다. 한국은 2012년까지 합의를 보려 하고 있지만 관심의 대상이 되고 있는 것은 일본과 같은 재처리에 관한 포괄적 사전 동의를 미국이 한국에게도 인정해 줄 것인가 하는 점이었다.

핵확산금지조약의 '핵병기 취득 및 사용 금지' 등의 요청과 농축 재처리 시설 금지를 언급한 1992년 발효된 남북의 한반도비핵화공동선언을 이유로 미국은 신중한 자세를 보이고 있다.

2015년 4월 미국이 한국에게 최대 20%까지 우라늄 농축을 인정하고 건식재처리 초기 단계 실험을 인정하는 것으로 양국은 합의했다. 그러나 포괄적 사전 동의는 아직 한국에게는 인정되지 않고 있다.

북한의 핵무기 개발이 계속되는 속에서 한국 내에서도 핵무장에 적극적인 의견이 대두되고 있는 중이다.

중국의 원전 증설 계획

인구 약 13억의 중국은 세계 최대의 에너지 소비 대국이기도 하다. 발전 설비 용량도 미국에 이어 2위로 총 8억 7,405만kW, 일본의 3.6 배이다. 화력(대부분 석탄 화력) 74.6%, 수력 22.5%, 풍력 1.8%, 원자력 1.1%(908만kW)(2009년)이다. 급속한 경제 성장으로 전력 부족이 계속되어 왔으나 수급 균형은 2008년 하반기부터 안정화되고 있다(귀시치郭四志, 『중국에너지사정中国エネルギー事情』, 岩波新書, 2011 참조).

현재 원전 27기를 건설 중인 중국의 2020년 원전 설비 용량은 현재의 7.7배인 7천만kW가 될 것으로 예측되고 있다. 이는 일본 원전 설비 용량 4,029만kW(2015년)의 1.7배이고 조만간 프랑스의 6,602만

kW를 넘는 세계 2위의 설비 용량이 될 가능성이 높다. 원전 수출에도 적극적이다. 이미 2004년에는 파키스탄의 원전 압력 용기를 수주했다.

2015년 10월 시진핑習近平 주석의 영국 방문 때 중국 기업의 영국 원전 신설 계획 참여가 결정되었다. 프랑스전력공사EDF가 관여하는 3곳의 프로젝트에 중국광핵집단中國廣核集團(China General Nuclear power; CGN)이 원전사업체로 출자하여 참가하는 것이다. 선진국에서는 처음으로 중국산 원전이 건설되는 것이다.

교토 메커니즘의 보증을 받고 싶다

전력 자유화가 이루어진 유럽에서는 비용 및 정치적, 경제적 위험 부담이 큰 원전 신규 수주가 본격적으로 부활할 가능성은 적을 것이다. 오히려 보수적 정치인이나 블레어 정권 말기처럼 보수표를 확보하려는 정치인이 원자력 산업의 후원으로 이를 보수 정책의 상징으로 삼아 원자력 부활을 이용하고 있다는 인상이 강하다. 원전의 부활은 이민 제한이나 민족주의의 고양 등과 마찬가지로 '경제'와 '보수'를 부양시키는 정치적 상징으로 이용되어 온 것이다. 그리고 보수화된 일부 여론과 일부 환경파 유명 인사들이 온난화 대책에 유용한 원자력이라는 선전을 뒷받침해 왔다.

원자력 산업 관련자들의 목표 가운데 한 가지는 2013년 이후의 포스트 교토 온난화 대책에서 교토 메커니즘 기술로 원자력발전을 공인 받는 것이다.

교토 메커니즘이란 '교토의정서'에서 승인된, 온실 효과 가스 삭감을 '보다 유연하게'(자국 내 삭감에만 신경 쓰지 않고 타국과의 거래로 비교적 저렴한 비용으로 효율적으로) 하기 위한 경제적 메커니즘이다. 미국의 엘 고어 당시 부통령 등이 도입한 시스템이지만 선진국 내에서의 진지한 삭감 노력을 공동화시켰다, 삭감 문제를 복잡하고 난해한 것으로 만들었다고 하는 비난도 강하다. 대상이 되는 상대국이 온실 효과 가스 삭감 의무를 지는 선진국인가 삭감 의무를 지지 않는 개발도상국인가에 따라 ① 선진국과 개발도상국 간의 '청정개발체제(CDM)'(선진국이 개발도상국에 투자하고 생긴 삭감 분을 자국의 목표 달성치로 계산한다) ② 선진국 간 '공동이행제도'(선진국이 다른 선진국에 투자하고 생긴 삭감 분을 자국의 목표 달성치로 계산한다) ③ 선진국 간 '배출권거래제도'(선진국 사이에서 배출량을 매매한다)와 같이 3가지 제도가 있다.

2001년 모로코 마라케시Marrakesh에서 개최된 온난화 대책을 위한 당사국총회의(COP7)에서 채택된 '마라케시 합의'로 원자력발전에 대한 투자는 지속 가능한 기술이 아니며 교토 메커니즘의 대상이 되지 않는다고 결정되었다. 원자력 산업 측의 필사적인 로비 활동에도 불구하고 원자력발전은 방사성 폐기물 문제 미해결 및 안전성 등의 문제로 포함되지 않았다. 만약 교토 메커니즘의 대상 기술로 공인된다면 원자력발전은 2013년 이후 본격화되는 CDM이나 공동 이행의 주역으로 등장하게 될 것이다.

동유럽, 중국, 개발도상국 등에서 원전 건설이 진행되지 못하는 이유 중 하나는 바로 건설자금 부족이다. 원전이 교토 메커니즘 기술로 공인된다면 일본, 미국, 유럽 등이 건설 자금을 제공하고 전력 부족과 자금 부족에 고민하는 동유럽, 중국, 개발도상국에 원전을 건설함으로써 그만큼을 자국의 온실 효과 가스 삭감량으로 계산해 넣을 수 있게 된다. 선진국 입장에서는 힘든 노력 없이 대폭적인 삭감이 가능해지는 것이고, 원자력 산업 측에서 보면 일거에 수주 증대를 꾀할 수 있다는 일석삼조의 '명안'인 것이다. 일본 정부는 유별나게 열심히 원자력을 교토 메커니즘 대상 기술로 공인하라고 주장해 왔다.

일본 정부의 목적은 정부가 공적개발원조Official Development Assistance; ODA로 자금을 제공하고 전력회사가 기술을 원조하는 형태로 베트남, 인도, 중국 등에 원전을 건설하고 그로써 얻게 되는 온실 효과 가스 삭감 분을 일본 측 삭감 분에 합산하는 것이다. 그러나 CDM은 개발도상국 입장에서 경제성이 떨어지는 기술을 선진국이 경제적 원조를 함으로써 비로서 가능해지는 프로젝트를 대상으로 하는 시스템이며 일본의 주장에는 선진국 입장에서는 자국민에게는 원전이 싸다고 말하면서 한편 개발도상국에서는 원전이 비싼 것임을 증명해야 하는 모순에 빠지게 된다. 게다가 중국은 이미 자부담으로 원전 27기를 건설 중이기 때문에 중국 원전 건설에 대한 자금 제공은 선진국의 경제 원조가 있어야 비로서 가능해진다는 CDM의 취지에 부합하지 않는다.

무엇보다 후쿠시마 사고로 원자력발전이 교토 메커니즘 대상 기술로 공인될 가능성은 날아가 버릴 가능성이 크다.

4
전력을 녹색화하기 위하여

녹색전력

앞서 언급한 새크라멘토 전력공사의 예에서 본 것처럼 1990년대 이후부터 발전이나 전력 공급 분야에서도 '녹색전력'이라는 새로운 사고방식이 국제적으로 주목을 받고 있다. 가격이 비싸더라도 가능한 환경부하가 적은 상품을 솔선하여 구입하고 그러한 상품을 육성하자, 또한 생산자, 제조업자, 소매업자, 그리고 시장과 정부에게 소비자가 그런 욕구를 가지고 있다는 신호를 전하자는 녹색상품 구입 운동이 있었는데 바로 그 운동의 전력형 버전이라고 해도 좋을 것이다. 녹색상품 구입은 이미 유기농산물, 재생지, 리사이클 상품 등으로 우리에게 익숙하다. 일정 기준을 만족시키는 환경부하가 적은 상품에 대해 정부나 NGO와 같은 제3의 기관이 환경마크(일본의 경우 '에코마크')를 발행하고 인증을 하고 있다.

녹색전력green electricity은 풍력이나 태양광 등 재생가능에너지에 의한 전력을 의미하는 단어이다. 그렇다면 왜 '녹색전력'이라는 표현을 사용하는 것일까? 무엇보다도 풍력발전이나 태양광발전을 환경부하가 큰 원자력발전이나 석유석탄화력발전, 대규모 수력발전과 차별화하기 위해서이다. 이 책에서는 '재생가능에너지'라는 표현을 사용하고 있다. 일본에서는 '자연에너지'라는 표현이 더 많이 쓰이고 있으나 영어에서는 이런 표현을 쓰지 않는다. '클린 전력'은 원전 선전용 상투어였기 때문에 지나치게 손때가 묻었다. 그에 비해 '녹색전력'은 직관적이고 이미지 환기적이다. 이 장의 1절인 '탈원전 그리고 전력의 녹색화'에서 'green'이 들어간 서명들을 살펴본 것처럼 녹색은 환경보전 및 생태학적인 가치의 상징 색으로 국제적으로도 정착되어 있고 이미 다양한 분야에서 이미지 환기적으로 사용되고 있다.

일본 소비자에게 전기는 스스로 선택하여 고를 수 있는 상품이라고 생각되지 않았다. 전력회사는 지역 독점이고 소비자는 선택의 여지 없이 관할 전력회사와 계약해야만 했다. 일반 소비자가 선택할 수 있는 것은 계약 시 암페어나 심야전력 이용자 등을 우대하는 시간대별 할인 요금 제도 정도였다. 마치 전국의 전화 서비스를 옛 전화공사가 독점하고 있었던 것과 비슷하다. 일반 시민이 전력회사에 이의를 제기하려 해도 그 통로가 막혀 있으며 1주 주주운동 등에 참여하여 주주 총회에서 대항적인 주주 제안을 하고 질문하는 것 외에는 방법이 없었다. 게다가 그렇게 참여한다고 해도 소주주에 의한 제안은 부결되어 왔다.

전기는 현대 생활에 필수적인 라이프 라인이라는 점에서 전력회사의 공익성은 명백하다. 그러나 그와 동시에 발전 사업은 대표적으로 환경부하가 큰 사업이다. 대규모 수력발전은 주민들로부터 선조 대부터 살아온 생활 거점을 빼앗고 지형을 크게 변화시켰으며 산림을 파괴하고 동식물의 생존 환경을 크게 변화시킨다. 화력발전, 특히 석탄화력이나 석유화력은 이산화유황이나 질소산화물 등으로 대기를 오염시키고 방대한 양의 이산화탄소를 배출한다. 원자력발전은 큰 사고의 위험뿐 아니라 평상시에도 방사능에 의한 환경 오염 가능성이 있고 방사성 폐기물의 처리 문제 등과 같은 난제가 있다. 원자력발전은 지역 간 격차를 전제로 과소지에 입지되어 왔다. 후쿠시마 사고 이전부터 원전의 찬반은 현대 일본의 논쟁적 쟁점의 하나였다. 최근 수년간 일본에서 주주 총회 시간이 가장 긴 업종은 전력회사였다.

그렇다면 소비자가 자신들이 바라는 전력 서비스 방식을 전력회사와 시장에 전하려면 어떻게 하면 좋을까? 그중 하나가 바로 녹색전력, 재생가능에너지로 만들어진 전력을 구입하는 것이다.

이것이 일반 환경 마크 상품과 다른 점은 소비자가 직접 사용하는 전기의 성질, 물리적 특성에는 차이가 없다는 것이다. 재생가능에너지에 의한 전기도 화력발전이나 원자력발전에 의한 전기도 송전망을 함께 흐르는 이상, 흘러 들어오는 전기 자체는 기존의 것과 다르지 않다. 녹색전력은 순수하게 개념상의 구분일 뿐이다.

재생가능에너지의 사회적 특성

재생가능에너지renewable energy는 원리적으로 고갈되지 않고 무한 이용이 가능한 에너지원을 의미한다. 석탄, 석유, 천연가스, 메탄 하이드레이트methane hydrate 등의 화석연료나 우라늄과 같은 고갈성

에너지원과는 대비되는 개념이다.

재생가능에너지 중 이미 실용화되어 보급되고 있는 것으로는 풍력, 태양광, 태양열, 소규모 수력발전, 목질바이오매스, 가축 분뇨 등을 이용한 메탄가스, 지열 등이 있다. 발전에 직접 이용하는 경우와 열원熱源으로 이용하는 경우가 있다. 이 책에서는 주로 발전에 초점을 맞추고 있다.

대규모 수력발전을 재생가능에너지에 포함시킬 것인지에 대해서는 의견이 분분하다. 대규모 수력발전은 자연에 큰 변화를 가져오기 때문에 개념적으로는 포함되지 않는 경우가 많지만 통계에는 포함시키는 경우가 있다. 재생가능에너지에 의한 전력 공급 목표가 2020년까지 전체 발전량의 20%라고 할 때 그 안에 대규모 수력발전이 포함되어 있는지 주의해서 살펴 볼 필요가 있다.

그렇다면 재생가능에너지의 일반적 사회적 특성은 무엇일까?

① 이산화탄소 등과 같은 온실 효과 가스 배출량이 적다.

② 고갈성 에너지에 비해 유해 물질 배출량이 적다(지열의 경우 유황분이 환경에 영향을 준다는 점이 지적되고 있다).

③ 환경에 미치는 영향 정도가 적다(풍력발전의 경우 저주파 소음, 맹금류 등 조류에 미치는 영향 및 경관 훼손 등과 같은 지적이 있다).

④ 방사성 폐기물이 나오지 않는다.

('녹색에너지'는 ①~④에 해당되는 것을 말한다.)

⑤ 소규모, 분산적이기 때문에 입지 조건에 따라 유연하게 시설을

건설할 수 있다. 다만 최근에는 해상풍력발전과 같은 대형 시설이 증가하는 추세이다.

⑥ 비교적 소규모이기 때문에 이전 설치, 폐기, 리사이클 등이 비교적 용이하다.

⑦ 에너지를 수요지 부근에서 조달하기 쉽다. 에너지의 '지산지소地産地消'에 적합하다.

⑧ 강풍, 일조시간, 산림 등 지역의 기상 조건이나 지역 자원을 유효하게 활용할 수 있다.

⑨ 농업과 잘 공존할 수 있고, 지역 활성화에 친화적이다.

⑩ 전력뿐 아니라 열과 같이 사라지기 쉬운 에너지도 유용하게 활용할 수 있어 전체적으로 에너지 효율을 높일 수 있다.

⑪ 설비가 비교적 간단하고 수리가 쉽다. 재생가능에너지는 대표적인 대안기술(AT), '눈높이기술'이다.

⑫ 송전망에 접속하는 계통연결系統連結뿐 아니라 송전망에 직접 접속하지 않는 독립형 이용도 가능하다.

⑬ 상대적으로 소규모이기 때문에 중간 착취가 적다.

⑭ 재해, 테러 등과 같은 유사시에 강하다. 공급 정지 범위 및 기간을 억제할 수 있다.

⑮ 안정적이다.

⑯ 군사무기로 전환될 가능성이 없다.

⑰ 입지 선정에서부터 발전 및 폐기까지 차별적인 요소가 적다.

⑱ 개발도상국으로의 기술 이전에 적합하다. 선진국에서의 보급은

설비 단위를 낮출 수 있어 간접적으로 개발도상국으로의 도입을 돕는 것이 된다.

특히 ⑬번부터 ⑱번까지는 비교적 자주 언급되는 내용은 아니지만 중요한 사회적 특성이라 할 수 있다. 환경 친화적일 뿐 아니라 지극히 평화적이기도 하다.

특히 일본에서는 잊기 쉬운 것이나 ⑱번은 더더욱 중요하다. 전 세계 약 14억 명, 전체 인구 중 약 20%가 전기의 혜택을 누리지 못하고 있다. 다른 자원은 선진국에서 과잉소비하면 할수록 개발도상국의 자원 향유가 제한되는 경우가 많지만(이것을 '제로섬'이라 하며 이해 대립이 생기기 쉽다) 재생가능에너지는 선진국에서 많이 보급될수록 개발도상국에도 더 많이 더 빠르게 보급될 수 있다.

이러한 특성은 원자폭탄에서 시작된 원자력발전이 지역 간 격차를 전제로 한 지역 외적이고 강제적인 성격을 지니고 있던 것과 매우 대조적이라 할 수 있다.

원자력발전은 1950년대 중반부터 1970년대 전반까지의 고도 경제 성장기와 냉전시기 동안 큰 사회적 기대를 모았고 베를린 장벽이 붕괴된 1989년에 정점을 기록한 기술이다. 원자력발전의 장점은 에너지 밀도가 극히 높고, 소량의 우라늄자원에서 대량의 전력을 만들어낼 수 있다는 것이다. 이처럼 원자력발전은 20세기 후반의 경제 성장 지향적인 사회에 대응하는 전력 공급 형태라 할 수 있다.

오랫동안 에너지원으로서 뒤돌아보지도 않았던 미이용자원을 틈

새적으로 활용하는 재생가능에너지는 지속가능성을 그 특징으로 한다. 그러한 점에서 21세기적 기술이라 할 수 있다.

원자력발전은 전력의 양적 확보가 강점이지만 재생가능에너지는 환경부하가 적다는 사회적 가치가 강점인 것이다.

전력을 녹색화한다는 것은 재생가능에너지로 중심을 옮기고 원자력발전에 의존하지 않으며 온실 효과 가스 배출량의 감소를 비롯한 환경부하가 적은 전력 공급으로 전환하는 것을 가리킨다.

재생가능에너지의 약점

그렇다면 재생가능에너지의 약점은 무엇일까?

① 기상조건 등의 영향을 받기 때문에 발전량이 불안정하다. 출력 변동이나 전력 수급에 갭이 생기기 쉽다.
② 에너지 밀도가 낮기 때문에 상대적으로 넓은 면적이 필요하다.
③ 발전 비용이 상대적으로 높다.
④ 자원이 상대적으로 한곳에 치우쳐 있고 입지 적합성 등의 제한이 있다.

뿐만 아니라 옥수수 등에서 에탄올을 추출하는 바이오 연료의 경우 곡물 가격의 상승과 같은 문제를 초래할 수 있다.

그러나 에너지 밀도가 낮다는 것은 그만큼 안전하다는 의미이기도 하다. 원자력 에너지는 아주 소량의 우라늄에서 다량의 열에너지를 취하는 높은 에너지 밀도를 가지고 있기 때문에 안전하게 봉하기 어렵고 원래 위험성이 높은 에너지이다.

재생가능에너지가 가진 단점 중에서도 가장 문제가 되는 것은 상대적으로 높은 발전 비용을 누가 어떤 원칙으로 부담할 것인가 하는 문제이다. 이것이 재생가능에너지 보급의 큰 과제이다. 이러한 과제를 해결하기 위해 개발된 시스템이 녹색전력제도이다. 녹색전력제도가 어떤 것인지 확립된 정의는 없다. 따라서 일단 이 책에서는 '녹색전력제도'를 '재생가능에너지 발전을 보급하기 위하여 수요자 부담과 직접 연결시킨 사회적 틀'로 정의하고자 한다. 현재 녹색전력제도는 선진국을 중심으로 여러 나라에서 다양하게 시도되고 있고 그 내용도 실시 국가도 점점 증가하고 있는 것이 사실이다.

세계 최초의 녹색전력제도로 평가 받고 있는 것은 앞서 언급한 대로 새크라멘토 전력공사가 1993년부터 시작한 '태양광발전 파이오니어'이다.

고정가격인가, 고정비율인가

녹색화 추진 정책에는 크게 재생가능에너지로 발전된 전력을 고정가격으로 매입하도록 전력회사 측에 의무화하는 방식과 전력회사의 판매 전력량에 일정 비율의 녹색전력을 포함하게 하는 RPS방식(renewable portfolio standard, 할당제)으로 이분되어 있다. 전자는 가격

을 고정하고 있고(price fix) 후자는 비율을 고정하고 있다(quota fix). 각각의 장단점에 대해서는 의견이 분분하다. 그러나 고정가격제를 채용한 독일, 스페인, 덴마크에서는 풍력발전이 급증하고 있는 반면, 할당제를 채용한 영국은 독일보다 바람이 강해 풍력발전에 보다 적합한 곳임에도 불구하고 풍력발전의 증가가 부진한 것을 볼 때 어느 쪽이 더 효과적인가는 분명히 알 수 있을 것이다. 고정가격제는 발전 사업에 투자하는 투자자가 더 중요하다. 그러나 할당제는 입찰제 등과 결합하여 전력회사의 녹색전력의 가격을 저렴하게 구입할 수 있기 때문에 투자자는 불리해지고 전력회사가 더 우대를 받고 있다. 일본 정부가 2003년부터 「전기사업자에 의한 신에너지 등 이용에 관한 특별조치법電気事業者による新エネルギー等の利用に関する特別措置法(신에너지등특별조치법新エネルギー等特別措置法)」으로 시행을 시작한 것은 할당제이다. 게다가 영국 등 많은 나라가 각 전력회사에 2010년 10~20%의 의무를 부과했던 것과 달리 일본은 같은 해 목표가 겨우 1.35%로 할당량이 매우 낮았음을 알 수 있다. 이 때문에 전력회사들이 노리는 바대로 일본의 풍력발전은 증가하지 못했다.

[그림 2-1]은 세계 풍력발전 현황이다. 고정가격제를 도입한 중국에서의 급증이 눈에 띈다. 2010년부터는 세계 제1의 설비 용량이 됨을 알 수 있다.

고정가격매입제는 원래 독일 아헨Aachen 시에서 나이 든 퇴역 군인이 아이디어를 내고 같은 시 환경 NGO가 시의회에 제안하여 1995년부터 시작된 것으로 '아헨 모델'이라는 이름으로 유명하다. 전기요

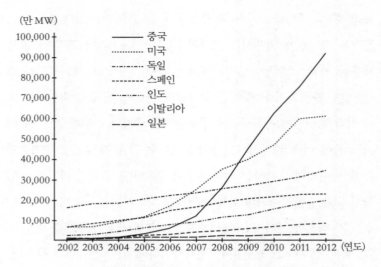

(만 MW)

[그림 2-1] 풍력발전의 성장(상위 6개국과 일본)
* 2008년부터 2011년까지 중국, 미국, 독일, 스페인, 인도, 이탈리아가 풍력발전 도입 최
상위 6개국이었다. 2012년 이후, 영국이 이탈리아를 앞서고 있다. 일본은 2012년 10위였
으나 2013년에는 19위로 밀려났다.
출처: World Wind Energy Report(2003~2013)에 근거하여 작성.

금을 1% 올리고 그 인상분을 기반으로 향후 약 20년간 전기생산비
용에 맞도록 태양광발전 설치자의 전기는 전기요금의 약 10배, 풍력
발전 설치자의 전기는 전기요금의 약 1.3배로 책정된 고정가격으로
발전 전력을 사들인다는 제도이다. 이 제도는 독일 전역과 EU 여러
나라들에 도입되었고 현재 약 50개국 이상에 도입되어 있다. 일본은
이이다 데쓰나리飯田哲也의 환경에너지 정책연구소環境エネルギー政
策研究所 등 환경 NGO가 제도 도입을 위해 오랫동안 노력해 왔지만
자원에너지청과 전력회사의 저항이 강했다. 최근 후쿠시마 사고가

일어난 후에야 비로서 간 나오토 수상이 제도 도입에 적극적인 자세를 보여 주고 있다.

녹색화를 위하여 소비자가 할 수 있는 일

녹색전력제도는 할증 비용을 부담하는 입장에서 보면 다음과 같이 다섯 가지로 정리될 수 있다. 탈원자력화를 위해 개인으로서도 무언가 하고 싶다, 뭔가 할 수 없을까라고 생각하고 있는 독자들에게는 다음과 같은 5개의 선택지가 있다. 유감스럽게도 전력자유화가 이루어지지 않은 일본에서는 ③번과 같은 전력회사나 상품으로서의 전력 공급을 선택할 수 없다. 재생가능에너지 고정가격매입법안이 2012년 7월부터 도입되었기 때문에 ⑤번은 선택 가능하다.

① 기부금 방식

희망자가 자발적으로 재생가능에너지발전사업회사, 발전 설비 설치자에게 기부를 한다. 대부분 전력회사를 경유하거나 전기요금과 연동시켜 기부하는 경우가 많다. 새크라멘토 전력공사의 '태양광발전 파이오니어'도 기부금 방식이다. 소비자, 수요자 입장에서 이해하기 쉬운 방식이다. 유럽과 미국에서는 전세대의 0.5~1%가 참가하고 있다. 독일의 대표적인 환경도시로서 유명한 프라이부르크에서는 전체 가구의 10%가 참가하고 있다.

② 출자금 방식

출자액에 따라 전기 판매 수입에서 배당을 받는다는 점이 기부금 방식과 다르다. 제3장에서 소개할 홋카이도녹색펀드北海道グリーンファンド 등의 시민풍차프로젝트市民風車プロジェクト는 출자금으로 건설비의 대부분을 조달해 왔다. 채산성을 기대하기 어려운 소규모 태양광 발전프로젝트는 기부금 방식이 많지만, 1억 엔 이상의 출자금이 필요하고 채산성이 높은 풍력발전은 1구좌 10만~50만 엔의 출자금을 내고 그에 대한 배당을 받는 경우가 많다.

덴마크와 독일에서는 오랫동안 농가나 농민조합 등에 의한 출자금 방식이 풍력발전을 견인해 왔다.

재생가능에너지 100% 전기를 구입하다

③ 상품 방식

전력 시장 자유화를 전제로, 전력회사에서 판매하는 녹색전력을 비교적 비싸지만 소비자가 자발적으로 구입하는 방식이다. 1998년부터 전력을 자유화한 미국 캘리포니아 주나 독일 등에서는 재생가능에너지 50% 또는 100%를 내건 녹색전력상품이 판매되고 있다. 통신 서비스사를 선택하듯 전기 공급 회사 및 상품을 고를 수 있는 구조이다. 통신 서비스는 요금을 기준으로 선택하기 쉬우나 전력은 비용보다 환경부하가 보다 적은 전력을 기준으로 고른다는 차이가 있을 뿐이다.

앞서 언급한 새크라멘토 전력공사는 일반 거주자용으로 '그리너지 greenergy'라는 전력을 판매하고 있다. 캘리포니아 주 어디서나 계약할 수 있으며 다음과 같은 세 가지 선택지가 있다. (a) 매달 3불의 할증요금(월평균 전기요금 3.3% 증가분)으로 수력을 포함한 재생가능에너지 50%를 공급받는다 (b) 매달 6불의 할증요금(월평균 전기요금 6.6% 증가분)으로 재생가능에너지 100%를 공급받는다 (c) 매달 10불의 할증요금(월평균 전기요금 11% 증가분)으로 재생가능에너지 50%를 공급받고, 계약자 주택의 탄소발자국을 상쇄하는(이산화탄소 배출분을 상쇄하는) 서비스를 받는다. 이 세 가지 선택지가 있다. 사업자용도 별도로 있다. 재생가능에너지 50%, 100%는 제3기관의 엄밀한 인증을 거친다. 새크라멘토 전력공사는 할증요금 수입의 40% 정도를 풍력발전이나 태양광발전 등 신규재생가능에너지 설비에 투자해야만 한다.

독일에서는 유명한 환경NGO 그린피스가 '그린피스전력'을 운영하고 있다. 석탄화력이나 원자력발전에 의존하지 않는 직접 수력발전, 풍력발전, 태양광발전, 바이오매스발전을 통해 전력을 공급한다는 것이 판매 전략이다. 판매 단위는 1kWh당 24.8센트(약 29엔)로 비교적 비싼 편이다.

독일에서 실제로 녹색전력을 구입하는 사람은 소수였으나 후쿠시마 사고 이후 문의와 신규 계약이 늘고 있다. 그린피스전력의 신규 계약 건수는 통상 월 평균 1천 건 정도였지만 2011년 3월은 8배로 늘었다. 다른 전기사업자의 경우도 신규 계약이 배로 증가하고 있다.

녹색전력 100% 프로야구 야간 경기

④ 녹색전력증서 방식

재생가능에너지는 전력뿐 아니라 온실 효과 가스 삭감이라는 또 하나의 환경 부가가치를 가지고 있다. 그 환경 부가가치를 재생가능에너지에 의한 발전 전력량에 따라 증서로 만들어 시장에서 거래할 수 있게 한 것이 '녹색전력증서green certificates'이다.

전력을 구입할 때 사용 전력에 따라 녹색전력증서를 구입하면 그만큼을 재생가능에너지 사용량으로 인정해 주는 것이다. 예를 들어 2,000kWh의 전력이 소비되는 이벤트가 있을 때, 만약 이벤트 주최자가 2,000kWh 분의 녹색전력증서를 구입하면 이 이벤트는 100% 녹색전력을 사용한 것이 된다.

예를 들어 한신타이거스阪神タイガース가 고시엔甲子園 구장에서 야간 경기를 할 때 한 시합당 조명등을 3.3시간 점등하면 약 3,200kWh의 전력이 소비된다(구장 자료에 따라 산출). 만약 한신 구단이 이만큼의 녹색전력증서를 구입하면 한신타이거스는 100% 녹색전력으로 야간 경기를 한 것이 된다.

실제로 올스타게임을 포함한 2009년도 프로야구 야간 경기 43시합을 시범적으로 스폰서 기업이 비용을 부담하여 녹색전력증서를 구입함으로써 탄소발자국 상쇄(이산화탄소 배출분 상쇄로 인정)가 인정되었다.

참고로 고시엔 구장과 마쯔다 경기장マツダスタジアム에는 2010년 대규모 태양 전지가 설치되었다.

녹색전력증서는 [그림 2-2]와 같이 제3자 인증기관의 인증을 얻어 증서 발행 업자가 발행한다. 이 증서 발행 업자를 통해 기업 등이 사용전력량에 따라 녹색전력증서를 구입하고 증서 대금은 풍력발전 설비 등을 소유한 녹색전력발전사업자에게 제공된다. [그림 2-3]은 실제 녹색전력증서 견본이다. 녹색전력발전사업자는 증서 대금을 자금 삼아 녹색전력의 공급량을 늘리는 것이다. 이 제도의 이점은 발전 설비 없이 녹색전력증서 구입만으로 녹색전력 사용이 인정된다는 점이다. 또한 이산화탄소 삭감에 금전적으로 기여를 하고 녹색전력 구입 사실을 대외적으로 홍보할 수 있는 '녹색에너지마크'를 달게 된다. 1년 계약뿐 아니라 1회분씩 자금 사정에 따라 유연하게 활용할 수도 있다. 기업뿐 아니라 국가, 자치단체, 개인도 구입 가능하다.

소니ソニー는 2001년부터 녹색전력증서를 구입하기 시작하여 구입분을 계속 늘려오고 있다. 그 결과 2007년 이후에는 일본 최대 녹색전력 구입 기업이 되었고, 2009년 10월부터는 본사 빌딩 소비 전력의 약 50%를 녹색전력으로 충당하고 있다.

도쿄전력 등의 전력회사가 공동으로 설립한 일본의 대표적 증서 발행 사업자 일본자연에너지日本自然エネルギー 주식회사 사이트에는 사무실에서의 이용이나 제품, 각종 이벤트에서의 이용 등 다양한 이용 사례가 게재되어 있다.

녹색전력증서는 동경도에서 2010년 도입한 국내배출량거래제도와 묶어서 사용할 수 있다.

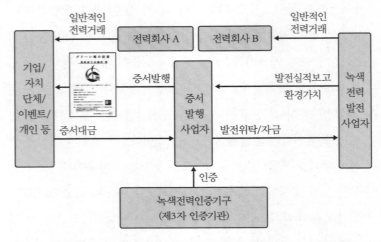

[그림 2-2] 녹색전력증서 제도의 구조

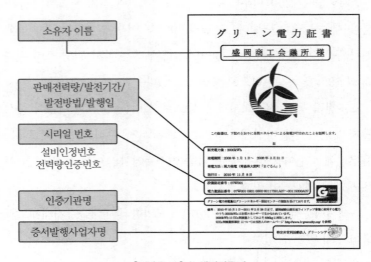

[그림 2-3] 녹색전력증서

전기요금 전가 방식

⑤ 전기요금 전가 방식

전기요금에 추가 징수하는 방식으로 재생가능에너지 보급을 위한 비용을 수요자 모두로부터 넓고 얕게 강제적으로 징수하는 방식이다. 앞에서 나열한 ①~④번 방식은 희망자에 한해 비용을 부담하는 제도이지만 이 방식은 사용 전력량에 따른 의무 부담이라는 점에서 목적세와 유사하다. 그러나 재생가능에너지가 보급되면 서서히 발전 단가가 낮아져 사용자 부담이 줄어든다는 점이 다르다. 고정가격매 입제와 함께 도입되는 경우가 많다.

일본에서는 2009년 11월부터 주택 등의 태양광발전 설비로 만들어진 전기 중 자가 소비분을 뺀 잉여 전력을 전력회사가 1kWh당 48엔(2011년 이후 도입된 경우 40엔)에 구입하고(그 전까지는 약 24엔) 매입 비용을 '태양광발전촉진부가금太陽光発電促進付加金'으로 소비자에 전가했다. 2011년 4월부터 1kWh당 0.01~0.07엔이 징수되고 있다(전력회사에 따라 다름). 1kWh당 0.03엔의 경우(도호쿠 전력, 도쿄전력, 간사이전력), 연간 전력 사용량을 3,600kWh로 잡으면 연간 약 108엔이 가산된다.

2012년 7월부터의 재생가능에너지 고정가격매입제 도입 후 전력회사가 사들이는 전기는 태양광, 풍력 외에도 재생가능에너지로 확대되었다. 전력회사는 원칙적으로 20년 계약으로[7], 각각 고정가격으로

---

7 10kWh 이하의 소규모 태양광발전 설비의 계약기간은 10년, 지열발전소의 계약기간은 15년이다.

모든 재생가능에너지로 만들어진 전력을 구입하지 않으면 안 된다. 그 기초 자금은 각 소비자가 1kWh당 0.22엔, 평균 연간 1,044엔을 부담한다.

컬래버레이션을 통해 녹색화를 추진한다

앞에서 소개한 다섯 가지 방식처럼 환경NGO나 지방자치단체에서 시작한 작은 실험이 전국적으로 더 나아가 인접국으로까지 퍼져나가 많은 나라에서 채택하는 사례가 환경 정책, 환경 사업 분야에는 많다.

다섯 가지 방식 중 기부금 방식이 가장 초기의 형태이며, 그 후 출자금 방식을 거쳐 전력증서 방식, 전기요금 전가 방식으로 확대되어 온 것이다. 부담하는 사람들이나 기업의 폭은 넓어지고 부담금은 낮아진 것이다. 의식 있는 특별한 사람이나 기업 중심의 고액 부담에서 모두가 함께 부담을 조금씩 나누는 쪽으로 흐름이 바뀌었다.

그렇다면 전력의 녹색화, 환경 정책의 녹색화를 중심적으로 담당할 사람은 어떤 존재일까? 주목해야 할 것은 환경운동의 변화이다. 정책 당국이나 기업을 고발하고 비판하는 방위형 환경운동에서 비판적인 자세는 유지하지만 정책 제언에 더 중점을 두는 방식으로 변해 가고 있다. 정부, 기업과의 협력을 기획, 실천하는 환경운동으로 시민 분야는 크게 방향 전환을 하고 있는 것이다.

유동화하고 네트워크화하고 있는 현대 사회의 중심어 중 하나가

컬래버레이션collaboration이다. 최근 일본에서는 영어 collaboration
을 일본식으로 바꿔 '코라보コラボ'라고 줄여 쓰고 있다.

컬래버레이션은 '협동, 공동 작업, 공저' 등을 의미하는 일상어이
지만 『옥스포드영어사전』에 따르면 "직접적인 연결 고리가 없는 사람
과 특정 목적을 위해 협력한다"는 느낌이 강하다. 필자는 1996년부
터 컬래버레이션을 "복수의 주체가 대등한 자격으로 구체적인 과제
달성을 위해 행하는, 비제도적이고 한정적인 협력 관계 또는 공동 작
업"이라고 정의할 것을 제안해 왔다. 컬래버레이션은 단순한 협력 관
계나 공동 작업이 아닌 ① 대등성 ② 과제달성 지향성 ③ 초역성 또
는 영역 횡단성 ④ 한정성이 요구된다.

다른 업종이나 다른 분야라고 하는 벽, 기업과 NGO, 정부·행정
기관 사이에 있는 벽, 사회 통념의 벽, 이렇게 제도화된 영역의 벽을
넘는 초역적, 영역 횡단적 협동 작업이 컬래버레이션인 것이다. 이와
달리 파트너십은 부부 관계처럼 지속적이면서 일체적인 협력 관계라
는 느낌이 강하다. 성과와 달성, 비용이나 위험 정도를 계속 확인하
면서 시시비비주의적으로 적절한 거리 감각을 중시하는, 그때 그때
필요에 따른 협동 작업이 바로 컬래버레이션이다.

사회적 실험

컬래버레이션은 다양하고 새로운 시도를 통해 사회적 실험을 가능하
게 해 준다.

온난화 문제에 직면하여 전 세계적으로 전력의 녹색화뿐 아니라 ① 천연가스 자동차, 하이브리드 자동차, 전기자동차와 같은 저공해 자동차로의 전환이 일어나고 있고 ② 연료 전지 자동차의 개발 ③ 자동차에서 LRT(바닥이 낮은 형태의 노면 전차) 등과 같은 공공교통망으로의 모달 시프트(운송방식의 변경)가 이루어지고 있으며, 이런 방향으로의 '에너지 혁명' '에너지 시프트'가 활발히 일어나고 있다. 그 추진력이 되고 있는 것은 환경NGO와 전력회사, 기업, 정부기관 등이 함께 하는 다양한 컬래버레이션이다.

태양광발전과 풍력발전 부분에서도 미국은 에너지국, 주정부, 전기사업자, NGO 간의 협업 프로젝트를 전미 각지에서 다양하게 시도하고 있고, 독일, 덴마크 등 재생가능에너지 개발과 전력 수요 억제책으로 세계를 이끌어 가고 있는 나라에서도 지방정부와 전력회사, 민간조사연구기관, 환경단체 사이에서 자금, 정보, 기술, 경영 노하우, 광고 등 여러 측면의 다원적인 협업이 전개되고 있다.

오늘날 환경 보전과 경제 활동은 대치된다는 생각은 비생산적이다. 21세기 환경 관련 사업은 복지 사업, 정보 사업과 함께 20세기 철강, 조선, 자동차 산업과 같은 기간 산업적 견인차 역할을 맡게 될 가능성이 있다.

환경 사업을 키움으로써 기업과 환경NGO, 소비자와 정부는 공통의 이익을 찾아 낼 수 있다. 이러한 공유의 가치와 목표에 관한 합의야말로 이들 4자 간에 전개 가능한 협업의 기초이다.

[그림 2-4]에 표시한 것처럼 정부 부문, 기업 등의 영리 부문, 사

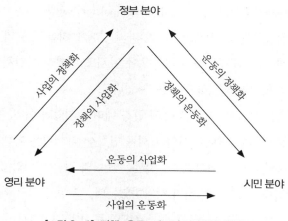

[그림 2-4] 정책, 운동, 비즈니스의 상호 협업

회운동이나 NGO, NPO와 같은 시민 부문의 3자 사이의 울타리가 EU 국가들을 선두로 차츰 낮아져 왔다. 정책 당국은 환경운동과의 협업을 통한 '정책의 운동화'가 과제가 되고 있다. 운동 측이 제시하는 정책 이념이나 아이디어의 제도화, 운동 측과의 공동 캠페인 전개 등 환경운동과의 다양한 연계 없이는 환경 정책을 시민 사회에 정착시키고 확산시키기 어렵다는 인식이 퍼져 나가고 있다.

환경운동 측에서 보면 정부나 기업과 거리를 두고 독립적으로 대항적인 이념을 제안한다는 단계에서 정부나 기업과의 협업을 통해 일정한 긴장 관계를 유지하면서도 대항적인 이념을 정책과 시책으로 구체화하여 현실화하기 위해 노력한다는 단계에 들어와 있다. '계란을 안쪽에서 깨는' 시대가 도래한 것이다.

운동의 이념을 사회적으로 보다 광범위하게 침투시키기 위해서는 유럽의 세계자연보호기금World Wide Fund for Nature; WWF의 다양한 시도처럼 '운동의 정책화'와 기업과의 연계에 의한 '운동의 사업화'가 불가결하다. 대규모화된 환경운동 자체도 비영리 사업체로서 재정 기반의 확립을 의식하지 않을 수 없다.

기업 역시 환경 마크 등을 통해 환경 배려형 기업의 이미지를 연출하고 환경 분야에 새로운 사업 기회를 만들어 마케팅을 확대해 가는 것이 하나의 과제가 되고 있다. 일본은 소니와 같은 대기업이 솔선해서 '녹색전력증서'를 구입하기 시작하였는데, 그 동기 역시 환경 배려형 기업으로의 이미지 연출과 지구시민으로서의 기업 책임을 수행하기 위함이었을 것이다. 즉 '사업의 운동화'이다. 물론 온난화 문제에 관해서는 석유 관련 기업이나 일본의 경제단체연합회経済団体連合会로 대표되는 바와 같이 수구파적으로 온난화 대책에 브레이크를 걸려고 하는 기업이나 경제 단체도 여전히 많기는 하지만 말이다.

제3장

지역의 새로운 목소리

이와테 현 구즈마키 정葛巻町 가미소대카와上外川고원의 풍차.

1
마키 원전 주민 투표, 그 배경과 결과

잃어버린 20여 년과 새로운 목소리

제2장에서는 미국의 캘리포니아 주와 독일을 선두로 시작된 유럽에서의 전력 녹색화 움직임에 대해 소개하였다. 새크라멘토의 란초 세코 원전이 주민투표로 폐쇄되고 독일의 재처리 공장 건설이 중지되는 등(제4장 참조)의 움직임이 캘리포니아 주와 유럽에서 일어난 1989년은 일본의 연호로는 헤이세이平成 원년에 해당된다. 헤이세이 이후 일본 사회도 많은 변화가 있었다. 그러나 약 23년간의 그 변화는 정치, 경제, 사회 모든 분야에서 혼란과 스캔들이 다발하면서 내리막길로 굴러떨어지는 듯한 변화였다. 언덕 아래 진창에 발이 빠지지 않도록 신경은 쓰지만 조금씩 자신을 잃어 가면서 말이다.

"우리는 버블 후 불황의 시대만을 보고 살아왔다. 자신의 미래를 위해 하루 빨리 포기할 것은 포기하고 현실과 마주하지 않으면 살아남을 수 없는 것이다. '사토리 세대さとり世代'란 자신이 처한 현실을 깨닫고 그에 맞춘 검소한 생활을 하려는 젊은이를 가리킨다. 도전도 변혁도 바라지 않고 그저 자기가 가진 만큼만 만족하려 하는 요즘 젊은이가 과연 사회운동을 하고자 할지 의문이다." 이 글은 2010년

1월 필자의 수업에서 과제로 제출된 보고서의 한 구절이다. '일본의 젊은이는 왜 사회운동에 관심이 없는 것인가?'라는 질문에 자신 역시 '사토리 세대'인 한 여학생의 답변이었다.

'자신의 미래를 위해 하루 빨리 포기할 것은 포기하고 현실과 마주하지 않으면 살아남을 수가 없다' '자신이 처한 현실을 깨닫고 그에 맞는 수준으로 생활하려는 젊은이' '도전도 변혁도 추구하지 않고 자기가 가진 만큼의 능력을 벗어나지 않으려는 젊은이'라고 표현한 자화상이 무척 쓸쓸하게 느껴졌다.

그러나 동일본대지진으로 피해를 입은 곳에서는 학생과 젊은이의 적극적인 봉사활동 모습이 눈에 띄게 늘고 있다. 나에게도 피해 지역에서의 봉사활동 경험을 이야기하러 찾아오는 학생들이 있다. 지진 피해가 젊은이들에게 어떤 변화의 계기가 되고 있는 것 같다.

헤이세이 이후 20여 년을 '잃어버린 시간'으로 볼 수도 있겠지만 시민사회의 움직임이 태동하고 태어나, 아장아장 걷고, 성장하고, 여러 분야에서 행동을 시작한 시대로도 볼 수 있다. 시민활동이나 남녀 공동 참가, 장애인복지, 고령자복지, 환경문제 등과 같은 분야에서 실제로 많은 성과가 있었다.

중앙집권적이고 경직된 일본의 에너지 정책과 전력 정책 부분에서도 다양한 선도적인 시도가 이루어졌는데 이것들은 모두 지역으로부터의 새로운 목소리이다.

일본의 첫 주민투표

1996년 8월 4일 니가타 현 니시칸바라 군西蒲原郡 마키 정(2005년 10월에 니가타 시와 합병, 현재는 니가타 시 니시칸 구)에서 원전 건설에 관하여 조례에 기반을 둔 일본 첫 주민투표가 실시되었다. 투표율 88.3%, 이 중 건설 반대가 60.9%에 달했던 투표 결과로 마키 원전 건설 계획이 중지되었을 뿐 아니라 원전 문제, 미군 기지 문제, 산업 폐기물 처분장 건설 문제 등 여러 지역의 분쟁에 커다란 영향을 미쳤다. 마키 원전 주민투표에 관한 사회학적 사례 연구로는 이토 마모루 伊藤守를 포함한 여러 학자들이 집필한『민주주의의 반향デモクラシー・リフレクション』(リベルタ出版, 2005), 나카자와 히데오中澤秀雄의『주민투표운동과 지역정치住民投票運動とローカルレジーム』(ハーベスト社, 2005), 필자의「주민투표의 성공 조건住民投票の成功の条件」(『環境運動と新しい公共圏—環境社会学のパースペクティブ』, 有斐閣, 2003) 등이 있다. 주민운동을 실제로 이끈 지도자의 기록으로는 구와하라 마사시桑原正史, 구와하라 미에桑原三恵의『마키 정에서 시작한 주민투표로의 길巻町発・住民投票への軌跡』(七つ森書館, 2003)이 있다.

마키 정의 운동은 주민투표 실시 요구 운동을 전국에 퍼뜨렸다. 실제로 그 후 약 5년 동안 전국에서 총 12회의 공식 주민투표가 실시되면서 일시적으로 주민투표 붐이 일어났다. 각각의 안건을 살펴보면 원전 문제 3건, 기지 문제 2건, 산업 폐기물 문제 5건, 가동댐 문제 1건 그리고 채석장 건설 문제가 1건이다. 의회에서 주민투표실시조례의 제정을 요구하는 청원이 부결되어 실시되지 못한 곳도 많으나 주민투표 실시 요구는 그 후 시민운동과 주민운동의 대표적인 전략 중 하나가 되었다고 볼 수 있다.

1980년대부터 주민투표를 직접 요구하는 직접 청구나 주민투표를 실시하자는 의원 및 지자체 단체장들의 제안은 매년 증가 추세에 있었다(이마이 하지메今井一 編, 『주민투표住民投票』, 日本経済新聞社, 1997). 원전과 관련하여 조례가 성립된 곳은 고치 현 구보카와 정窪川町(1982년 7월 공포)을 시작으로 미에 현 난토 정南島町(1993년 2월 공포 '원전건설에 관하여原発建設に関して', 1995년 3월 공포 '사전환경조사에 관하여事前環境調査に関して'), 미야자키 현宮崎県 구시마 시串間市(1993년 10월 공포), 니가타 현 마키 정(1995년 6월 공포), 미에 현 기세이 정紀勢町(1995년 12월 공포), 니가타 현 가리와 촌刈羽村(2001년 4월 공포), 미에 현 미야마 정海山町(2001년 9월 공포) 등이 있다.

투표가 실시된 곳은 마키 정 외에도 기존 원자로에서 플루토늄을 태우는 플루서멀 실시 찬반 투표를 실시한 가리와 촌(2001년 5월 27일 실시)이 있고, 원전 유치 찬반을 물었던 미야마 정(2001년 11월 실시)이 있다.

도쿄전력의 가시와자키 카리와 원전 7기가 입지하는 가리와 촌의 경우 플루서멀 반대가 유효투표의 53.6%를 점했다. 도쿄전력은 1999년부터 관내에서 플루서멀을 실시할 예정이었지만 이 주민투표의 결과로 가시와자키 카리와 원전에서의 실시를 2002년 이후로 연기했다.

일본에서 플루서멀이 실시된 것은 당초 계획보다 10년 늦어진 2009년 12월 규슈전력의 겐카이 3호기부터이다. 도쿄전력 관내 후쿠시마 제1의 3호기에서 플루서멀의 상업용 운전이 시작된 것은 2010년 10월이다. 가시와자키 가리와 원전은 2007년 7월 주에쓰오키中越沖 지진 때 피해를 입으면서 7기의 모든 원자로 운전이 중지됐기 때문에 현재까지 플루서멀이 실시되지 못했다.

미에 현 미야마 정의 경우 어업과 임업의 쇠퇴에 위기감을 느낀 상공회 중심의 원전 추진파가 주민투표 실시를 요구했으나, 유효투표 중 67.5%가 반대를 표명하면서 정장은 유치를 단념했다.

이와 같이 원전 관련 주민투표의 경우 세 곳 모두 원전 반대가 다수를 점해 추진파의 의도가 저지되었다.

가동보 건설이 안건이었던 도쿠시마 현徳島県의 요시노가와吉野川 제10댐 문제에서도 주민투표 결과에 따라 건설 계획이 중지되었다. 시로이시 시白石市의 산업 폐기물 처분장도 미야기 현이 사업자의 허가 신청에 대해 허가를 내주지 않아, 사업자 측이 단념하였다.

유권자 전원에게 평등하게 열린 주민투표는 가장 철저한 '주민 참가' 기회이다. 주민투표조례만 의회에서 가결된다면 주민투표를 실시할 수 있다. 일본의 주민투표는 '자문형'이라 불리며 공식적인 여론조사와 같은 위상을 가지고 있다. 법적 구속력은 없지만 정치적 영향은 무시할 수 없다. 특히 해당 자치단체장에 대한 '정치적 구속력'을 발휘할 수 있다고 볼 수 있다.

주민투표의 사회적, 정치적 배경

주민투표의 배경으로는 우선 지역의 운명을 스스로 정하겠다는 자기 결정 요구가 증가한 점을 들 수 있다. 단체장이나 의원 또는 정당을 선택하는 간접민주주의와 달리 주민투표는 쟁점에 관한 유권자의 의사를 직접 표시할 수 있는 제도이다.

두 번째로 공해문제나 환경문제의 경우 중지 요구 소송이 어렵기 때문이다. 사법은 4대공해재판四大公害裁判과 같이 사후적인 금전보상에 의한 피해구제에는 어느 정도 역할을 했지만 1981년 오사카공항 공해소송의 대법원 판결과 같이 공공정책과 관련된 공공사업 중지와 같은 경우에는 재판소들이 대부분의 경우 소극적인 자세를 보여 왔기 때문이다. 게다가 재판은 시간이 오래 걸리기 때문에 운동 역시 장기간 법정에 묶여 그 결과 변호인단 주도형 운동이 되기 쉽다.

세 번째는 지방분권이 주장되고 있지만 중앙집권적인 행재정제도 하의 지방자치단체의 능력과 권한은 어느 정도 제한될 수밖에 없기 때문이다. 삼권 중 행정과 사법의 장이 닫혀 있다면 운동은 입법의 장으로 나설 수밖에 없다.

네 번째로 노동운동이나 사회민주당계열, 공산당계열의 세력 약화로 기존 조직에 기반한 대중동원형 전술이나 그것을 배경으로 한 직접교섭형 운동이 어려워진 점이다. 그 결과 참여와 자기결정성을 프레임으로 걸고 개개의 시민에게 직접 어필하는 주민투표가 주목을 받게 된 것이다.

공을 되던지다

주민투표에 대해서는, 대의제 민주주의와 모순된다, 법적 구속력이 없어 유효성이 떨어진다, 지역이기주의이며 국가 정책이 특정 지역 주민투표 결과로 좌지우지되어서는 안 된다 등과 같은 비판이 있다. 이러한 비판을 어떻게 받아들이면 좋을까?

일본에서는 주민투표 실시를 위해 우선 조례 제정이 필요하다. 이를 위해서는 의회 과반수 이상의 동의가 필요하다. 이처럼 의회의 승인을 얻지 못하면 주민투표는 실시될 수 없다는 점에서 주민투표는 대의제 민주주의와 모순되는 것이 아니다. 오히려 유권자 다수가 주민투표 실시를 요구해도 의회의 승인을 얻지 못해 주민투표가 실시되지 못하는 경우가 더 많다.

주민투표는 대의제 민주주의를 보완하는 것이고 성공하기 위해서는 단체장 등의 리더십이 필요하다. 마키 정의 사사구치 다카아키笹口孝明 정장(당시)은 고시일 주민투표 결과에 따라 마키 정 소유 토지의 매각 여부를 결정하겠다고 말하고 법적 구속력이 없는 주민투표이지만 마키 정 당국의 의사를 정치적으로 구속하겠다고 공약했다. 유권자에게 한 표의 무게를 어필하고, 투표율을 높이기 위해서라도 단체장이 리더십을 발휘할 필요가 있으며 주민도 주민 스스로에 의한 학습과정으로 여길 필요가 있다. 투표율이 높아지고, 유권자의 절대 득표율이 높아지면 투표 결과의 정치적 영향력도 그만큼 커지게 된다.

'지역이기주의'나 '님비(Not In My Back Yard)'적 거부라는 비판도 있지만 '위험시설' 수용을 강제적으로 요구 받는 상황에서 자기 지역의 이해를 지키겠다는 것은 주민의 당연한 권리이며 주민자치의 출발점이다. 쟁점이 되고 있는 정책 내용의 합리성, 정책 결정 과정에의 주민참여, 정보 공개 및 대안 검토를 포함한 충분한 환경 영향 평가 실시 등과 같은 전제 조건이 충족되지 않는다면 투표 결과를 두고 무조건 지역 에고나 NIMBY라고 비판할 수 없다.

대도시권을 위한 원전이나 산업 폐기물 처분장이 과소지역에 강제되고 있는 지금 입지 지역 주민의 반대를 누가 어떤 자격으로 지역 에고라 비난할 수 있겠는가? 오히려 대규모 공공사업을 추진하는 사람들에게 기업 이익이나 관련 정부 기관의 '이익' 추구 및 정계, 관계, 재계의 철의 피라미드의 이익을 지키려는 의도가 감추어져 있는 경우가 많다. 주민투표는 정부에게 공을 되던지는 것이다. 주민투표 결과를 받아 정책을 재고하고 변경할 책임은 정부 측에 있는 것이다.

국민투표도 가능

후쿠시마 사고 이후 이탈리아에서 원전 문제에 관한 국민투표가 실시되었다(이 책의 240~241쪽 참조). 이런 일이 일본에서도 가능할까?

헌법 개정 외에는 헌법에 국민투표 관련 규정이 없기 때문에 투표 결과는 법적 구속력을 갖지 못하지만 원전 가동 찬반 등에 대한 자문형 국민투표는 일본도 가능하다. 실시만 된다면 전국 유권자 다수의 의사를 내각도 국회도 쉽게 무시할 수 없을 것이다(모두 함께 정하

자 '원전' 국민투표みんなで決めよう '原発'国民投票 웹사이트 참조)[1].

어떻게 이길 수 있었는가

니가타 현 마키 정의 경우 어떻게 단기간에 운동을 고양시키고 주민투표를 실시하였으며 어떻게 반대 다수라는 결과를 얻을 수 있었는지 마키 정의 사례를 살펴보고자 한다.

쟁점이 된 마키 원전 1호기(출력 82.5만kW)는 도호쿠 전력 주식회사가 니가타 시 서쪽에 위치한 마키 정 카쿠미하마角海浜에 건설하고자 했던 것이었다. 1971년 건설 계획이 발표되고 1981년 11월 중앙정부의 전원개발조정심의회에서 인가를 얻어 전원개발기본계획에 포함되었지만 1983년 이래로 용지 취득이 완료되지 못해서 안전 심사가 중단된 상태였다. 전원개발기본계획에 들어간 원전 중에서 안전심사가 중단되고 진행이 중단된 최초의 원전이다.

마키 정은 1호기 노심 예정지 부근에 9,070.74평방미터의 정 소유지를 가지고 있었다. 사사구치 정장은 주민투표 전 공약대로 투표 결과에 따라 정 소유지를 매각하지 않겠다고 선언했다. 2003년 12월 도호쿠 전력은 마키 원전 건설 계획을 철회했다. 주민운동이 주민투표로 승리한 전형적인 사례이다.

마키 정 의회에서 명확히 원전건설을 반대한 의원은 오랫동안 한

---

1 http://kokumintohyo.com/

두 명에 지나지 않았다. 다른 시·정·촌이나 현의회 등과 마찬가지로 주민운동은 풀뿌리 보수파의 벽에 오랫동안 직면해 온 것이다.

최대의 전기는, 이제까지 마키 원전 건설 반대 운동이 노동조합 중심으로 이루어졌던 것과 달리, 전과 다른 운동 스타일, 새로운 지도자, 그리고 주민들의 지지를 얻은 '주민투표를 실행하는 모임住民投票を実行する会'이 1994년 10월에 결성되면서 1995년 1월 22일~2월 5일 정식 투표와 거의 유사한 자주적 주민투표가 이루어지고, 유권자의 45.4%가 투표, 그 대부분이 반대표라는 결과가 나왔던 것이었다. 건설 계획 발표 후 약 25년간 '패배'를 계속해 온 원전 건설 반대 운동은 이 자주적인 주민투표 이후 1995년 4월 마키 의회 선거와 추진파 정장 리콜 등에서 잇달아 승리를 거두면서 국면의 대전환에 성공했다. 원전 건설을 불안해하던 많은 주민에게 명시적으로 반대 의사를 표명할 수 있는 정치적 기회가 계속 만들어지면서 주민운동은 모두 승리를 거두게 된다.

마키 정은 다이쇼大正[다이쇼 천황大正天皇 시대의 연호(1912–1926)] 때부터 양대 보수계 국회의원이 존재해 온 곳으로 양쪽 모두 자기 계열 현의회, 정의회, 계열토건업자로 이루어진 강력한 지역 권력 구조를 가지고 거의 팽팽하게 대립하고 있었다는 점도 중요하게 작용했다. 이러한 구도 덕에 약 2,000표 정도를 확보한 원전 건설 반대파가 정장 선거의 캐스팅보트를 잡았기 때문이다.

원전 문제가 부각되고 3선을 목표로 한 현직 정장이 패배하는 1974년부터, 1990년 사토 간지佐藤莞爾 정장이 재선될 때까지 약 16

년간, 정장직은 양 진영의 신인 후보가 교대로 당선되었다. 타 진영이 정정町政을 잡은 동안 원전 건설 진행을 기피하고 신중한 자세를 보여 주는 신인 후보가 원전 건설 반대파와 결합하여 다음 정장 선거에 현직을 꺾고 승리한다. 이렇게 당선된 신인은 자기 진영 주도로 원전 건설을 추진하기 위해 임기 중 원전 추진으로 자세를 바꾸고, 이에 대해 전 정장 세력이 다시 원전 반대파와 결합하여 대립 후보를 세워 다음 선거에 승리하는 구조가 반복되어온 것이다. 이렇게 사토 정장의 재선까지 원전 건설이 중지될 수 있었던 최대의 정치적 요인은 정 내, 양대 정치 파벌이 교대로 신중한 입장의 정장을 당선시켜 왔다고 하는 정 내 엘리트 분열과 정치적 불안정성에 있었다.

정계 재편과 정町 내 정치권력의 유동화

주민투표가 실시된 1996년 8월은 자민당이 정권에 복귀하고(1994년 6월) 무라야마村山 정권을 거쳐 사회당, 신당 사키가케さきがけ와의 연립에 의해 하시모토橋本 정권이 탄생한 7개월 뒤였다. 정정을 이분해온 2대 계열이 약화되고 보수계의 압박이 약해지면서 주민투표를 요구하는 주민운동이 고양되고 승리한 것이다.

니가타 현은 다나카 가쿠에이 전 수상(1918~1993년)의 고향이며 1985년 다나카가 뇌경색으로 쓰러질 때까지 오랫동안 자민당 옛 다나카 파의 아성이었다. 이 현에서 7기의 원자로를 가지고 단일 원전으로서는 출력 세계 최대(합계 821.2만kW)인 가시와자키 가리와 원전

(1호기는 1978년 착공, 1985년 영업 운전 개시)이 건설된 정치적 배경은 이 현의 전반적인 정치적 안정성에 있었다. 그러나 다나카가 병마로 쓰러진 이후 현정의 구심점이 사라지고 1992년에는 현직 지사가 사가와택배 사건佐川急便事件으로 사임하게 된다. 1996년 8월 당시 하라야마 이쿠오平山征夫 현지사는 재선 직전이었고 그의 정치 권력은 그다지 안정적이지 못했다.

정부, 현, 정 모두 기존 정치 권력에 변화가 생긴 시기였고 이러한 변화는 '정부를 거스를 수는 없다', '거스르면 틀림없이 불이익이 있을 것이다'라는 오래된 심리적 속박에서 정 당국과 주민을 자유롭게 했다. 또한 지방 분권 및 지방 자립을 요구하는 움직임도 중앙 정부의 사회 통제에 대한 공포와 경계심을 완화해 주었다.

현청소재지에 인접한 원전 건설 계획

마키 원전 건설에 반대하는 주민운동에는 좋은 인재의 확보 등 여러 가지 유리한 배경들이 있었다.

원전이나 원자력 시설이 들어서는 다른 지역들은 대부분 교통이 불편한 과소지이다. 그렇기 때문에 토지 소유자나 어업권을 가진 농어업인 중심의 운동이 될 수밖에 없고 지역에서 동원 가능한 인적 자원 및 정보 자원은 매우 한정되어 있다. 그러나 마키 정은 니시칸바라 군西蒲原郡의 군도로 오랫동안 번성해 왔고 현도인 니가타 시에 인접하고 있었기 때문에 운동 측도 여러가지 자원을 이용할 수 있었다. 마키 원전은 예외적으로 과소지 입지형이 아니었던 것이다.

역사적으로도 계속 지역의 중심 도시였기 때문에 현립고등학교 4곳, 오랜 역사를 가진 양조장 3곳, 지방지의 지국 등과 같은 시설이 들어서 있었다. 특히 최근에는 조에쓰 신칸센上越新幹線, 간에쓰関越 자동차 도로, 호쿠리쿠 자동차 도로가 개통하면서 니가타 시 서쪽 베드타운의 성격을 띠게 되었다. 이러한 지역적 특성과 인적 자원이 원전 건설에 비판적인 여론이 고조될 수 있는 배경이었다.

'주민투표를 실행하는 모임'의 주요 지도자 층은 제1차 베이비붐 세대로 이곳에서 계속 생활해 왔거나 유턴해 온 상공자영업자로 지역 명망가라는 성격을 강하게 가지고 있었다. 반대 운동의 중심 세력 역시 거의 동세대의 고등학교 교사 등 지역 주재 전문직 출신이 많았다. 그 외에도 변호사, 의사, 치과의사, 대학교수 등 마을에 거주하는 자립적인 전문직 종사자들이 반대 운동에서 큰 역할을 했다. 게다가 사사구치 정장을 비롯하여 그들 대부분은 지역 마키 고등학교 출신으로 예부터 서로 아는 사이였다. 원전이 입지하는 다른 지역이나 다른 대규모 공공사업의 분쟁 지역에서는 운동을 지원하는 자립적인 전문직 종사자 대부분이 대도시권에 생활 거점을 둔 '외부인'인 경우가 많았지만 마키 정은 지원자들이 바로 이 마을 출신이거나 인접 시·정·촌에서 태어나 자라고 실제 거주하는 지역 주민이라는 강점이 있었다.

인구 약 50만 명의 현청소재지와 인접해 있고, 니가타대학이 원전 입지점에서 겨우 15킬로미터 거리에 있었다는 것도 마키 원전 문제에 관한 감시 기능을 높였다.

자기결정성과 풀뿌리의 대항성

원전 건설 반대 운동이 지지자의 확대를 만들어 내기 어려운 요인 중 하나는 '건설 반대'나 '백지 철회'와 같은 일반론을 대신할 신선한 틀을 제시하기 어렵다는 데 있다.

사회운동 참가자에게 공유되는 운동의 심볼이 바로 틀frame이다. 운동의 목표는 무엇인지, 자신들은 누구인지, 자신들은 왜 옳은지 등과 같은 질문에 대한 답이 곧 틀이고 이 틀을 만들어 내기 위한 의식적이고 동적인 과정이 바로 틀 만들기framing이다. 운동의 성공에 있어 신선하고 매력적인 틀 만들기는 결정적으로 중요하다.

마키 정의 경우 원전 건설에 반대하는 새로운 주민운동은 정장 선거가 임박한 1994년 3월 여성 주민들에 의한 '종이학 접기 운동折り鶴運動'으로 먼저 전개되었다. 같은 해 5월까지 그녀들은 8만 개의 종이학을 접어 정장에게 전달했다. 평화의 상징인 '종이학'은 누구든 접을 수 있고, 익명으로 참가할 수 있으며, 가족이나 친구, 이웃에게 함께 하자고 청하기 쉽다는 이점이 있다. 또한 종이 접기를 통해 자신의 반대 의사를 직접 표현할 수도 있다. 종이학 접기 운동은 1994년 8월의 정장 선거에서 반원전 후보 지원으로 이어졌고 1995년 4월의 정의원 선거에서 여성 신인 후보가 1~3위로 당선되는 획기적인 사건을 일으킨 방아쇠였다. 종이학 접기 운동은 여성의 운동 참여를

촉진시키는 알맞은 틀이 되었다.

'주민투표' 또한 운동의 새로운 틀이 되었다. 특히 앞서 언급한 것처럼 정의회는 추진파가 압도적으로 우위였고 주민투표 실시조차 어려울 것으로 예측되었었다. 그래서 '주민투표를 실행하는 모임'은 1995년 1월 22일부터 2월 5일까지, 비록 투표 기간이 2주로 확대되긴 했지만, 가능한 진짜 주민투표와 똑같은 형태로 자주적 주민투표를 실시했고, 투표 결과는 모임의 예상을 뛰어넘는 45.4%(1만 378명)의 높은 투표율을 기록, 그중 94.9%(9,845표)가 반대표라는 결과를 얻었다. 그리고 이것이 그 후 운동이 고양되는 커다란 계기가 되었다. 1994년 정장 선거에서 사토 정장이 얻은 표는 모두 9,006표였기 때문에 오랜 기간 꽉 막힌 상황을 타파하고 다음 선거에서 정장을 무너뜨릴 수 있을지도 모른다는 기대가 생겨났다.

주민투표는 익명으로 반대 의사를 표시할 수 있고, 반대자의 증가를 숫자를 통해 정량적으로 제시할 수 있다. '주민투표를 실행하는 모임'은 기존의 반대 운동과 달리 '원전 건설 반대'라던가 '건설 반대 운동'이라는 틀을 채용하지 않았다. 모임의 상징인 '저울'처럼 1996년 8월 4일 투표 종료까지 원전에 대한 찬반 입장도 표명하지 않았다. '주민투표를 실행하는 모임'은 그저 정식 주민투표를 실시하고 투표율을 높이는 것만을 운동 목표로 삼았다. 이것은 운동이 기존의 당파색에 물드는 것을 피하고, 원전 문제는 주민 투표 결과에 따라야 하며 정민 자신의 판단에 맡겨야 한다는 자기 결정성과 운동의 정당성을 어필하는 데 매우 효과적이었다. 법적 구속력이 없지만 주민투표의 정치적 영향력을 강화하기 위해서는 가능한 높은 투표율을 이끌어 내야만 한다. 88.3%라는 높은 투표율을 달성한 것은 이러한 틀 만들기의 유효성을 보여 주고 있다.

또한 자주적인 주민투표는 성공 이후 이러한 주민의 움직임에 대해 법적 근거가 없다며 '무시'하고 주민투표를 거부하는 강권적인 사토 정장 및 전력회사라는 적대자에 대한 틀도 함께 만들어 냈다. 정장의 고압적 자세는 정장 해임 운동(1995년 10~1995년 12월)의 고양과 성공을 불러왔고, 운동의 지도자를 새로운 정장으로 당선시켰다(1996년 1월).

자주적인 주민투표 직전인 1995년 1월 17일에는 한신대지진이 있었고, 같은 해 12월 8일 정장 해임 서명지 제출 직후에는 고속증식로 몬주 사고가 일어났다. 이 모든 것이 거대 기술의 '안전성'과 '신뢰성'에 대한 근본적인 의문을 부각시키는 계기가 되었다.

2
재생가능에너지로 지역 살리기

3대 악풍의 마을에서 풍력발전 전기판매사업의 선두자로

—야마가타 현 다치카와 정立川町

모가미最上 강을 따라 야마가타 현 내륙부에서 일본해 쪽을 향해 쇼나이庄内 평야가 시작되는 곳에 가면 논에 서 있는 8기의 발전용 풍차가 홀연히 눈에 들어온다. 논에 있는 풍차는 아직도 일본에서는 찾아보기 어려운 풍경이다. 이 일대 야마가타 현 다치카와 정(2005년 아마루메 정余目町과 합병하면서 쇼나이 정이 되었다)은 재생가능에너지 중 풍력발전에 관심 있는 사람들에게는 매우 유명한 마을이다. 풍력 발전으로 지역 진흥에 성공한 일본 최초의 마을이기 때문이다. 인구 7,511명(1995년)의 작은 마을이다.

이 마을은 오랫동안 일본 3대 악풍悪風의 하나인 '기요카와다시清川だし'라는 강풍에 시달려 왔다. 평야가 부채꼴로 펼쳐진 꼭지 부분에 위치하고 있고 오우산맥에서 불어오는 남동풍이 쇼나이 평야를 지나가기 때문이다. 모가미 강 양단은 데와산지出羽山地에 둘러싸여 있기 때문에 바람이 모이기 쉽고 쇼나이 평야 쪽 출구에 해당하는 곳에서 국소풍이 된다. 겨울은 대륙으로부터 불어오는 바람이 모가

미 강을 통과한다. 일년 내내 바람이 강한 지역이다.

이 바람을 어떻게든 이용할 수 없을까. 쓰루오카고등전문학교鶴岡高等専門学校 단 쇼이치丹省一 교수 팀의 협력을 얻어 1980년 출력 1kW의 풍차로 발전하여, 온실하우스 촉성재배促成栽培에 전력을 이용하는 시도가 이루어졌다. 다음 해에는 5kW의 풍차 2기를 양돈 단지에 설치하고 돈사 난방에 전력을 활용하는 실험을 5년간 진행했다. 그러나 바람이 너무 강해서 이 모든 시도는 실패로 끝났다.

1988년부터 1989년에 걸쳐 버블 전성기에 등장한 다케시타 노보루竹下登 내각은 '고향 살리기 1억 엔 사업ふるさと創生一億円事業'을 전개했다. 지방교부세의 교부 대상이 되는 각 시·정·촌에 사용처를 묻지 않고 1억 엔씩을 교부한다는 선심성 사업이다. 낭비로 끝나 버린 자치단체도 많았지만 다치카와 정은 이 자금을 기반으로 '풍차 마을 추진 위원회風車村推進委員会'를 발족시켰고, 시미즈 유키마루清水幸丸 교수(미에대학三重大学), 우시야마 이즈미牛山泉 교수(아시카가공업대학足利工業大学) 등의 협력을 얻어 1993년 5월 마을이 운영하는 100kW의 발전용 풍차 3기를 설치했다. 설치 장소인 약간 높은 공원은 '풍차 마을風車村'이라 부르고 전기는 공원 내 학습시설에 사용되는 조명용으로 이용되었다. 쓰고 남은 전기는 도호쿠 전력에 판매되었다. 1992년 4월부터 잉여 전력 매입 제도가 시작되었기 때문이다. 이 3기는 상업용으로 전기가 판매된 일본 최초의 풍력발전사업이 되었다.

1994년 8월에는 제1회 전국바람회의第一回全国風サミット를 실시했다. 1996년 1월에는 이 마을에서 400kW의 풍차 2기로 전국 첫 민

192

간 전기 판매 회사가 전기 판매 사업을 시작했다. 앞서 언급한 논 가운데 설치된 풍차 중 처음 설치된 2기가 바로 그것이다. 이 전기 판매 회사는 1998년 3월 마을이 출자를 시작하면서 제3섹터방식으로 운영되었다. 1996년 7월 풍력발전사업에 관심을 가지고 있던 시·정·촌에 참가를 요청하여 풍력발전추진 시·정·촌전국협의회風力発電推進市町村全国協議会를 설립했고 다치카와 정이 사무국을 맡게 되었다 (2001년 이후는 홋카이도 도마마에 정苫前町에 사무국을 두었다).

마을에는 2011년 6월 말 현재 14기, 합계 출력 7,850kW 설비 용량의 풍차가 있다.

다치카와 정은 야마가타 현 북부에 있는 비교적 눈에 띄지 않는 작은 마을이다. 이 지역 출신의 유명 인사도 없고 특산물도 없다. 유도노 산湯殿山, 갓산 산月山, 하구로 산羽黑山과 같은 관광지로 가기 위한 통과지에 불과할 뿐 이렇다 할 관광 자원도 없었다. 그러나 발전용 풍차로 지역을 살려내면서 유명세를 타기 시작했고 1998년 기준으로 풍차마을의 연간 방문자 수는 약 7.7만 명, 사카타 시酒田市 혼마本間미술관 등의 인근 관광 명소를 뛰어넘게 되었다.

시미즈 유키마루, 우시야마 이즈미 등 전국 전문가들을 조직하여 그들의 조언을 받아 전국바람회의, 풍력발전추진시·정·촌전국협의회 등을 전개한 다치카와 정은 자치단체 풍차의 선구자가 되었고, 풍력발전 전기 매매 사업의 개척자가 되었다. 또한 도호쿠의 지역 살리기, 고향 살리기 사업의 대표적인 성공 사례가 되었다.

'마을 주민 절전소' 운동으로 전개

다치카와 정은 2003년 8월부터 '자연에너지 100%(화석연료 소비 제로)
마을'를 지향하는 사업의 일환으로 '마을 주민 절전소町民節電所' 운
동을 시작했다. 마을이 '절약 비전'을 책정하고 '주민 참여형 환경마
을 만들기 운동으로 이어가는 것'을 목적으로 도호쿠 예술공과대학
의 미우라 슈이찌三浦秀一 조교수의 지도하에 시작한 것이 '마을 주
민 절전소' 운동이다. 이제까지 절전은 사업소나 가정 또는 개인이 단
독으로 대처하는 경우가 많았지만 이 운동이 관심의 대상이 된 것은
마을 전체가 참가 세대를 등록하는 형태로 시작했다는 점 때문이다.
절전이 곧 발전이라는 생각을 마을 전체가 함께 실천하기 시작한 것
이다. 풍력발전에 의한 지역 만들기 사업에 절전에 의한 지역 만들기
를 교묘하게 접합시킨 것이라고 할 수 있다. 우선 2003년 8월부터 다
음해 1월까지 100세대를 모집했고, 2010년까지 약 8년간 총 1,423세
대가 참가했다. 첫 해 평균 삭감률은 전년 동월 대비 9.3%였고, 8년
간 평균 삭감률은 전년 동월 대비 1.2%였다. 2011년은 사업이 시작
한 이래 최다인 662세대가 참가를 신청했다(쇼나이 정 동사무소 집계).
이와 유사한 '시민절전소市民節電所' 운동은 야마구치 현 슈난 시周南
市에서도 2005년부터 독자적으로 계속해 오고 있다.

재생가능 에너지에 의한 지역 만들기

원자력발전으로 지역을 살린 성공 사례는 전 세계를 뒤져 보아도 거

의 없는 것에 비해 재생가능에너지로 지역을 살린 성공 사례는 적지 않다. 야마가타 현 다치카와 정을 시작으로 홋카이도 도마마에 정, 이와테 현 구즈마키 정, 후쿠시마 현 덴에이 촌天栄村 등 도호쿠와 홋카이도 지방에 특히 많으며 돗토리 현 호쿠에이 정北栄町도 유명하다.

앞서 언급한 풍력발전추진 시·정·촌전국협의회는 가장 규모가 컸던 2004년에는 81개 시·정·촌이 가맹했고 2010년 현재 51개 시·정·촌이 가입되어 있다. 광역 합병으로 전국의 시·정·촌 숫자 자체가 줄어든 것과 이 책의 159쪽에 언급한 것처럼 '신에너지 등 특별조치법'이 2003년 4월부터 시행되면서 전기 판매 가격이 저하되고 이와 함께 풍력발전에 대한 시·정·촌의 관심이 줄어들었기 때문이다. 매년 각지에서 순회 개최하면서 정보 수집 및 상호 교류에 노력해 온 전국바람회의는 2015년으로 18회를 맞이했다. 제18회 전국바람회의는 제1회 바람회의를 개최한 야마가타 현 쇼나이 정(옛 다치카와 정 포함)에서 개최되었다.

풍력발전으로 지역 만들기를 시도해 온 시·정·촌은 대부분 바람이 강하고 기업 입지에 불리한 과소지가 많았지만 불리한 조건을 극복하기 위한 내부적 노력을 해 왔다. 간벌재間伐材의 바이오매스 이용 등을 시도한 시·정·촌도 목재 자원의 유효한 활용을 중시해 왔다. 원전에 의한 지역 만들기는 전력회사 등과 같은 외부 자본에 의존하는 외부적 '개발'이었던 것과 달리 재생가능에너지에 의한 지역 만들기는 지역 주민 주도로 지역의 자원을 중시하는 보다 내부적 사업이다.

우유와 와인과 클린 에너지의 마을

이번에는 이와테 현 구즈마키 정의 사례를 소개해 보려고 한다. 구즈마키 정은 '신칸센도, 고속도로도, 골프장도, 리조트 시설도, 온천도, 유명 인사도 없는' 지역이다. 그렇지만 이와테 현 구즈마키 정은 건강한 마을로 전국에서 주목을 받고 있다. 50대 중반의 정장을 비롯하여 산림조합 간사, 축사개발공사의 만남교류실장 등 모두가 발랄한 일꾼들로서 마을에 자부심을 가지고 있다. 2010년 6월 4일부터 6일까지 환경사회학회세미나를 이 마을에서 개최했다. 참가한 110여 명이 모두 이 마을이 건강한 이유를 궁금해했다. 내륙인 구즈마키 정은 3월 11일 지진 재해나 해일 피해도 받지 않았고 여전히 건강함을 유지하고 있다.

구즈마키 정은 인구 7,770명, 세대수 2,891세대(2009년 4월 현재)인 기타카미北上산지의 고원지대 마을이다. 도호쿠 신칸센인 이와테누마쿠나이いわて沼宮内역(동경에서 가장 빠른 속도로 갈 때 2시간 40분 소요)에서 마을 중심부까지 버스로 약 50분, 모리오카盛岡역에서 버스로 1시간 40분이 걸리는 교통이 불편한 지역이다. 낙농과 임업이 주요 산업이었던 이 마을이 갑자기 유명해진 것은 풍력발전과 목질 바이오매스의 재생가능에너지 때문이다. 오랫동안 이 지역을 조사지로 삼고 있는 이와테대학이나 이와테현립대학 연구자들에 의하면 이토록 각광을 받게 된 것은 최근 10년 정도라고 한다.

현재 연간 약 50만 명의 사람들이 찾아오고 있으며 그중 약 30만 명은 에너지 관련 인사들로 추정한다. 동사무소의 농림환경에너지

課農林環境エネルギ一課에 따르면 2009년에는 약 200회, 2008년에는 약 300회 정도의 시찰이 있었다고 한다. 11월부터 3월은 적설기이기 때문에 시찰단 방문은 주로 4월부터 10월까지 7개월간 이루어진다. 매주 7~10팀의 시찰이 있었던 셈이다.

지역 주식회사인 구즈마키임업葛巻林業이 광엽수 수피로 목재 팰릿(나무조각 등을 압축해서 분필처럼 원통형으로 굳힌 것)을 제조하기 시작한 것은 1981년부터이다. 일본의 팰릿 제조에 있어 문자 그대로 창시자이다.

풍력발전은 소데야마袖山고원에, 마을도 출자하는 제3섹터 형태로, 에코월드 구즈마키 풍력발전소エコ·ワールドくずまき風力発電所 400kW의 발전기가 3기 있다. 1999년 6월에 가동을 개시했다. 해발 1,000미터의 산간 고랭지에서 이루어낸 일본 첫 상업용 발전이었다. 가미소대카와上外川고원에서는 J파워(전원개발)의 1,750kW 풍력발전기가 2003년 12월부터 12기 가동되고 있다(제3장 첫 페이지 사진 참조). 연간 예상 발전량은 전자가 약 200만kWh, 후자가 약 5,400만kWh(후자의 가동률은 대략 평균 29%로 꽤 높다)이다. 합계 5,600만 kWh의 전기는 한 세대당 연간 전력 수요량을 3,600kWh로 잡았을 때 1만 5,556세대분에 해당된다. 일반 가정의 전력 수요로 치면 마을 전 세대 전력 수요량의 5.5배에 해당하는 발전량이다. 고정자산세는 양쪽 모두 합쳐서 3,300만 엔이다. 마을 전체의 고정자산세 수입이 3억 엔이기 때문에 11%를 풍력발전기가 벌고 있다.

대규모 풍력발전에는 바람 상황에 대한 데이터와 고압송전선, 접근도로가 필요하다. 다행히 1975년 기타카미산지에서 대규모 낙농 개발이 이루어질 때 이러한 것들이 기본적으로 준비되었다.

2,000kW의 풍력발전기 25기씩 두 사이트를 건설하려는 계획이 있었지만 2003년 4월 시행된 신에너지 등 특별조치법이 족쇄가 되어 계획의 실현을 가로막고 있다. 현재는 구즈마키 정에 2,300kW급 발전용 풍차 60기를 건설하겠다는 계획으로 변경되어, 2018년도 착공 2021년 봄 운전 개시를 목표로 하고 있다.

가축의 분뇨에서 전기와 열을 추출해 내는 축분 바이오매스 시스템, 목질 바이오매스 가스화 발전 설비, 펠릿 보일러, 냉난방을 지열로 조달하는 제로 에너지 주택 등 마을에 설치된 재생가능에너지 시설의 종류는 많다. 마을 웹사이트에 소개된 재생가능에너지 시설은 모두 16개소에 이른다. 마을은 경제산업성 '신에너지백선新エネ百選'(2009년 4월)에도 뽑혔다.

기반이 되어 준 것은 제3섹터 구즈마키 정 축산개발공사에 의한 낙농사업이다. 마을 내부와 관동 방면 낙농가로부터 생후 3~6개월 된 암송아지를 2년간 맡아 임신이 되게 한 뒤 돌려보내는 사업을 하고 있다. 위탁 요금은 1마리당 1일 500엔이다. 2,000마리를 맡아 기르고 있으니 이것만으로도 하루에 100만 엔이고, 1년이면 3억 6,500만 엔이라는 안정적인 수입을 얻을 수 있다.

구즈마키 정은 낙농을 기반으로 하고, 산포도를 이용한 와인 양조와 재생가능에너지에 의한 지역 만들기 등을 전개해 왔다. 풍력발전으로 유명해지면서 낙농과 와인도 좋은 이미지를 얻고 방문객이 구입해 가면서 소비가 확대되는 상승 효과를 거두고 있다. '북위 40도 우유와 와인 그리고 클린에너지의 마을' 이것이 마을의 홍보문구다.

이것들은 모두 마을이 주도한 프로젝트이지만 이 외에도 미야자와 겐지宮澤賢治에 공감한 요시나리 노부오吉成信夫 등의 에코스쿨 '숲과 바람의 학교森と風のがっこう'와 같은 시민 프로젝트가 있다. 폐교가 된 분교를 재단장하여 지속가능한 농경적 삶을 구현하려는 퍼머컬쳐 permaculture의 기본 컨셉에 따른 시도이다. 그 외에도 지역 여성 주민이 지역에서 생산한 메밀을 수차로 돌리는 절구로 갈아 음식을 만들어 파는 농가 레스토랑 '숲의 메밀 가게森のそば屋' 등 재생가능에너지를 활용한 매력적인 시도들이 있다.

지역의 일체성이나 지역주민들의 아이디어, 진취적인 생각, 지역 출신자와 지역 외부에서 새로 들어온 사람 그리고 지지자와의 유기적인 결합이 재생가능에너지에 의한 지역 만들기 성공 사례에서 드러나는 공통된 비결이다.

3
시민풍차와 시민공동발전

체르노빌 사고를 계기로—생활클럽 홋카이도의 시도

일본의 전력회사는 풍력발전사업에 그다지 적극적이지 않았다. 오히려 '풍력발전은 바람 부는 대로 내맡기는 것'이라며 원자력발전 추진을 어필해 왔다.

이렇게 소극적인 전력회사를 대신하여 추진한 풍력발전산업이 바로 야마가타 현 다치카와 정立川町과 이와테 현 구즈마키 정 등의 자치단체가 시도한 '자치단체 풍차'이다. 일본 특유의 또 하나의 움직임이 '시민풍차'이다.

일본 첫 시민풍차 프로젝트를 시작한 것은 생활클럽홋카이도生活クラブ北海道를 모체로 하는 사람들이다. 왜 그들은 그런 시도를 한 것일까?

생활클럽생협은 1965년 동경 세타가야 구世田谷区에서 안전하고 맛있는 우유를 공동 구입하는 운동으로 출발한 무점포생협이다. 많은 안전하고 건강한 농산물, 식품, 소비재消費材(생활클럽에서는 소비재의 한자를 財대신 材를 사용한다)를 키워 왔다. 동경, 가나가와神奈川 등과 같은 수도권의 생활클럽생협에 관한 사회학적 분석은 사토 요

시유키佐藤慶幸 등에 의해 실시된 대규모 연구가 있다(사토 요시유키, 『여성들의 생활네트워크女性たちの生活ネットワーク』, 文眞堂, 1988).

생활클럽홋카이도는 1982년에 발족, 2010년 말 현재 조합원 수 1만 3,667명의 생협이다. 전국 생활클럽생협 중에서도 에너지 문제나 전력, 원자력발전 문제에 가장 적극적으로 관여해 온 선구적 존재이다. 그러한 활동을 시작하게 된 계기는 체르노빌 원전 사고 다음 해인 1987년, 공동 구입하고 있던 무농약 재배 찻잎에서 체르노빌 사고가 원인이라 여겨지는 방사능이 검출된 것이었다. 그것을 계기로 도마리 원전 1, 2호기의 운전 개시에 대한 도민투표 실시 요청 운동이 1988~1989년에 걸쳐 홋카이도 전 지역에서 활발히 벌어졌고, 도의회에서 두 명의 의원만 더 찬성했더라면 가결되었을 정도의 단계에까지 이르렀었다. 노동조합 등과 함께 100만 명 서명운동 등을 통해 103만 명의 서명을 모았는데, 이 운동의 중심이 바로 생활클럽홋카이도의 여성들이었다.

1990년부터 매년 여름 약 50명이 호로노베 여름캠프를 실시하여 고준위 방사성 폐기물의 최종 처분장이 들어설 우려가 있는 홋카이도 북쪽 호로노베 정과 그 주변 주택을 가가호호 방문해 왔다. 도민투표 조례안이 도의회에서 근소한 차이로 부결된 것을 계기로 의회에 자신들의 대표를 보내고자 노력, 1991년에는 삿포로 시의회에서 3개 의석, 이시카리 정石狩町 의회에서 1개 의석을 획득하고 자매 조직인 시민네트워크홋카이도市民ネットワーク北海道를 통해 지방의원도 배출했다.

1996년 7월 홋카이도전력이 도마리 원전 3호기 증설을 계획하고 있다는 사실이 발표되자 그녀들은 10만 명을 목표로 반대 서명 운동을 시작했다. 이 반대 운동의 일환으로 1996년 10월 15일에 개최된 학습회에 필자는 강사로 초청을 받았다. '재생가능에너지를 키우기 위하여 시민이 할 수 있는 것-플러스 10% 녹색전기요금운동 추진을 위한 조언'이라는 제목으로 일본 원자력 정책의 문제점과 함께 제2장에서 서술한 것과 같은 새크라멘토 전력공사의 사업을 소개하고, 새로운 소비자운동으로 재생가능에너지 보급을 위한 기금을 위해 전기요금의 10%를 각출, 10%의 할증분은 절전으로 상쇄하는 절전운동을 동시에 전개하자고 제안했다(「홋카이도신문」, 1996년 11월 2일자).

녹색전기요금에서 일본 첫 시민풍차로

나의 제안은 새크라멘토 전력공사의 사업과, 구시하라串原원전 건설 계획(그 후 동결됨)에 대항하여 1994년 미야자키 현 구시하라 시에서 시작되고 이어 1997년에는 시가 현 고난 시湖南市에 2기째를 건설하려던 공동출자에 의한 태양광발전의 시민공동발전소 만들기 사업을 거쳐 나온 것이다. 그리고 생활클럽생협이라는 조직에 주목했다. "여러분에게는 생활클럽이라고 하는 조직이 있습니다. 우유를 비롯하여 안심할 수 있는 식재료를 확보해 온 것처럼 조금씩 돈을 모아 안심할 수 있는 전력을 자신들의 힘으로 키워 가면 되지 않겠습니까? 꾸준한 절전 노력만으로도 가정에서 소모되는 전력의 10%를 줄일 수 있습니다. 절전된 10%만큼의 돈 약 800엔의 전기요금을 각출하면 되지 않을까요?" 이 제안은 서명 활동 중심의 반대 운동에 한계를 느끼고 있던 참가자의 공감을 불러 왔고 2년 반의 준비 기간을 거쳐 1999년 3월부터 전기요금의 5%를 각출하는 녹색전기요금운동이 시작되었다. 5% 절전이면 동료들에게 안내해도 부담스럽지 않겠다는 생각이었다.

생활클럽생협 조합원은 소비재 공동구입대금을 금융기관 계좌에서 매월 자동 인출되도록 하고 있다. 만약 전력회사에 세대별로 지불하는 전기요금을 희망자에 한해 5% 할증해서 일괄 인출되도록 할 수 있다면 참여 희망자는 단 한 번의 변경 수속만으로 '큰 부담 없이, 약간의 절전을 하는 것만으로' 마치 등유를 공동 구입하듯 참여할 수 있게 된다. 할증된 5% 녹색전기요금의 각출처는 NPO로 새로 발족된 홋카이도녹색펀드北海道グリーンファンド이고, 조합원 외의 일반 시민 참가자도 이 펀드에 계좌이체 할 수 있다. 전기요금 대체 지불 제도를 이용한 기부금 모집 시스템이다.

당초 목표는 첫 해 1,000명 모집이었지만 1년 1개월 후인 2000년 4월 말에 800명 이상이 모였고 2000년도 녹색펀드 회비 수입은 약 400만 엔이었다.

각출금의 사용처로 가장 유력했던 것이 바로 시민공동발전소로서의 풍력발전기 설치였다. 1997년 이후 홋카이도 각지에서 급속하게 대규모 풍력발전의 입지 계획이 구체화되고 있었다. 홋카이도는 풍력발전의 발상지로 당시 세계 풍력발전기의 50% 이상을 수출하고 있던 덴마크와 지역특성이 매우 비슷했다. 때마침 야마가타 현 다치카와 정을 선두로 지역의 악조건 중 하나인 강풍을 활용해 지역을 살리자는 움직임이 전국에 반향을 불러일으켰다.

필자도 1999년 5월 25일 학습 모임에서 2번째 강연을 하고, 예를 들어 1만 세대가 녹색전기요금운동에 참가한다면 매달 평균 전기요금을 8,000엔으로 잡고 5%인 400엔씩을 각출할 경우 연간 4,800만 엔의 자금이 확보되기 때문에 건설비 1억엔 규모의 대형 풍력발전기 설치는 충분히 가능한 일임을 설명했다.

1억 4,150만 엔이 모이다

이렇게 일본 첫 시민풍력발전소 건설이라는 목표가 서서히 구체화되었다. 풍력발전의 입지 계획은 다치카와 정의 경우처럼 시·정·촌이 함께하는 제3섹터 방식 외에는 대부분 영리 기업 주도의 프로젝트이다. 본래 누구의 소유도 아닌 지역의 강풍 자원 활용을 동경에 본사가 있는 영리 기업에만 맡길 것이 아니라 NPO 스스로 커뮤니티 비즈니스로서 착수하게 되었다.

후보지들 중에서 강풍 등의 조건이 좋고, 건설, 보수, 운영 업무를 위탁할 수 있는 토멘파워재팬トーメンパワージャパン(현 유라스에너지ユーラスエナジー)의 도움을 얻을 수 있는 점 등을 감안하여 최종적으로 호로노베에서도 가까운 오호츠크 연안의 하마톤베쓰 정浜頓別町이 입지점이 되었다. 정격출력 990kw, 건설비 약 2억 원, 높이 60미터

의 발전용 풍차 건설이 결정되었다. 부족분은 차입금으로 메우기로 하고 6,000만 엔을 목표로 2000년 12월 중순부터 1구좌 50만 엔으로 출자를 요청하기로 했다.

1997년 11월 홋카이도 다쿠쇼쿠拓殖은행이 경영 파탄을 맞았고 2000년 6월에는 홋카이도의 대표 기업 유키지루시雪印유업에서 식중독 사건이 터지는 등 당시의 홋카이도 경제는 위기 상황이었고 이 때문에 어느 정도 응모자가 있을지 우려되는 상황이었다. 그러나 예상 외로 반향은 매우 컸고, 약 1개월 반 사이에 관계자의 예상을 훨씬 뛰어넘는 1억엔 정도가 모였다. 최종적으로 개인 200명 249구좌 1억 2,450만 엔이 모였고, 그 외에도 법인, 소계좌 '후원모임'까지 포함하여 합계 1억 4,150만 엔이 모였다. 이를 기반으로 1계좌 50만 엔의 시민출자라는 획기적인 형태로 사업 주체가 되는 주식회사 '홋카이도 시민풍력 발전北海道市民風力発電'이 발족되었다. 2001년 3월에 착공, 9월 15일 운전을 개시했다. 연간 설비 이용률 30%로 약 700세대분의 연간 소비 전력량을 충당할 수 있는 발전량 약 266만kWh, 전기 판매 수입 약 3,200만 엔을 예상하고 있었다. 설비 이용률 30%라는 전망은 990kW 정격 출력 30%에 해당하는 전력을 연간 얻을 수 있다는 것이다. 실제로 첫 해부터 2010년까지 평균 설비 이용률은 27.6%였다. 예상보다 약간 낮은 수치이나 세계적으로도 꽤 높은 이용률이다. 출자자에게는 첫 해부터 2010년까지 출자금 1구좌 50만 엔당 연평균 3만 6,981엔(이 중 72%는 출자금 반환분)의 배분이 있었다.

시민공동발전소로서 1994년 태양광발전사업이 시작된 적이 있었

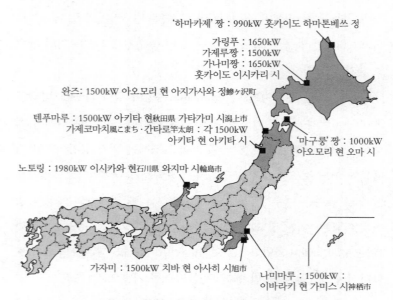

'하마카제' 짱 : 990kW 홋카이도 하마톤베쓰 정

가링푸 : 1650kW
가제루짱 : 1500kW
가나미짱 : 1650kW
홋카이도 이시카리 시

완즈 : 1500kW 아오모리 현 아지가사와 정鰺ヶ沢町

텐푸마루 : 1500kW 아키타 현秋田県 가타가미 시潟上市
가제코마치風こまち・간타로竿太朗 : 각 1500kW
아키타 현 아키타 시

'마구롱' 짱 : 1000kW
아오모리 현 오마 시

노토링 : 1980kW 이시카와 현石川県 와지마 시輪島市

가자미 : 1500kW 치바 현 아사히 시旭市

나미마루 : 1500kW :
이바라키 현 가미스 시神栖市

[그림 3-1] 일본의 시민풍차(숫자는 정격 출력)

다. 그러나 고비용에 비해 발전량이 너무 적어 당시 일본으로서는 수익성이나 사업성을 기대할 수 없었다. 이에 비해 풍력발전사업은 이미 다른 나라에서도 영리 사업으로 자리잡고 있었고, 일본 역시 바람 조건이 좋고, 전력 회사의 구입 조건만 좋다면 홋카이도나 도호쿠 등에서 영리 사업으로 자리 잡을 수 있는 가능성이 높았다.

홋카이도녹색펀드가 시작한 시민풍력발전사업의 의의는 시민의 소액 출자나 소액 투자를 통해 운동과 커뮤니티 비즈니스를 결합했다는 점에 있다. 이 시도는 신문, 텔레비전 등을 통해 전국적으로 커다란 반향과 평가를 얻었고, 2001년 4월에는 아사히신문사가 주최

하는 제2회 '내일을 위한 환경상明日への環境賞'을, 12월에는 2001년 도 지구 온난화 방지 활동의 환경장관표창을 받았다. 2002년판 『환경백서』(환경성)에도 소개되었다.

비슷한 방법으로 기부금, 출자금을 시민에게 널리 알리고 NPO가 실질적인 주체가 되어 시민출자 풍력발전소를 건설하고자 하는 움직임이 다른 지역으로도 퍼져 나갔다. 시민 주도형 시민 풍차는 전국에서 모두 3,800명 이상이 출자하여 [그림 3-1]처럼 2011년 4월 현재 총 12기(합계 정규 출력 17,770kW)가 운전되고 있다[2]. 총 출자액 약 20억 엔을 모을 수 있었다는 것은 전국적으로 시민 풍차 사업에 대한 기대가 얼마나 컸는지를 보여 주는 것이었다. 이 모든 것들은 홋카이도녹색펀드가 지역 NPO나 시민 그룹을 지원하는 형태로 운영하고 있다.

이렇게 대규모로 이루어지고 있는 시민 풍차 사업은 전 세계적으로도 선진적인 비즈니스 모델에 속한다.

요코하마 시橫浜市 미나토미라이みなとみらい 지구의 풍차 하마윙ハマウィング(정규 출력 1,980kW, 2007년 운전 개시)과 같이 자치단체가 시민에게 공모채를 발행하여 건설한 자치단체 주도의 시민 풍차도 있다.

지역성+운동성+사업성

홋카이도녹색펀드 운동이 성공할 수 있었던 이유는 무엇이었을까?

---

2 2015년 4월 시점에서 총 18기의 시민 풍차가 가동되고 있다. 2011년 이후, 아키타에 4기, 홋카이도에 2기가 늘었다.

운동의 가장 큰 의의는 원전 반대 운동에서는 세계 처음으로 시민 주도형, 소비자 운동형 녹색전기요금운동을 주도하여 일본 첫 시민 풍력발전소를 설치했다는 중심 틀의 전환에 있을 것이다. 이 점은 앞서 살펴 본 마키 원전 문제 때 '주민투표를 실시하는 모임'이 제안하여 1994년 가을 이후부터는 마키 원전 건설 반대 운동을 주민투표에 의한 지역 운명의 자체 결정으로 틀을 전환했던 것과 같다. 건설 반대를 외치는 것만으로는 운동은 확대되지 않는다.

틀의 전환이란 원전 건설 반대를 대신할 새로운 가치 제안을 의미한다. 절전을 통해 생활 속 낭비를 깨닫고, 라이프스타일의 변혁을 꾀하고, 나아가 지역의 강풍을 활용하여 커뮤니티 비즈니스로서 사업화한다는 메시지성과 비전을 가지는 제안형의 예시적 실천이다. '전력을 녹색화하자'는 새로운 틀은 미디어의 관심을 환기시키고 사회가 수용하기 쉬운 분위기를 만들었다. 직업상 이유 등으로 건설 반대 운동을 지지할 수 없었던 사람도 새로 제안된 가치는 지지할 수 있었다. 건설 반대 운동의 경우 운동의 성과와 달성 정도는 제로섬으로 평가된다. 건설을 정말로 저지할 수 있을 것인가라는 관점에서 보기 때문에 전부냐 제로냐로 평가되었다. 게다가 건설 추진 세력과는 적대 관계가 될 수밖에 없었다. 가치 제안형 운동의 경우 가치 제안의 방향은, 대립하는 프로젝트의 건설과는 차원을 달리하기 때문에 달성도가 조금씩이라도 긍정적으로 평가되게 된다.

홋카이도녹색펀드의 주요 구성원들은 전 세계 환경, 에너지, 전력에 관한 세계적인 움직임과 선진적 시도를 직접 공부하면서 '지속가

능성', '소규모 분산', '지방 분권', '시민 주도'가 현대 정치 및 환경문제의 중심이라는 것뿐만 아니라 유럽과 미국 전력 정책에 있어서도 정책 전환의 근간을 이루고 있다는 것을 확인하고 절전과 태양광발전, 풍력발전 등의 재생가능에너지 보급을 꾀하기 위한 구체적인 실천이나 시책에 대한 정보를 수집하고 전파해 왔다(홋카이도녹색펀드 감수, 『녹색전력グリーン電力』, コモンズ, 1999).

일본에서 시민 풍차의 견인차 역할을 해 온 홋카이도녹색펀드의 이름에는 홋카이도라는 지역, 녹색이라고 하는 이념, 펀드라고 하는 금융적인 기능, 이 세 가지 요소가 절묘하고 간결하게 드러나 있고, 지역성, 운동성, 사업성이 훌륭하게 통합되어 있다. '지역성+운동성+사업성'이야말로 재생가능에너지나 환경문제뿐만 아니라 현대의 사회운동에 적용될 수 있는 성공 방정식이라 할 수 있다.

대규모화의 양의성—발전용 풍차의 전환기

발전용 풍차는 온난화 문제를 배경으로 21세기 초 훌륭한 성장 산업이 되었다. 그러나 최근 커다란 전환점에 이르렀다.

첫째, 대규모 해상풍력발전으로 대표되는 대규모화의 흐름이다. 특히 대규모 해상풍력발전은 풍력발전의 비즈니스 모델을 근간부터 계속 변화시키고 있다. 지구온난화 문제가 심각해지고 있는 지금 재생가능에너지가 에너지 공급의 일정 부분을 점하려면 양적 확대는 불가결하다.

대규모화와 함께 최근 GE, BP(British Petroleum), 쇼와쉘昭和シェ ル石油 등 풍력발전사업에 거대 에너지 자본, 거대 석유 자본의 참여 가 눈에 띄게 늘고 있다.

그러나 대규모화를 일방적으로 예찬해도 되는 것일까? 대규모화 에 문제는 없을까? 원래 재생가능에너지의 이점 중 하나는 원전이 나 대형 화력발전소, 대규모 댐과는 대극인 시민적 감각과의 친밀함 에 있었던 것은 아닐까? 대규모화되면 시민 감각에서 멀어질 수밖에 없다.

환경도시로 유명한 독일 프라이부르크Freiburg의 경우 마을 중심 부에서 슈바르츠발트Schwarzwald(검은 숲)에 있는 4기의 발전용 풍차 가 보이지만 일정 규모 이상 기수의 풍력발전 건설은 규제되고 있다. 재생가능에너지를 추진해 왔고 1970년대 비일Wyhl 원전 반대 투쟁 에도 관여했던 환경 NGO 리더는 "대규모 풍력발전 단지는 마치 '군 단'처럼 생뚱맞고 위압적이기 때문에 허가하지 않는 것"이라고 이유 를 설명해 주었다(2005년 2월 필자 조사에 의함).

풍력발전이 입지된 지역을 걷다 보면 10기, 20기에서 수십 기까지 설치되어 있는 풍력발전단지와 겨우 몇 기 정도만 설치되어 있는 곳 으로 크게 양분되어 있음을 알 수 있다. 필자가 직접 보고 들은 곳들 만 살펴보아도 미국, 스페인, 네덜란드 등은 대규모 풍력발전단지가 눈에 띄는 것이 특징이다.

그에 비해 덴마크나 북부 독일은 1기 또는 몇 기만을 설치한 소규 모 구성이 특징이다. 덴마크나 독일의 풍력발전은 개인이나 협동조합에 의한 지역 출자형 소규모 프로젝트가 많다. 출자자에게 유리한 고정가격 매입 제도로 소규모 프로젝트를 키워 왔기 때문이다. 덴마크의 이월란Jylland 반도나 북부 독일을 여행해 보면 여기저기 흩어져 있는 소규모 풍력발전소를 어디서든 차창을 통해 볼 수 있다.

이 차이는 후발 기업 풍차 중심 국가와 선발 지역 기반 풍차 중심 국가와의 차이이기도 하다.

농민풍차와 시민풍차

덴마크의 경우 2001년 약 10만 세대가 풍차협동조합을 만들었다. 풍차의 86%가 개인, 그룹, 이러한 소규모 조합 소유이다. 이런 소규모 사업자에 의한 풍차는 당연히 소규모 프로젝트이다. 설치자 중에 농민이 많아 '농민풍차'라 부른다.

2000년까지 덴마크에서 풍력발전사업 출자자는 같은 시·정·촌 내 또는 인접 시·정·촌 내 지역 주민에 한정되어 왔다. 그런 의미에서 덴마크의 초기 풍차는 '농민풍차' 또는 '주민풍차'였다. 출자자의 거주지를 한정하지 않는 일본의 시민 풍차와 다른 부분이다. 해상풍력발전시대를 맞이한 2000년에 규정을 바꾸면서 비로서 덴마크 전체 및 국외에서의 출자가 가능해졌다.

2001년 5월 운전을 시작한, 덴마크 코펜하겐 2킬로 앞 바다에 있는 해상풍차 미델그룬덴Middelgrunden 풍차사업(총 출력 4만kW, 2,000kW기 20기)은 총 건설비 3.4억 덴마크 크로네(약 51억 엔) 중 절반을 시민이 출자하였고 나머지는 전력회사가 부담했다. 1구좌 4,250 크로네(약 6만 3,750엔), 4만 500구좌가 모집되었고, 8,500명 이상이 출자했다. 출자자는 덴마크 전 지역에 퍼져 있다. 덴마크 처음이자 세계 최대의 시민 풍차 프로젝트이다.

출자자 중 38%는 코펜하겐 시민(단체, 기업 포함)이며, 88%가 코펜하겐 및 그 주변 대도시권 주민이었다. 비과세로 연 12.5%의 고배당이 예상되고 있다.

자치단체풍차

야마가타 현 다치카와 정이 발전용 풍차사업에 선수를 친 제3섹터 방식 등을 포함한 자치단체 주도의 '자치단체 풍차'는 지극히 일본다운 풍차이다. 자치단체 풍차는 영어에 없는 단어는 아니나 자주 사용되는 단어는 아니다. 일본의 경우 농민 출자 방식은 없었고 기업 풍차는 늦게 나왔기 때문에 자치단체 풍차가 1990년대 중반의 견인차가 된 것이다.

1996년 다치카와 정이 중심이 되어 풍력발전추진 시·정·촌전국협의회가 발족되고 자원에너지청이나 환경청(현 환경성)에 요청 또는 진정을 내면서 NEDO(독립행정법인 신에너지산업기술종합개발기구新エネルギー産業技術総合開発機構)에 의한 재정적 지원이나 계통연계 가이드라인 작성기, 전기 판매 방침 정비 등이 진행되고 있다. 이렇게 관련 시·정·촌에 의한 네트워크적 협의회의 존재도 외국에서는 찾아볼

수 없다. 이 전국협의회의 브레인 역할을 맡아 온 것은 시미즈 유키마루, 우시야마 이즈미 등과 같은 연구자들이다.

영어에는 없는 '시민 풍차'

원래 영어에 '시민 풍차'라는 말은 거의 사용되지 않는다. 적어도 일반적인 표현은 아니다. 미국풍력발전협회American Wind Energy Association; AWEA나 영국풍력발전협회British Wind Energy Association; BWEA 웹사이트에서 citizen을 검색어로 검색해 보아도 그에 해당되는 표현을 찾아 볼 수 없다.

영어에 해당 표현이 없기 때문에 필자는 『Constructing Civil Society in Japan: Voices of Environmental Sociology』(Trans Pacific Press., 2004)에서 시민 공동 발전소를 citizen-owned power plant로, 시민 풍차에 해당하는 시민 풍력발전소는 citizen's communal wind power generator로 표기했다.

(비슷한 뜻을 가진) 자주 사용되는 표현으로는 community wind라는 콘셉트나 영국에서 사용되는 local wind farm이다. 직역하면 '지역 밀착형 풍차'인 지역 풍차이다. 기업 풍차와 달리 농민이든 그룹이나 협동조합이든 지역 주민 출자로 이루어진 풍차를 의미한다. 스페인이나 포르투갈에는 기업 풍차만 있고 지역 주민이 출자한 풍차는 없다. 이들과 같이 비교적 후발 국가의 경우 발전 사업 자체가 대규모화되고 있기 때문이다.

미국에서 community wind를 가장 활발하게 주도해 온 곳은 미네소타 주 미니애폴리스Minneapolis에 본거지를 둔 NPO WINDUSTRY(http://www.windustry.org/)이다. 웹사이트에 들어가보면 community wind를 지역의 이익을 최우선으로 하려는 지역 소유의 상업 규모 풍력발전 프로젝트로 설명하고 있다. 지역 소유라고하는 것은 지역사회 구성원이 토지 사용료, 세수입, 세금 이외의 다른 수입을 가지는 것뿐 아니라 중요한 출자를 직접 하는 것을 의미한다. 중점 요소는 지역 출자, 지역 소유, 지역 이익이다. 앞서 언급한지역성, 운동성, 사업성이라는 3요소 중 특히 지역성과 사업성을 중시한다.

토론토의 시민풍차 프로젝트

WINDUSTRY가 소개하고 있는 캐나다 토론토 시의 WindShare 프로젝트(share에는 주식, 공유라는 의미가 있다)를 2008년 6월에 견학하였다. 2003년 1월 운전을 개시한 660kW의 발전용 풍차는 북미 첫도시형 시민 공동 출자 프로젝트이다. 추진 주체는 1998년 인근 환경 그룹이 모체가 되어 시작한 캐나다 첫 녹색전력생협, 토론토재생가능에너지협동조합이며 토론토 시가 100% 주식을 보유하는 토론토수력발전회사의 자회사와 50%씩 대등하게 출자하여 첫 풍차를 건설했다. 토론토 공항에서 중심부에 가까워지면 반드시 눈에 들어오는 상징적인 풍차이다.

출자는 1구좌 100캐나다 달러(1캐나다 달러=90엔)부터, 출자자는 토론토 시민에 한정되어 있었다(토론토 시 인구는 2006년 현재 250만 명). 건설비 160만 캐나다 달러 중 시민 출자는 80만 달러, 8천 구좌분의 채권이 발행되었고 2002년 12월 초까지 427인이 출자하면서 모두 판매되었다. 토론토 시민에 한정하면서도 일본 돈으로 약 7,200만 엔을 4개월 동안 모았다는 점이 관심을 모았다. 운전 시작은 홋카이도녹색펀드의 시민 풍차 '하마카제'짱はまかぜちゃん이 1년 4개월 정도 빠른데, 거의 비슷한 시기에 유사한 프로젝트가 진행되고 있었다는 점이 흥미롭다.

토론토재생가능에너지협동조합은 그 후 1구좌 1,000달러 출자로 연 5%를 배당하는 태양광발전 공동 출자 프로젝트(Solar Share)를 시작했고 현재는 2,000kW의 시민 출자 풍차 10기를 2013년까지 건설하는 계획을 진행하고 있다. 건설 예정지는 토론토 시에서 약 200킬로미터 서쪽에 있는 휴론호(5대호 중 하나) 동쪽이다. 8기의 원자로를 가지고 가시와자키카리와 원전에 이어 1사이트로서는 세계 제2위인 북미 최대 출력(합계 623.2만kW)의 브루스원전Bruce Nuclear Generating Station이 가까운 곳에 있다. 이 원전 근처에는 저준위 및 중준위의 방사성 폐기물 저장 시설도 있다. 이 프로젝트도 '하마카제'짱과 마찬가지로 탈원자력을 강하게 의식한 프로젝트이다. 이 협동조합은 First Nation(선주민)과의 연대를 강조하고 있다.

시민풍차운동의 사회적 의의

시민풍차운동의 사회적 의의는 무엇일까? 상업적 목적의 대규모 풍력발전 단지가 더 많이 건설되고 있는 지금 발전용 풍차 건설은 대기업에 맡기기만 하면 되는 것일까? 시민 풍차는 자치단체 풍차와 함께 풍력발전 보급 초기 단계의 담지자, 이른바 선도자일 뿐이고, 대기업이 본격적으로 참여하기 시작한 지금 그 역할은 거의 끝난 것일까? 해상풍차를 중심으로 풍력발전사업이 점점 대규모화되고 있는 지금은 드디어 사업성이 전면에 드러나는 시대이다. 이런 시대에 여전히 시민운동으로 시도하려는 의의는 어디에 있는 것일까?

일본도 미국도 유럽도 지역 중심 프로젝트를 추진하려는 배경에는 오랜 세월 동안 지역의 골치거리였던 강풍을 활용한 풍력발전사업의 경제적 이익을 주로 지역 외부에서 들어온 대기업 자본 및 거대 전력회사에게 넘겨 수익이 지역 외부로 유출되는 것을 그대로 보고만 있을 것인가 하는 문제 의식에서 나온 것이다. 일본에서 풍력발전 적지는 대부분 과소지이고 그래서 전력 수요도 적다. 대기업 자본, 전력회사, 전기사업자 모두 지역사회에서 볼 때 외부에서 유입된 존재다. 지역 주민에게 강풍으로 인한 불이익은 그대로 남으면서 발전된 전기와 그로 인한 경제적 수입은 지역 외부로 유출되는 것은 과연 괜찮은 것인가 하는 문제 의식이다.

또한 경관 문제 등으로 발전용 풍차에 대한 사회적 저항이 강한 영국 등에서는 community wind가 지역 사회의 합의를 얻기 쉽다는 점에서도 주목되고 있다.

이러한 것들은 태양광발전이나 바이오매스에는 없는 풍력발전만의 고유한 특성이라 할 수 있다.

사회적 메시지로서의 투자

필자가 홋카이도녹색펀드라는 이름에 담긴 뜻에 대해 언급한 것처럼 시민 풍차에도 운동성과 사업성의 통합이라는 큰 의미가 담겨 있다고 생각한다. 특히 '사회적 메시지로서의 투자'라는 측면을 강조하고 싶다. 일반 시민이 어떤 에너지원과 전력을 원하고 있는지 시장이나 정부에 메시지를 보낸다는 의의이다.

시민에 의한 1구좌 10만 엔 또는 50만 엔짜리 출자는 배당을 기대해서든 아니든 일반 시민이 자기 주머니 돈을 낸다는 데 의의가 있다. '환경을 위해 뭔가 하고 싶은데 뭘 해야 좋을지 모르겠다. 노동이나 시간 등의 큰 부담이 되지 않고 뭔가 좋은 일을 하고 싶다', '원전은 반대지만 내가 뭘 할 수 있을까. 단순히 반대를 위한 반대가 아닌 뭔가 적극적이고 발전적인, 의미 있는 의사표시를 하고 싶다' 의외로 이런 생각을 하고 있는 시민은 적지 않다. 실제로 홋카이도를 중심으로 시민 풍차라는 전례가 없는 소구좌 출자 사업에 1억 4,150만 엔이나 모일 수 있었다는 것의 의의는 크다. 2000년 12월 첫 출자자 모집부터 약 10년 동안 전국으로 확대되면서 풍차 12기분, 모금 누적액 약 20억 엔이 모였다. 2003년 4월 1일부터 신에너지등특별조치법이 시행되는 등 재생가능에너지 역풍 시대에도 시민 풍차는 살아남았다.

시민 풍차의 비즈니스 모델

운동성과 사업성이라는 관점에서 홋카이도녹색펀드와 그와 연계한 자연에너지시민펀드自然エネルギー市民ファンド는 소액 시민 출자라는 완전히 새로운 '시민 풍차 일본판 비즈니스 모델'을 만들었다. 비즈니스 모델이 만들어졌기 때문에 단발성 1기로 끝나지 않고 아오모리 현 아지가사와 정鯵ケ沢町의 '완즈わんず'나 아키다 현 가타가미 시潟上市의 '덴푸마루天風丸'로 확대되었고 신에너지등특별조치법하에서도 살아남을 수 있었던 것이다. 이시카리石狩 시민풍차를 거쳐 지역 NPO 등을 모체로 하는 사업 주체로서의 유한중간책임법인을 설립, 자연에너지시민펀드에 의한 출자 모집과 사업 주체에 대한 융자라는 신에너지등특별조치법하에서의 비즈니스 모델이 확립됐다.

2004년 여름부터 가을에 걸쳐 미국에서는 민주당 계열 싱크 탱크 멤버 중 누군가에 의해 발표된 '환경주의의 죽음環境主義の死'이라는 자극적인 제목의 논문이 화제가 되었다. 미국의 환경운동이 운동의 기득권과 특수 이익을 지키려는 근시안적인 것이 되고, 운동의 정치 전략이 장기 전망을 세우지 못하며, 그저 온난화로 큰 문제가 일어날 것이라는 악몽 경종형 캠페인을 진행하는 것만으로는 폭넓은 지지와 지원은 결코 얻을 수 없다는 현상을 날카롭게 비판한 글이다.

오늘날의 환경운동은 전 세계적으로 꿈과 운동을 결합시키지 못하고 있다는 어려움에 직면해 있다. 무엇을 해도 '악몽의 경종'만 울리고 그저 금욕적인 라이프스타일만 외치는 것이 되기 싫다.

이런 시대 상황 속에서 자신들의 풍차를 가지고 싶다는 꿈, 재생가능에너지에 대한 기대를 시민 풍차라는 구체적인 형태로 시민 출자형 비즈니스 모델을 만들어 온 것이 바로 일본의 시민풍차운동이다. 홋카이도녹색펀드의 시민 풍차 제1호 '하마카제'짱의 타워 아래 쪽에는 출자자 이름과 함께 "모두의 꿈과 돈을 모아 만든 풍차입니다"라는 문구가 적혀 있다. 시민풍차운동은 어떤 운동이 살아남을 수 있을까를 증명해 보였다고 할 수 있다.

재생가능에너지에 의한, 온실 효과 가스 배출도 없고, 방사성 폐기물 배출도 없는 지속 가능한 공공 세계 창출을 지향하는 운동으로서 시민풍차운동은 일본에 꽃을 피운 것이다.

재생가능에너지 고정가격매입법再生可能エネルギー一固定価格買取法이 만들어지면 더 많은 시민 풍차가 건설될 것이다.

제
4
장

탈원자력 사회를 향하여

신주쿠新宿에서 '탈원전'을 외치는 모습. 동일본대지진 피해로부터 3개월 후인
6월 11일 데모 행진 후 신주쿠역 앞에 모인 사람들(사진제공 : 시사).

1
에너지와 민주주의

일극집중 사회가 원전을 좋아한다

원전 추진 정책을 취하고 있는 대표적인 나라는 일본, 프랑스, 한국, 중국 등이다. 이들 나라의 공통점은 정치적으로 중앙집권적이고 경제, 사회, 문화 등 여러 기능이 중심지 한곳으로 모이는 일극집중적 성격이 강하다는 것이다.

파리의 인구는 219만 명이다. 두 번째로 큰 도시인 마르세유 Marseille의 2.7배이다. 도시권 인구는 1,184만 명, 두 번째로 많은 리옹 도시권보다 7.2배 큰 규모이다. 6,544만 명 프랑스 인구 중 18%가 파리 주변에 집중되어 있는 것이다. 파리는 프랑스의 정치, 경제, 문화, 관광 등의 중심지이다.

한국의 수도는 서울특별시이다. 인구는 979만 명이며 4,858만 명의 한국 인구 중 20%가 서울 시민이다(2010년 통계청 인구조사). 그리고 전체 인구의 약 절반 정도가 수도권에 살고 있다. 한국 제2의 도시는 부산광역시이다. 인구는 341만 명, 서울특별시의 1/3 정도의 인구가 살고 있다. 한국은 모든 면에서 일본 이상으로 서울 중심의 일극집중적 국가이다.

인구 약 13억 명인 중국의 경우 수도 북경(약 1,000만 명)의 인구 집중 비율은 아직 1.5% 정도이지만 공산당 일당 독재 체제인 만큼 파리나 서울 이상으로 정치, 경제, 문화의 중심지이다.

프랑스와 한국의 전력 공급을 살펴보면 두 나라 모두 프랑스전력공사(EDF)와 한국전력공사(KEPCO)라는 국책회사에 의한 독점 체제이다. 한국전력공사의 발전 부문은 2001년 화력발전 다섯 개 사와 수력원자력발전 한 개 사를 합친 여섯 개 사로 분할되었다. 중국도 오랫동안 한 회사가 독점해 왔지만 2002년 국가전력공사를 발전 관련 5개 회사와 송전 관련 2개 회사로 분할했다(궈시치郭四志, 『중국에너지사정中国エネルギー事情』, 岩波新書, 2011). 중국의 원전도 사회주의 체제하에서 국가 주도로 이루어져 왔다.

중앙집권적인 사회는 거대한 수도권의 전력 수요를 충족시킬 필요가 있고 따라서 원자력 발전에 의존한 양적 공급을 중시해 왔다.

분권적 사회가 재생가능에너지를 키워 왔다

이와 달리 덴마크, 독일, 스웨덴 등과 같이 분권적인 사회는 재생가능에너지와 같은 분산형 전력 공급 및 에너지를 키워 왔다. 모두 전통적으로 사회복지에 노력해 온 성숙된 사회이기도 하다. 베를린을 제외하면 도시의 인구 규모도 그다지 크지 않다.

미국의 경우 동해안과 서해안의 주는 자유주의적이며 민주당 세력이 강하며 여론도 원전에 비판적이다. 제2장에서 소개된 캘리포니아 주는 그 전형적인 사례이다. 그에 비해 미드웨스트라 불리는 시카고 이서의 중서부나 남부는 상대적으로 보수적이고 원자력발전에 대해서도 허용적이다.

어떤 전력 공급 방식을 선호할 것인지는 그 사회의 선택의 문제이지 에너지 자급률 등에 의해 기계적으로 규정되는 것이 아니다.

세계 원전 반대 운동

1970년대 이후 환경보호운동이 국제적으로 활발해졌다. 그중에서도 원자력의 상업 이용에 반대하는 운동은 특히 유럽과 미국에서는 핵무기폐기운동과 연계되면서 큰 영향력을 가져 왔다. '지구의 벗'이나 '그린피스', 미국의 '천연자원보호협회(NRDC)', '우려하는 과학자 동맹(UCS)' 등은 원전 문제를 열심히 다루어 온 대표적인 환경운동 단체이다.

환경 문제 중에서도 원자력 시설의 건설, 특히 플루토늄 이용 시설 건설을 둘러싸고 여러 나라에서 정부, 전력회사와 그에 반대하는 사회운동 및 입지점 주변 주민운동이 격돌하는 등의 심각한 대립이 오랫동안 이어져 왔다. 대부분의 선진국에서도 원전 반대 운동은 1970년대부터 1980년대에 걸쳐 일어난 국가 기본 정책을 비판하고 기술 만능주의와 자원 낭비적인 현대 문명을 비판하는 대표적 '신사회운동'이자 사회 분쟁이었다. 다만 원전 신규 건설이 사실상 중단되고 원전 문제가 주춤해지면서 독일을 제외한 모든 나라에서 원전 반대 운동은 정체 경향을 보이게 되었다.

일본 원전 반대 운동의 특색

일본 역시 원자력발전에 비판적인 운동이 독자적으로 발전해 왔다. 유럽과 미국 지역에서의 운동과 비교해 볼 때 후쿠시마 사고 이전의 일본 원전 반대 운동은 다음과 같은 특색을 가지고 있다.

우선 유럽과 미국의 원전 반대 운동이 거대한 전국 조직이나 국제 조직 중심의 운동이었던 것에 비해 일본은 입지점 토지 소유주 및 어업권자 중심의 반대운동이라는 성격이 강하고 그들의 운동이 원전 건설 저지라는 운동의 목표를 가장 효과적으로 달성해 왔다.

두 번째는 유럽과 미국 지역과 비교해서 자연과학자나 사회학자가 비판적 운동에 조직으로 참여하는 경우가 훨씬 적었고, 운동은 재야 연구자나 대학에서 밀려난 연구자에 의해 이루어졌다는 성격이 강하다.

세 번째로는 일반시민 속으로의 반대운동 확산이 장기적인 과제였지만 체르노빌 사고 직후인 1980년대 후반을 제외하면 전국적인 확산을 만들어내지 못했다는 점이다.

네 번째는 위와 같은 특징에서도 알 수 있듯이 일본의 원전 반대 운동은 오랫동안 대결과 저지형 운동에 머물러 왔으나 1990년대 후반 이후 재생가능에너지 보급 등을 지향하는 대안적인 정책 제안형 운동이 대도시권을 중심으로 생겨나기 시작했다.

다섯 번째로는 첫 번째 특징과 관련하여 유럽과 미국 지역의 운동과 달리 핵무기 폐지 운동이나 평화 운동과의 연계가 상대적으로 약했다는 점이다. 제1장에서 언급한 것처럼 '원자력의 평화적 이용'이라는 선전은 피폭국이었기 때문에 오히려 성공을 거둘 수 있었다.

입지점의 건설 반대 운동

원자력 시설의 입지점에서 원전 반대 운동은 기본적으로 건설 반대 운동이라는 방위적, 한정적 성격을 가지고 있다. 어업권자, 농업에 종사하는 토지 소유권자 등 제1차 산업 종사자를 중심으로 한 토착적 성격이 강한 운동이고 그들에게 건설 저지는 무엇보다 생산 거점과 재산권의 방위를 의미했다.

입지점에서의 반대 운동은 제1장에서도 언급한 것처럼 일반적으로 용지매매교섭과 어업보상교섭, 해역조사에 대한 어협의 실시 허가 및 협력이 분쟁 과정 최대의 초점이었다.

농어업자들이 이러한 교섭을 계속 거부하는 한 원전 입지는 불가능했다. 반대 운동은 이를 기반으로 해당 지역 시·정·촌 장과 의회 다수파만 건설에 반대해 준다면 단결을 유지하고 강력한 저항을 계속할 수 있었다. 실제로 고치 현 구보카와 정이나 와카야마 현 히키가와 정日置川町, 히다카 정日高町 등은 이런 과정을 거쳐 원전 입지를 단념시킨 지역이다.

반대로 사업자 측이 용지와 어업권을 완전하게 확보할 수 있었던 지역은 착공이 시작되지 않은 입지점이 한곳도 없었다. 원자력 시설에 대한 중앙집권적 정책 결정 과정과 재판 투쟁의 한계하에서 그나마 효과적인 대항 수단은 토지와 어업권을 지키는 방법밖에 없다고 해도 과언이 아니다.

그러나 수용을 해결하며 '와해공작'에 의해 반대파는 어협 내부에서 소수파로 전락하고 결국 어업 보상이 타결되면 토지 소유권자도 개별적으로 무너져 용지매각에 동의하게 된다는 유형이 많다. 토지와 어업권 문제가 해결되면 건설은 기정사실이 되어 버린다. 입지점에서의 반대 운동은 정치적 의사 표명 기회를 봉쇄당하고 지역 주민 사이에서도 더 이상 저항해도 쓸모없다는 체념분위기가 퍼져 나간다. 이로써 반대파 주민은 점점 더 소수파가 되고 반대 운동 세력은 힘을 잃어 가는 것이다.

지방 거점 도시의 지원자 그룹

현청소재지 등 입지점 주변 지방 거점 도시에 반대 운동 지원자가 있었다. 옛 일본노동조합총평의회總評議會 계열의 현노동조합평의회나 지구노조급의 노조는 일반적으로 분쟁 초기 단계의 대표적 지원 그룹이다. 방사능 등 원자력 시설의 위험성에 대한 전문 지식을 제공하고 계몽 활동을 펼쳐 가는 지원자 그룹도 존재했다. 그 중심은 대학 분쟁기 때 정치적 사회화를 경험하고 거대과학 기술과 산학협동적인 연구 체제를 비판하는 지원자였다. 그들은 전문 지식을 가진 재야의 비판자로서 변호사와 함께 운동을 '재판 투쟁'으로 이끌고 재판 과정에서 주된 지원자 역할을 했다. 또한 조업 후 발전소에서 나온 온배수를 체크하거나 회사 측의 사고 및 트러블 대응을 일상적으로 감시하고 항의하는 활동을 해 왔다. 입지점에서의 반대 운동이 정체된 후 반대 운동의 중심을 담당하는 것은 이렇게 입지점 주변 거점 도시의 지원자 그룹이다. 체르노빌 사고 이전까지는 이 그룹에 전반적으로 여성은 참여가 적었고, 그나마 참여하는 여성도 교원이나 변호사 등 전문직이거나 노조활동가 등에 한정되는 경향이 있었다. 그러나 체르노빌 사고 이후 여성의 참여가 늘었다.

전국 수준에서의 원전 반대 운동

일본에는 아직 '지구의 벗'이나 '그린피스', '세계자연보호기금(WWF)'과 같은 대규모 환경 NGO가 발달하지 않았다. 개별 이슈, 개별 지역별로 주민운동, 시민운동 또는 그에 대한 지원 운동이라는 성격이 강한 것은 비단 원자력 문제뿐이 아니다. 공해반대운동, 환경보호운동 등 일본 환경 운동 전반에 걸쳐 보이는 특색이라 할 수 있다.

원전 반대 운동은 지역은 달라도 원자력발전이라는 동일한 기술에 규정을 받는다는 점에서 문제 의식의 공유 정도는 매우 높다. 1960년대 후반부터 1970년대 전반에 걸쳐 각 원전 입지점에서 반대 운동이 강해지면서 상호 네트워크 형성에 대한 필요성이 대두되었다. 이를 통해 1975년 8월 원전반대운동전국연락회反原発運動全国連絡会가 발족되었고, 같은 해 9월에는 원자력자료정보실이 발족되었다. 이는 모두 대도시권 재야 전문가 집단을 중심으로 하는 원전 반대 운동이 며 중심적인 존재로 오늘날까지 기능해 오고 있다. 전국 각지에 강사 를 파견하거나 재판의 원고 측 증인이 됨으로써 입지점의 운동을 지 지하고 동시에 각지의 운동 상황 및 쟁점을 전하고, 지원을 호소하거 나, 정부, 전력회사의 움직임, 원자력 시설의 운전현황, 외국의 관련 정보를 수집 전달하는 것이 주된 활동이다.

다만 원전반대운동전국연락회 사무국은 오랫동안 니시오 바쿠西 尾漠 혼자 이끌어 오고 있고, 고故 다카기 진자부로高木仁三郞를 중심 으로 하는 원자력자료정보실 역시 고작 몇 명의 스텝만으로 유지되어 왔다. 이처럼 일본의 경우는 국제적인 단체와 달리 매우 소규모이다.

원전 반대 운동에 적극적으로 관여해 온 원자력 분야 연구자도 고 故 구메 산시로久米三四郞(오사카대학강사)를 비롯하여 극히 소수이며, 게다가 그들 대부분은 오랫동안 '조교'나 '강사' 신분에 묶여 있었다. 이 는 미국에서 원전에 비판적인 연구자가 매사추세츠공과대학을 비롯 한 유명 대학 교수인 것과는 매우 대조적이다. 일본의 경우 동경대 공 학부 원자력 관련 교수들은 원전 추진파이며 원자력위원회나 원자력 안전위원회 중심 멤버로 원자력 정책에 적극적으로 관여해 왔다.

이러한 상황은 일본에서 자연과학 연구자, 특히 원자력 같은 거대 첨단 과학 연구자가 정부나 산업계와 유착하여 연구비를 받거나 제 자의 취직을 보장받는 행태와 함께, 일본 대학이나 학계가 내부 비판 자 및 내부 고발자에 대해 관용적이지 못함을 보여 주고 있다.

230

원자력 문제를 비판적인 시점에서 적극적으로 연구하고 있는 사회과학자도 무로타 다케시室田武, 시미즈 슈지清水修二, 오시마 겐이치大島堅一(이상 모두 경제학), 호소가와 히로아키細川弘明(문화인류학), 요시오카 히토시吉岡斉(과학사), 후나바시 하루토시舩橋晴俊(환경사회학) 등에 한정되어 있다[1]. 유럽, 미국과 달리 원자력 발전에 비판적인 운동에 자연과학자나 사회과학자의 조직적인 관여가 매우 적고, 대개 재야 연구자나 대학에서 밀려난 연구자에 의해 지탱되어 온 운동이라는 성격이 강하다.

체르노빌 사고와 '반원전 뉴웨이브'의 대두

원전 반대 운동이 사회적 영향력을 갖기 위해서도 시민운동으로 확산하는 것이 중요하다는 것은 운동의 과제로서 오랫동안 의식되어 왔다. 그러나 후쿠시마 사고 전까지는 입지점, 입지현 주민들을 제외하면 대도시권 주민의 관심은 낮았고 확산에는 어려움이 있었다. 이러한 원전 반대 운동의 답답한 상황과 남성 중심 구도에 잠깐이나마 큰 변화가 있었던 것은 1986년 체르노빌 사고 직후이다. 체르노빌 사

1　후나바시 하루토시, 요시오카 히토시, 호소가와 히로아키, 오시마 겐이치, 이들은 다른 연구자나 변호사, 반원전운동 활동가 등과 함께, 2013년 4월 원자력시민위원회原子力市民委員会를 설립했다. 2014년 위원회는 『원전 제로 사회로의 길―시민이 만드는 탈원자력정책대강原発ゼロ社会への道―市民がつくる脱原子力政策大綱』이라는 정책 제언집을 간행했다. 후쿠시마 원전 사고 이후, 원자력 에너지 정책에 대해 비판적인 발언을 하는 자연과학자나 사회과학자의 수는 급격하게 늘고 있다. 후쿠시마현 안팎의 피난자 상황에 대해 열심히 연구하고 있는 이도 적지 않다.

고는 중대사고의 현실성과 지구 규모의 방사능 오염의 심각성을 인접 국가뿐 아니라 멀리 떨어진 나라들까지 알게 해주었다. 일본에서도 식품 오염에 대한 공포가 퍼져 나갔다.

시민운동 세력이 약한 일본에서 운동은 일시적으로 일어나는 경우가 많았다. 사람들은 제 몸에 직접 불똥이 튀지 않는 한 목소리를 높이려 하지 않는다.

체르노빌 사고와 이 사고로 활발해진 히로세 다카시広瀬隆와 그에 동조하는 이들의 저작 및 강연 활동을 계기로 1987년 이후 일본에서도 많은 시민 그룹이 새롭게 탄생하면서 이제까지 없었던 시민운동적 확산이 일시적으로나마 일어났다. 그중에서도 대도시권 및 지방 거점 도시에서 여성을 중심으로 한 다양한 풀뿌리 시민 그룹 활동이 생겨난 것은 아주 특징적이다. 이는 기존의 노동조합이나 정당 조직, 지역 조직으로부터 독립하여 개인 참가에 기반을 둔 운동 네트워크이며, 관료제적인 조직의 형태를 부정하고 유연한 횡적 연결을 지향한다는 특징을 가지고 있었다.

예를 들면 아오모리 현 롯카쇼 촌의 핵연료사이클 시설 건설 문제의 경우, 하치노헤 시八戸市, 히로사키 시弘前市, 아오모리 시 등 입지점 주변 거점 도시 시민 그룹이 매개해서 입지점의 반대 운동과 아오모리 현 내 농업인 단체, 대도시권의 시민운동 등을 연결하는 다양한 네트워크가 생겨났다. 이 네트워크가 만들어 낸 운동의 확산은 핵연료사이클 시설에 비판적인 현 내 여론과 당시 활발했던 전국적인 반소비세 운동에 힘을 입어 1989년 참의원선거에서 핵연료사이클 시설을 내건, 당시로서는 완전한 무명이었던 후보를 이 현의 혁신계 후보로서 과거 최다 득표인 35만 표로 당선시키는 성과를 가져왔다.

1988년 2월 에히메 현愛媛県 이카타 원전 출력 조정 시험 반대 운동에서도 시코쿠전력 본사가 있는 다카마쓰 시高松市에서의 반대 집회에 전국에서 4~5천 명이 모이면서 '반원전 뉴웨이브'로 주목을 받았다. FAX를 이용하며 운동의 중심을 이룬 이들은 분고수도豊後水道를 끼고 건너편 강가에 위치한 오이타 현大分県 벳푸 시別府市 거주의 여성들이었다.

여성을 활동 주체로 하는 입지점 주변 거점 도시의 시민운동이 입지점에서의 운동과 대도시권에서의 시민운동을 매개로 전국적인 지지의 확산을 이끌어 낸다는 구도는 이카타 사례나 핵연료사이클 시설 문제 사례에서 전형적으로 발견된다.

이 시기 입지점 주변 거점 도시 및 도시권의 원전 반대 운동 주체의 전형적인 모습은, 필자의 조사에 의하면, 30대 후반에서 40대 전반을 중심으로 그 전후 연령층의, 대학 또는 전문대 졸업 학력을 가진 전업 주부들이었다. 그녀들은 취학기 전후의 자녀가 있으며, 자신의 정체성을 다시 확립하고자 하는 상대적으로 고학력의 여성이었다. 이러한 배경에는 고학력화 등으로 정치적 관심이 높고, 정치적 주체로서의 자각이 일어났으며, 자연식품이나 무농약 야채, 식품 안전 문제 등 건강, 식품, 환경 문제에 대한 관심이 주부들 사이에서 높아졌다는 사실이 있었다. 체르노빌 사고는 일본에서도 식탁과 방사능 오염 공포를 직접 묶어 준 최초의 계기였다.

아이덴티티 지향의 새로운 운동

특히 운동에 참여함에 있어 자기 결정성의 방어와 그에 따른 자기 표출이 중시되고, 자신의 감성과 운동에서의 행동 일치가 지향되었던 점은 매우 흥미롭다. 거기에는 과거 시민운동에서 종종 보여지던 노조 주도의 대규모 동원형 집회 운영 형태에 대한 급진적인 비판이 있었다. 참가자 각각의 자기 표출과 자발적인 에너지 방출을 막는 집회 운영 책임자나 리더의 '통제'를 적극 배제하려는 움직임이 있었다. 이렇듯 반원전 뉴웨이브는 일본에서 '새로운 사회운동'의 전형적 사례였다. 그녀들의 운동은 네트워크 지향성이 아주 강하고 멤버와 비멤버 간 경계가 불분명하고 활동에의 관여 정도도 완전히 개인 의사에 맡겨져 있었다.

다만 이러한 아이덴티티 지향적인 운동의 형태는 운동의 전략적 유효성이나 지속적인 전개라는 관점에서 보면 일정한 한계를 가지고 있었다. 1990년대에 들어서면서 체르노빌 사고의 기억이 흐려져 가고 식품 오염에 대한 공포감이 옅어져 감에 따라 반원전 뉴웨이브는 동력을 점차 잃어 갔고 당시 우려했던 것처럼 일과적 운동으로 머물렀다. 참여했던 여성들도 교육 문제나 고령자복지, ODA문제나 그 외의 환경 문제 등 각 개인이 보다 더 절실하게 관심을 가진 다른 사회 문제나 시민 활동으로 옮겨갔다.

정책 제안형의 새로운 사회 운동

원전 추진 일변도의 매우 경직된 전력 정책과 정치적 의사 표명 기회의 폐쇄성 때문에 일본의 원자력 반대 운동은 오랫동안 고발과 대결이라는 성격이 강했다. 그러나 유럽과 미국의 전력 정책 전환이나 재생가능에너지 진흥책 등에 자극 받아 일본에서도 에너지 정책의 전환을 추구하는 정책 제안형 운동이 새롭게 일어났다. 그 몇 가지를 소개하고자 한다.

1994년에 발족한 자연에너지사업협동조합 렉스타(REXTA, 自然エネルギー事業協同組合レクスタ)는 전국적인 네트워크로 태양광발전 설비 설치 등에 앞장서 왔고 재생가능에너지 보급에 관한 소규모 사업과 시민운동을 결합하는 독특한 운동 방식을 전개해 왔다.

시민포럼2001(당시)은 1992년 지구정상회의를 계기로 발족하여 환경, 식량, 개발 원조 문제 등을 다뤄 온 NGO이다. 설립 초부터 연구보고서 작성, 강좌, 에너지 문제에 관한 시민 원탁 회의 개최 등과 같은 활동을 하면서 정책 제안형 운동을 지향해 왔다. 이 그룹 중에서 이이다 데쓰나리飯田哲也가 중심이 되어 '자연에너지추진시민포럼自然エネルギー推進市民フォーラム'을 만들고 유럽과 미국에서의 녹색전력 실정 및 정책을 소개하거나 '자연에너지촉진법自然エネルギー促進法' 제정 운동에 노력해 왔다. 독일 등의 사례를 들어 전력 발전 및 태양광발전에 의한 전기를 고정가격으로 매입하도록 전력회사에 의무화하는 제도의 도입을 요구했다. 이다는 그 후 NPO법인 '환경에너지 정책연구소'를 설립하고 활발하게 활동하고 있다.

지구정상회의 이후 평화 문제나 환경 문제, 여성 인권 문제 등 국제 회의에서 환경 NGO의 역할은 증대해 왔고, 1997년 교토에서 열린 온난화방지교토회의(COP3)에서도 국내외 환경 NGO들의 활동이 눈에 띄었다.

기후 포럼은 교토회의에 적극적으로 관여하려는 국내 NGO나 단체 간 연락 및 조정을 하는 조직으로써 회의 개최 약 1년 전에 발족된 네트워크형 조직이지만, 비밀주의 경향을 보이고 합의 형성에 적극적인 주도권을 발휘하려고 하지 않는 일본 정부의 대응 방식을 비판하거나, 회의 기간 중 2만 명의 데모 행진 및 회장 주변의 시민 참가형 이벤트를 다수 기획 조직하는 등 미디어 활동과 시민 계몽 활동에도 열심히 노력하였다. 현재도 기후 네트워크로서 온난화 문제 및 원자력 문제에 활발하게 대처하고 있다.

이전까지 일본의 환경 NGO는 원전 문제에 매우 소극적이었지만 1995년 말 몬주 사고가 발생하고 1996년 여름 마키 정 주민투표, 1997년 교토회의 등을 계기로 지구 온난화 문제가 곧 에너지 문제이고, 원전 문제가 하나의 초점이며, 일본의 정책이 선진국 사이에서도 고립된 예외적인 정책이라는 것을 알게 되면서 정부의 원전 추진 정책에 비판적인 환경 NGO가 늘어나고 있다.

뜻있는 이들에 의해 대항 세력으로서 사회적 감시 기능을 강화하고 원자력 문제나 에너지 문제에 관한 사회 문제 및 환경 문제를 찾아내고 원인을 밝혀낼 수 있는 힘을 키우는 것 그리고 정책과 대안을 제시할 수 있는 능력 등이 곧 일본의 전력 및 에너지 정책 전환의 열쇠를 쥐고 있다는 것이 인지되면서 끊임없는 모색이 이루어지고 있다.

후쿠시마 사고 후의 축제적 항의 데모

후쿠시마 사고에 대해 도쿄전력과 정부를 비판하는 항의 행동이 전국에서 눈에 띄게 증가하고 있다[2]. 2011년 4월 10일 고엔지高円寺, 5월 7일 시부야渋谷 데모에는 다 합쳐 약 1만 5,000명이 참가했고, 6월 11일 신주쿠 데모에는 약 2만 명이 참가했다(모두 주최 측 발표). 6월 11일에는 전국 140개소에서 데모가 있었다고 한다. 센다이에서도 약 400명이 참가했다. 유튜브에 올라온 당일 신주쿠 데모 모습을 보면 젊은이와 가족 동반 그리고 단카이세대団塊世代*가 눈에 띈다. 주최자의 블로그에서도 단카이세대의 호의적인 반응을 인상적으로 기술하고 있다. 유럽과 미국 지역에서 흔히 볼 수 있는 자유로운 스타일의 사운드 데모로 원전 비판 이외의 정치적인 메시지는 거의 없었다.

자기 표출성이 두드러지고 축제적인 퍼포먼스를 지향하고 있으며

---

2 2011년 여름과 2012년의 반원전운동의 고조에 대해서는 제5장 및 Hasegawa, Koichi(2014, 'The Fukushima nuclear accident and Japan's civil society: Context, reactions, and policy impacts', International Sociology, 29(4): pp. 283-301)를 참조할 것.

* 제2차 세계대전 패전 직후인 1947~1949년에 태어난 일본의 전후戰後 베이비붐 세대를 말한다. 경제평론가 사카이야 다이치堺屋太一가 1976년 『단카이의 세대』라는 소설에서 사용한 단어로, 흙덩이처럼 뭉쳐져 사회 전반에 새로운 현상을 일으키고 영향을 미친다는 뜻이다. '단카이(だんかい, 団塊)'란 '덩어리'라는 뜻으로, 이 세대의 인구수가 상대적으로 많아서 인구분포도를 그리면 덩어리 하나가 불쑥 튀어나온 것처럼 보인다 하여 이런 이름이 붙었다.

통제적인 방식을 극단적으로 부정하고 있다는 점에서 체르노빌 사고 직후 1987~1988년경에 고양된 반원전 뉴웨이브와 스타일이 유사하나 정치적 메시지는 더 탈색된 감이 있다. 후쿠시마 사고에 대한 분노, 전력회사나 정부의 대응에 대한 분노와 자신들의 감성이나 생활 감각에 기반하고 있다. "흥겨운 축제 분위기가 좋다. (중략) 훨씬 가깝고 일상적인 감각으로 정치 이야기를 하고 싶다. 음악가는 음악을 통해, 뭔가 만드는 사람은 물건 제작을 통해, 댄서는 춤으로 심정을 표현한다. (중략) 즐겁지 않으면 오래 가지 못한다" 주최 측의 한 사람인 마쓰모토 하지메松本哉의 말이다(「아사히신문」, 2011년 6월 16일자). 트위터, 페이스북 등 현대판 입소문을 활용하여 동원이 이루어진 점은 중동의 재스민혁명과 공통성이 있다.

문제는 데모 행진 후 정치적 프로그램, 시간표가 없다는 것이다. 데모 행진에 집결한 사람들의 에너지를 모아 무언가로 향하게 하고, 어떻게 조직할 것인지, 다음 한 수를 어떻게 둘 것인지 고민하지 않으면 후쿠시마 사고가 수습 국면으로 접어들면서 운동의 동원력도 저하될 가능성이 크다. 운동의 에너지를 어떻게 지속적으로 고양시킬 것인가 이것이 가장 큰 과제이다.

체르노빌 사고 후 운동이 고양되었을 때는 탈원전법 제정이 요구되고 서명 운동이 전개되었었다. 실제로 전국에서 약 251만 명의 서명이 모였지만 1990년 4월 서명서를 국회에 제출하는 것으로 운동은 끝나버렸다. 1989년 여름 참의원 선거에서 자민당이 패하면서 처음으로 과반수 이하가 되었지만 자민당은 1990년 2월 중의원 선거에서 다시 과반수를 유지했다. 사공민노선社公民路線은 현실성을 잃었고 자공민노선自公民路線이 정착되었다. 당시 제1야당이었던 사회당이 운동을 지원하고 있었지만 탈원전법이 제정될 가능성은 거의 없었다.

제1장 제3절 '돈다발과 권력— 원자력시설 수용 메커니즘'의 말미에서도 언급하였듯이 안전 협정에 기반하여 원전 운전 재개 거부권을 가지고 있는 것은 입지점 자치단체의 시·정·촌 장과 지사이다. 직접 선거로 뽑히는 시·정·촌 장이나 지사는 지역 여론에 상대적으로 민감할 수밖에 없다. 이는 곧 원자력발전 및 에너지 정책에 대해 자신의 의견을 밝히는 지사나 시·정·촌 장과 항의 데모에 결집하는 젊은이, 시민과의 사이에 어떤 형태로건 연대나 협력 관계가 이루어지는 것이 하나의 열쇠가 될 수 있다는 이야기이다.

2
독일이 탈원전으로 전환할 수 있었던 이유

독일, 스위스, 이탈리아 등의 반응

후쿠시마 사고 직후부터 몇몇 나라에서는 원자력 정책의 대전환이
시작되었다.

독일 앙겔라 메르켈Angela Merkel 수상은 2011년 3월 14일 후쿠시
마 사고를 계기로 정책 전환을 표명하고 1980년 이전에 건설되어 노
화된 원전 7기와 고장이 계속되는 1기, 합계 8기의 운전정지를 결정
하면서 탈원전으로 궤도를 수정했다.

스위스 정부는 5월 25일 원전의 신설 금지와 가동 개시 후 50년을
기준으로 순차 폐쇄, 2034년까지는 현재 가동 중인 원전 5기를 전부
폐쇄하기로 각료 회의에서 결정했다. 스위스는 전력의 40%를 원자
력에 의존하고 있는 나라이다.

이탈리아에서는 6월 12, 13일에 원전 동결 정책 유지에 대한 국
민투표가 실시되었다. 투표율 54.79%, 원전 동결 정책 찬성이
94.05%, 반대 5.95%로 원전 동결 정책 유지 의견이 압도적으로 다
수였다. 이탈리아에서 국민투표는 투표율 50% 이상이면 성립된다.
실비오 베를루스코니Silvio Berlusconi 수상은 '이탈리아는 원전에 안

녕을 고해야만 한다'며 투표 결과 수용을 선언했다.

　이탈리아는 1986년 체르노빌 원전 사고 후 국민투표로 당시의 원전 관련법을 폐지하고, 가동 중이던 3기의 원전을 폐쇄, 건설 계획도 모두 동결했다. 그러나 베를루스코니 정권은 탈원전 정책에서 다시 태도를 바꾸어 2009년 2월 프랑스와 협력 협정을 통해 2013년까지 원전 건설에 착수하고, 2020년까지 그 첫 번째 원전을 가동시키려는 계획을 세우고 있었다. 야당 등이 반대했고 국민투표 실시를 요구하며 헌법재판소(일본 최고재판소에 해당)에 제소하였고 헌법재판소는 후쿠시마 사고 전인 1월 12일 국민투표 실시를 인정했다.

　일본에서는 크게 보도되지 않았지만 후쿠시마 사고에 가장 빠른 반응을 보인 것은 이스라엘 베냐민 네타냐후Benjamin Netanyahu 수상이다. 2010년 3월 민생용 원자력 개발 추진 의사를 표명했지만 2011년 3월 13일 계획을 재고하겠다는 의사를 표명하고 3월 16일 건설 계획 중지를 결정했다. 원전이 테러 공격을 당할 경우의 위험 부담을 우려한 것으로 보여진다.

　태국의 부수상도 3월 16일 '국민을 위험에 노출시키고 싶지 않다'며 원전 도입을 단념했다. 태국은 원전 5기의 건설을 계획하고 우선 2021~2022년에 100만kW 원전 2기를 가동하기로 중국 및 일본 원전과 기술 협력 협정을 맺고 사업화를 위한 조사를 진행 중이었다. 7월 3일 총선거가 있었지만 여당인 민주당도 최대 야당에서 총선에 승리한 태국 공헌당도 원전 건설계획을 재고하겠다는 입장을 표명했다.

1975년 비일 원전 저지 투쟁

그렇다면 독일은 어떻게 정책을 전환하게 된 것일까?

그 배경에는 토의민주주의(뒤에서 설명)가 축적되어 있었다. 독일은 1970년대 중반부터 지금까지 원전 문제를 논의해 왔다.

7월 13일 '원전에 의존하지 않는 사회를 지향하겠다'는 간 수상의 기자 회견 내용이 구체적인 목표 연도도 밝히지 않고, 각료 내 의견 통합도 없이 나온 것과는 큰 차이가 있다.

독일은 전 세계에서 가장 원전 반대 운동이 거센 나라이다. 후쿠시마 사고 이전에도 반대 운동은 활발하게 전개되고 있었다.

그 최초의 성과는 1975년 3월 프라이부르크Freiburg에서 북서쪽으로 25킬로미터 떨어진 라인강변의 작은 마을 비일Wyhl에 예정되어 있었던 비일 원전 건설 저지에 성공한 것이다. 와인 농가 등이 건설용 부지를 점거하고 공사 착공 저지를 시도했다. 이에 대해 경찰이 실력행사를 하려 했던 모습이 텔레비전에 보도되면서 전국적인 반향을 불러 일으켰다. 주민들은 일단 나왔지만 프라이부르크대학 학생들이 지원하고, 약 2만 8,000명이 재점거하면서 3월 18일 행정재판소는 건설 허가를 취소했다. 필자는 당시 운동 리더와 함께 비일 원전의 원래 건설 부지를 2005년 2월 방문했다. 그곳은 현재 사이클링 도로 등이 만들어졌고 그 일대는 한가로운 공원이 되어 있었다.

비일 원전 건설 반대 운동은 획기적인 승리였고 국제적으로도 큰 영향을 미쳤다.

첫 번째 영향은 프라이부르크가 환경운동, 환경행정의 세계적인 거점이 된 것이다. 두 번째는 바로 '녹색당'의 창설이다.

'환경수도' 프라이부르크

독일 서남단의 대학가인 프라이부르크는 직역하면 '자유로운 도시'이다. 슈바르츠발트Schwarzwald(검은 숲)를 등에 지고 도심부에는 베히레Bachle(인공수로)가 둘러쳐져 있던 인구 약 22만 명의 아름다운 곳이다. 1992년 환경 수도의 영예를 안았고, 국제환경자치단체회의의 유럽 사무국을 비롯하여 환경 관련 기관이 집중되어 있다. 독일 최대의 환경 견본 시장 '에코'가 격년으로 열리고, 매년 국제환경영화제가 개최된다. 독일 최대의 민간 연구 기관 에코 연구소 및 태양 전지관련 연구 시설을 비롯하여 기술적으로도 정책적으로도 선진적인 연구 시설과 연구소가 다수 입지해 있다.

1984년 독일에서 처음 도입한 지역 환경 정기권(1장으로 시내 노면 전차와 모든 버스 노선을 이용할 수 있고, 일요일에는 가족과 광역 이동이 가능하다), 노면 전차와 자전거 장려로 자동차 교통량 억제, 에너지 절감 건축 기준 실시, 전기요금의 기본 요금을 폐지하고 소비 시간대별 요금제도 도입 등 프라이부르크에서 시작된 환경 정책은 대단히 많다(이마이즈미 미네코今泉みね子, 『프라이부르크 환경레포트フライブルク環境レポート』, 中央法規出版, 2001).

독일 통일과 함께 미, 영, 불의 주둔지가 반환되었는데 특히 프랑스군이 반환한 주둔지를 재개발한 시 남부의 보봉Vauban 지구에는 포럼보봉이라는 NPO를 중심으로 태양광발전 등으로 에너지를 자급하는 주택 등 실험적인 환경 커뮤니티 만들기가 이루어지고 있다. 환경이 마을의 매력 포인트가 되고 마을 만들기의 핵심이 되며 사업이 될 수 있다는 것을 설득력 있게 보여 준 마을이기도 하다.

'녹색당' 창설

프라이부르크 환경 행정의 원동력은 비일 원전 건설 반대 운동을 계기로 독일 전역에서 '환경파' 젊은이와 학생들 다수가 이 시에 모여든 것이다.

'녹색당'은 1980년 창설되었지만 창설의 계기가 된 것 중 하나도 비일 원전 건설 반대 운동이었다. 프라이부르크는 주요 거점의 하나이고 독일 내에서 가장 지지율이 높은 자치단체이다. 원전 즉각 중지는 결당 이래 계속 내걸고 있는 녹색당의 기본방침이다.

주의회에서의 의석 획득에 이어 1983년 연방의회에 처음으로 의석을 획득한 녹색당은 1980년대 산성비 피해로 환경 문제에 대한 관심이 높아진 것과 체르노빌 원전 사고로 바람을 받는 쪽인 독일 전체가 방사능 오염 피해를 입은 것을 계기로 의석을 확대해 왔다.

중지, 폐쇄가 계속 이어진 원자력 시설

1986년 4월 체르노빌 사고와 1989년 11월 베를린 장벽 붕괴는 독일의 원자력 정책에 큰 전환을 가져왔다.

1985년 당시 독일은 총 40기의 원전 건설을 계획하고 있었지만 그 중 19기의 건설 계획이 파기되었다.

1989년 6월에는 바커스도르프 재처리 공장의 건설 공사 중지가 결정됐다. 인접국 오스트리아를 포함한 강한 반대 운동이 계속되어 있었고 독일은 자국 내 재처리를 단념했다. 현재 바커스도르프 재처리 공장의 원래 예정지에는 BMW 자동차 공장 등이 조업하고 있다.

1989년 봄 본 가까이에 있는 뮐하임-캐를리히 원전이 6만 6,000명의 제소에 따라 시운전 중지에 처해졌다. 1995년 11월 고등재판소는 지진 발생 위험성을 충분히 검토하지 않았다는 이유로 주정부의 건설 허가가 무효임을 판결했다. 영업 운전에 들어가지 못한 채 폐쇄된 이 원전은 지금도 남쪽에서 본으로 갈 때 라인강 쪽 코블렌츠 Koblenz 역 부근에서 열차에서도 가까이 볼 수 있는 거리에 있다.

전력 수요가 많고 냉각수 확보와 온배수 방출을 위해 독일 원전 대부분이 라인강변에 입지해 있는데, 그렇기 때문에 또한 독일의 원전은 일반시민들의 눈에 매우 잘 띈다. 일본 원전 대부분이 후미진 과소지에 감추어져 있어 인근 마을에서도 보이지 않는 것과는 대조적이다.

독일은 1990년 통일 전후 구 동독에서 가동 중이던 원전 5기(모두 소련제 경수로)를 서독의 안전 기준에 미달한다는 이유로 모두 폐쇄하였고 건설 중이거나 계획 중이던 총 9기의 건설 역시 중단시켰다.

1991년 3월에는 라인강 하류 마을에 이미 완공되어 있던 칼카르 KALKAR 고속증식로의 폐쇄가 정식으로 결정되었다(이 책의 87쪽 참조). 네 번의 화재가 일어났고 안전상 문제로 운전 인가권을 가진 주정부가 연료 장착을 허가하지 않았기 때문이다. 지역의 반대 운동뿐 아니라 네덜란드의 반대도 강했다. 칼카르 고속증식로의 철거지는 필자도 2002년 3월 조사차 방문한 적이 있다. 현재는 네덜란드 자본으로 세워진 종합레저시설 '칼카르 원더랜드'가 들어서 인기를 모으고 있다.

독일은 모든 사용이 끝난 핵연료 재처리를 의무화하고 있었지만 1994년 5월 원자력법을 개정하면서 각 전력회사에 부과했던 재처리 의무를 해제했다.

1995년 12월에는 플루토늄과 우라늄을 섞어 경수로에서 태우기 위한 MOX연료 가공장의 폐쇄가 결정되었다.

이렇게 1989년 이후 독일은 핵연료사이클 플루토늄 이용 노선에서 서서히 벗어나고 있었다. 그 정치적 배경은 독일의 재통일과 동유럽의 민주화이다. 핵무장의 선택지가 제거됨에 따라 독일은 큰 정책 변화를 이룬 것이다.

2000년 6월, 탈원자력 합의로

이렇게 원전에 대한 사회적 압력은 매년 더 강해졌다.

위기감을 느낀 원전 추진파, 독일의 2대 전력회사 VEBA와 RWE의 사장은 1992년 10월 당시 헬무트 콜Helmut Kohl 수상에게 서간을 보내 에너지 정책에 대한 합의형성을 요구했고 이를 받아들여 1993

년부터 미래의 원자력 정책과 석탄 정책에 관한 합의인 '에너지 콘센서스' 형성을 위한 위원회가 구성되고 여야당 간 협의가 시작되었다.

사회민주당은 체르노빌 사고 직후인 1986년 8월 당대회에서 '가능한 빠른 시기에 원전으로부터 철수한다'며 10년 내 모든 원전 폐기를 결의했었다. 그러나 야당 시절 사회민주당은 원전 문제에 그만큼 열심이지 않았다.

1998년 9월 총선거에서 4기 16년간 계속된 콜 정권에 대한 불만이 높아지면서 사회민주당이 승리했고 녹색당을 시작으로 하는 연립 정권이 발족됐다. 선거 전 공약에 따라 신정권 발족에 앞서 게르하르트 슈뢰더Gerhard Schroder 수상은 '원자력발전에서 서둘러 철수한다'는 것을 정부 방침으로 명시했다.

2000년 6월 14일 난산 끝에 정부와 주요 전력회사 4곳 간의 역사적 탈원자력 합의가 세계 최초로 성립되었다. 20기의 원전은 각각 32년간 운전한 뒤에 폐쇄하기로 했다. 초점은 원전을 언제 모두 폐지하는가였다. 녹색당의 트리틴Trittin 환경장관은 25년을 주장했고 전력회사 측은 35년을 주장했다. 최종적으로 32년이라는 절충안이 선택되었고 잔존발전량은 전력회사 내에서 이전 가능한 것으로 하면서 겨우 합의가 이루어졌다.

잔존발전량이라는 것은, 예를 들어 이미 25년간 가동된 원전이 있다면 앞으로 7년분의 발전이 가능하다고 보고 원자로별로 앞으로 발전 가능한 상한을 인정하는 것이다. 계속 사고를 일으켜 왔고 채산성도 나쁜 원자로가 만약 28년 운전으로 폐쇄된다고 한다면 남은 4

년분을 그 전력회사에서 효율이 좋은 원자로의 운전 기간에 더 합산시켜 줄 수 있는 것이다.

독일에서 가장 최근에 영업 운전이 개시된 원전은 1989년 4월에 시작된 것이기 때문에 대략 2021년이 모든 원전 폐쇄의 해가 되는 셈이다. 다만 잔존발전량을 양도받아 수년 정도 연기될 가능성은 있다.

이 합의에 대해서는 반대 운동 측의 타협이 지나쳤다는 비판이 있었지만 만약 합의를 이루지 못한 채 법률로 강제 폐쇄할 경우 전력회사가 재산권 침해를 방패로 하여 손해배상청구를 할 것이고 그렇게 되면 판결까지 매우 오랜 시간이 소요될 것이었다. 게다가 패소하면 정부는 막대한 손해배상을 지불해야만 했기 때문에 정부는 이 점을 가장 경계했다.

전력회사 측도 정부에 보상을 요구하지 않기로 하였다. 폐쇄한 원전에 대한 손실 보상에는 국민의 강한 반발이 예상됐기 때문이었다.

정부 측은 정치적 혼란을 회피하고, 전력회사 측은 앞으로 약 20년간 안심하고 원전을 가동할 수 있게 된 셈이다. 양자 모두 소송전쟁과 같은 정치적 혼란을 피하고 안정된 결론을 내렸다고 볼 수 있다. 이는 원전의 완전폐지를 위한 과정에서 서로 이해가 얽힌 주요 관계자 간 합의에 성공한 세계 첫 사례가 되었다. 모든 원전 폐기에 관한 토의민주주의의 첫 성공 사례라고도 할 수 있다.

2001년 6월 합의문에 조인하였고 2002년 2월 이 합의에 기반하여 원자력법이 개정되었다. 개정된 원자력법에서 이 법의 목적은 기존의 '원자력 추진'에서 '원자력발전의 계획적인 종언과 안전 규제'로 바꾸었다. 「탈원자력법」이라고도 할 수 있는 개정된 원자력법의 요점은 ① 원자로의 운전 상한 기간을 잔존 발전량 이전 가능 조건하에 32년으로 한다. ② 원전의 신규 건설을 금지한다. ③ 사용이 끝난 핵연료의 재처리를 2005년 7월 1일 이후 전면 금지한다. ④ 사용이 끝난 핵연료는 원전 근처 부지에 중간 저장 시설을 만들어 보관한다 등이다. 이후 벨기에에서도 유사한 탈원자력법이 제정되었다.

메르켈의 도전

탈원자력 합의는 사회민주당과 녹색당 연합 정권의 대표적인 성과였다.

탈원자력 합의에 대한 원전 추진파, 보수파의 비판도 강했다. 야당 시절 기독교민주동맹과 자유민주당은 총선에서 정권을 잡게 되면 법을 개정하여 '탈원자력 합의'를 뒤집겠다고 했다. 특히 원전 신설을 가능하게 하겠다고 선언했었다. 이 합의를 뒤집는 것은 정책 차별화의 상징적 의미를 가질 수 있기 때문이다. 그러나 정당 측의 정치적 상징으로서의 의미는 크지만 전력회사 측의 경제적, 정치적 위험 부담이 너무 컸기 때문에 신규 발주 재개는 사실상 어렵다는 것이 공통된 의견이었다. 가장 가능성이 높다고 예상된 것은 32년 후 폐쇄라는 탈원자력 합의의 기둥을 무너뜨리는 것이었다.

2기 7년의 슈뢰더 정권을 이어받은 2005년 9월 총선은 대접전이 되었고, 선거 결과에 따라 기독교민주동맹과 사회민주당의 대연립정권이 수립, 기독교민주동맹의 여성 당수 앙겔라 메르켈이 수상이 되었다. 대연립정권 수립에 있어 기독교민주동맹과 사회민주당은 합의할 수 없는 정책과제는 일단 보류하기로 했기 때문에 결과적으로 '탈원자력 합의'는 당분간 유지되게 되었다.

2009년 9월 총선에서 사회민주당이 패배하고 기독교민주동맹과 자유민주당이 연립 정권을 수립하면서 제2기 메르켈 정권이 시작되었다. 2010년 9월 메르켈 정권은 평균 12년(1980년대 이후에 가동을 시작했던 원전은 14년, 그 이전에 가동한 오래된 원전은 8년)의 운전 기간 연장을 인정하기로 결정했다. 결국 최종적으로 모든 원전 폐쇄는 14년 연장된 2035년경이 되었다. 메르켈 수상은 재생가능에너지의 비용 상승 등을 이유로 반격을 가하였다.

메르켈 수상의 돌변

후쿠시마 사고로 메르켈 수상은 3월 14일 노화된 원전 등 8기의 운전 정지를 명하고 탈원자력으로 궤도를 수정했다. 사고 전까지 원전 추진 입장을 보였지만 원래 물리학자였던 메르켈은 모든 전원 상실, 냉각 불능, 멜트다운, 수소 폭발이라는 후쿠시마 사고를 통해 원전의 위험성을 재인식한 것이다.

3월 22일에는 '안전한 에너지 공급을 위한 윤리위원회' 설치를 발표했다. 위원회 명칭이 안전한 에너지 공급과 윤리라는 서로 다른 차원의 두 단어를 중심어로 하고 있다는 점이 흥미롭다. 윤리적인 에너지 공급의 형태, 원자력발전은 과연 윤리적인가라는 질문에 답하는 것이 위원회에 주어진 과제였다. 퇴퍼Klaus Töpfer 전 환경장관(기독교민주동맹)과 클라이너Matthias Kleiner 독일학술진흥회 회장을 위원장으로 하여 위험사회론으로 국제적으로도 유명한 사회학자 울리히 벡Ulrich Beck과 환경정치학자 슈라즈Miranda Schreurs 등 17명의 위원이 선임되었다. 4월 28일 '어떻게 하면 재생가능에너지로 빠르고 안전하게 이행해 갈 수 있는가?'라는 11시간에 걸친 공개토론회를 열고 텔레비전 생중계를 하였다.

연구자들과 가톨릭 사제, 재계 인사, 전력 기업, 소비자 단체 등으로 구성된 17명의 위원 중 원자력 연구자는 단 한 사람도 없었다. '어떤 에너지 정책을 추구할 것인가에 대한 논의는 사회와 소비자가 정해야 한다고 생각했기 때문이다'라고 위원 중 한 사람인 미란다 슈라즈는 말했다(2011년 6월 30일 개최된 「아사히지구환경포럼 2011」 강연에서).

원전에 허용적인 위원과 비판적인 위원이 절반씩으로 구성되었다고 한다. 이 위원회는 언제까지 원전을 폐쇄할 것인가에 대해 집중적으로 의견을 교환했고, 처음에 계획한 대로 5월 30일에 결과 보고서를 제출, 같은 날 이 보고서를 받은 연립 여당은 늦어도 2022년까지 현재 가동 중인 원전 17기를 모두 중지하기로 합의했다.

독일 연방의회(하원)는 6월 30일, 2022년까지 국내 원전 17기를 모두 폐쇄하는 '탈원자력법'안을 여야당 찬성 다수로 가결했다. 7월 8일에는 연방참의원을 통과하여 성립됐다. 야당인 사회민주당과 녹색당도 찬성했다. 더 빠른 원전 탈피를 요구한 좌파당의 반대를 제외

하면 주요 여야당이 모두 찬성했다는 점이 매우 흥미롭다. 관련 법
안도 성립되고, 이미 가동이 중지된 8기에 덧붙여, 2015년, 2017년,
2019년까지 1기씩, 2021, 2022년까지는 3기씩 폐쇄하기로 되었다.
풍력, 태양광, 바이오매스, 지열 등 재생가능에너지에 의한 발전 비
율은 2020년까지 35%로, 현재의 7%에서 2배씩 늘리기로 했다(후쿠
시마 사고 이전부터 이러한 목표가 세워져 있었다). 송전망의 정비, 에너지
의 효율적 이용을 위한 가옥 및 건물의 개장 촉진, 풍력발전소 건설
및 대형화를 용이하게 할 수 있는 조치 등도 포함되었다.

약 20년에 걸쳐 이루어진 원전 찬반에 대한 독일의 정책 논쟁은 후
쿠시마 사고를 계기로 기본 합의에 이른 것이다.

정부 내 합의 형성 과정을 경시하고 '임기응변적이고 즉흥적'이라
는 비판을 받고 있는 간 수상과, 약 4개월 미만의 기간 동안 여야당
모두의 기본적인 합의를 만들어 낸 메르켈 수상의 대응과는 커다란
차이가 있다.

시민사회의 힘

과연 그 배경에는 무엇이 있었던 것일까?

우선 녹색당을 시작으로 한 사회운동의 힘, 시민사회의 대항력을
들 수 있다.

네덜란드 등 유럽의 다른 나라에서는 1990년대에 원전 문제가 주
춤하면서 원전 반대 운동도 정체되어 있었다. 그러나 독일에서는 사

용이 끝난 핵연료의 중간 저장 시설이 있고 최종 처분장의 후보지이기도 한 고어레벤Gorleben을 중심으로 2000년 탈원자력 합의 이후에도 계속적으로 사용이 끝난 핵연료 반입에 항의하는 트랙터 데모 등의 반대운동이 일어나고 있었다.

미국이나 일본 등에서 일어나는 원자력 르네상스 움직임을 배경으로 2008년 여름 슈피겔Der Spiegel이 『원자력-기분 나쁜 부활』이라는 특집호를 발행하자 독일에서는 원전 반대 운동이 호응하여 월요일 저녁마다 원전 반대 걷기가 각지에서 활발하게 이루어졌다.

특히 신정권이 운전 기간 연장으로 바뀌지 않을까 우려했던 2010년 4월 북쪽 함부르크 근처 120킬로미터 떨어진 곳에 있는 2개의 원전(그중 한 곳은 2007년 폐쇄)을 12만 명의 인간 사슬로 연결하는 시위 행동이 이루어졌다. 실제로 가동 기한 연장이 결정된 2010년 9월은 베를린에서 3만 7,000명(경찰 발표)의 항의 데모가 있었다.

후쿠시마 사고 다음날인 3월 12일 토요일에는 슈투트가르트Stuttgart 근처에 있는 넥카베스트하임Neckarwestheim 원전을 연결하는 54킬로미터의 인간 사슬에 6만 명이 참가했다. 3월 14일 월요일에는 전국 450곳 이상의 자치단체Gemeinde에서 합계 11만 명 이상이 항의행동에 참가했다. 3월 26일에는 '후쿠시마를 보라! 모든 원전을 폐쇄하라!'는 구호하에 전국에서 26만 명이 항의 행동을 했고 이는 독일 역사상 최대의 원전 반대 데모로 기록되었다. 베를린만 해도 10만 명 이상이 모여 데모에 참여했다.

원전에 비판적인 운동은 이렇게 동원력과 사회적 지지를 얻었다.

이러한 사회적 압력이 탈원자력 정책을 지속시키고 후쿠시마 사고 후의 궤도 수정을 떠받치고 있었다.

슈투트가르트, 프라이부르크 등이 있는 남서부 바덴 뷔르템베르크Baden-Württemberg 주에서 3월 27일 주의회 선거가 있었다. 후쿠시마 사고 후 원전 정책이 최대 안건이 된 선거였다. 녹색당은 이전 선거에 비해 배 이상의 표를 얻어 제2당으로 약진했다. 제3당인 사회민주당과 연립정권협의가 성립되었고 5월 12일에는 1980년 창설된 이래 처음으로 녹색당에서 주 수상이 탄생했다. 바덴 뷔르템베르크 주에서 58년 만에 기독교민주동맹이 여당 자리를 넘겨 준 것이다. 후쿠시마 사고 이후 독일에서는 전국적으로 녹색당 지지율이 높아졌다.

메르켈 수상은 정권 유지를 위해서도 탈원전 정책으로 방향을 전환해야만 했던 것이다.

이러한 배경에는 체르노빌 사고로 입은 피해에 대한 생생한 경험이 있다. 독일은 체르노빌에서 1,000킬로미터나 떨어져 있었음에도 불구하고 바람을 받는 쪽에 있었기 때문에 강우 등으로 인한 방사능 오염의 영향을 받았던 생생한 경험이 있었다. "1년 정도 '아이들을 밖에서 놀지 못하게 해라', '야채를 먹지 말아라' 하는 소동이 일어났었다"라고 앞서 언급된 강연에서 슈라즈는 말했다.

또한 전국적인 환경 NGO의 존재도 무시할 수 없다. 1975년 발족된 BUND(독일환경자연보호연맹)는 독일 전체에 약 48만 명의 회원을 확보하고 있다. 그린피스도 WWF도 회원 수가 약 20만 명 규모이다.

일본의 경우, 자연보호단체로 가장 많은 회원 수를 자랑하는 일본

야생조류모임이 약 4만 명, WWF재팬이 약 3만 5,000명, 일본자연 보호협회가 약 2만 4,000명으로 독일보다 자릿수가 하나 적다. 일본은 독일보다 인구가 약 1.5배 많기 때문에 인구비로 보면 1/20 정도인 셈이다. 참고로 그린피스재팬의 회원수는 약 4,500명이다.

또한 지방 분권적이고 대학가가 각지에 퍼져 있는 독일에서는 프라이부르크와 같이 지방 도시 수준에서 이들 환경단체와의 협력하에 다양한 실험이 시도되어 왔다. 프라이부르크뿐 아니라 괴팅겐 Göttingen, 재생가능에너지 매입 제도의 발상지인 '아헨 모델'의 아헨 등 환경 행정으로 유명한 독일 자치단체의 대부분은 대학 마을과 대학 도시이기도 하다.

제도적으로도 독일에서는 원자력 시설의 인허가 및 규제 권한을 주정부가 가지고 있다. 연방정부는 전체적인 원자력 정책의 결정권과 원자로의 안전 규제, 방사선 보호 관할권을 가지고 있다. 주정부는 전기 사업에 관한 지방세도 독자적으로 정할 수 있다. 전력 정책에 관한 주정부의 권한은 크다. 사회민주당이나 녹색당이 주정부나 주의 환경장관 자리에 있다면 원자력 시설은 건설 중지 및 폐쇄 결정을 하기 쉽다.

이와 달리 프랑스는 앞서 언급한 바와 같이 매우 중앙집권적이고 체르노빌 사고의 영향이 거의 없었다. 또한 환경 NGO의 힘도 독일만큼 크지 않다. 녹색당 세력은 국민의회선거에서 5~7개의 의석 정도지만 1997년부터 2002년의 리오넬 조스팽Lionel Jospin 내각 때는 사회당 중심의 연립 정권에 참가하고 당수가 환경장관을 맡기도 했다. 1998년 2월 고속증식로 쉬페르 페닉스SUPERPHENIX의 폐쇄가 결정된 것은 바로 이 내각 때였다.

그린 연구기관

독일에서 꼭 기억해야만 하는 것이 있다. 바로 그린 인스티튜트라 불리는 국립, 주립, 민간 등 다양한 수준에서 설립된 환경문제 연구기관이다. 국립인 부퍼탈 연구소Wuppertal Institut, 최대 민간 연구 기관인 에코연구소 등이 유명하며, 원전 정책이나 에너지 정책, 온난화 정책 등에 큰 영향력을 가지고 있다.

"독일이 분단되어 있던 때 우리는 친소적 성향의 사람들로 위험한 존재 취급을 받았다. 그러나 체르노빌 사고로 상황이 바뀌었다. 사고 직후인 5월 하이델베르크의 NATO군으로부터 '옥외 연습을 해도 좋은가'라는 문의가 왔다. '정부 발표는 신뢰할 수 없지만 에코연구소는 사실을 알고 있을 것이 아닌가'라면서 말이다. 체르노빌 사고로 이렇게나 상황이 변한 거다" 에코연구소 리더인 미하엘 자일러 Michael Sailer는 필자의 인터뷰에 웃으면서 이렇게 대답했다(1994년 7월 27일).

자일러는 그 후 1998년 발족된 사회민주당과 녹색당 연립 정권에서 원자력안전위원회위원장에 취임했고 현재도 원자력안전위원을 맡고 있다. 일본에 비유하자면 다카기 진자부로나 우이준宇井純(모두 고인)이 원자력안전위원회 위원장에 취임한 것과 같은 것이다.

3
일본의 선택

토의민주주의에 기반하여

그렇다면 일본은 어떻게 해야만 할까?

후쿠시마 사고는 너무나도 불행하고 비참한 사건이지만 전국민이 원자력발전의 위험성과 원자력 정책에 치우친 일본 에너지 정책의 취약성을 직시하고 일본의 에너지, 전기 공급 형태를 근본부터 다시 생각할 수 있는 다시 얻기 어려운 기회이기도 하다. 에너지와 전기의 혜택을 매일같이 받고 있으면서도 내가 쓰는 그 전기가 어디에서 오고 있는 것인지, 전기를 만듦으로써 생겨나는 폐기물은 어디로 가고 있는 것인지 아직도 대다수 국민은 깊이 생각하지 않는다. 어쩌면, 어떤 의미에서는 못 본 척하고 모르는 척해 온 것일지도 모른다.

필자가 1996년부터 주장해 온 것은 '사회적 합의' 원칙, 사회적 합의에 기반한 '비원자력화' 원칙, 한여름 전력 피크컷을 최우선으로 하는 '피크수요제로성장' 원칙, '재생가능에너지 최우선' 원칙이라는 4개의 기본 원칙이다.

'① 싸고(경제성) ② 깨끗하고(환경 부하) ③ 안정적으로 공급할 수 있는(공급의 장기적 안정성) 에너지원이어야만 한다'는 에너지 정책에

대한 사회적 합의 기초에 대해서는 원전 추진파와 반대파 모두 동의할 것이다. 이 세 가지를 기반으로 단기(1~5년 후), 중기(5~10년 후), 장기(10년 이후) 계획을, 온난화 문제에 대한 영향을 포함한 포괄적 위험 비용 계산과 대안 비교검토에 기반하여('에너지 영향 평가エネルギー・アセスメント'라 부르고 싶다) 전력 공급과 에너지 공급의 최선의 조합형태를 둘러싼 성숙한 토론이 이루어져야 한다.

이때 참고할 수 있는 성숙한 토론 형태는 현재 북유럽이나 독일 등에서 활발하게 이루어지고 있는 '토의 민주주의(deliberative democracy, 숙의 민주주의)이다[시노하라 하지메篠原一, 『시민의 정치학市民の政治学』(岩波書店, 2004), 제네비브 존슨Genevieve Johnson, 『핵폐기물과 숙의 민주주의核廃棄物と熟議民主主義』(新泉社, 2011) 참조]. 기존의 대의제 민주주의가 가진 한계를 바탕으로 다원적 가치관을 존중하면서 투명성을 존중하고, 이성적으로, 기존의 권위에 의존하는 일 없이 시간을 들여 합의를 형성해 나가자는 생각이다.

2000년 6월의 탈원자력 합의나 2011년 3~5월의 '안전한 에너지 공급을 위한 윤리위원회'는 토의 민주주의에 바탕을 둔 원전 문제에 대한 합의 형성 시도였다고 할 수 있다. 그 결론은 어느 것이나 모두 각료 회의를 거쳐 의회에서 권위를 부여 받고 최종적으로는 원자력법 개정이라는 형태로 결정되었다.

온난화 용인인가, 원자력인가 — 혐오스러운 양자택일

앞으로의 원자력 정책 논의에서 온난화 용인인가, 원자력인가 하는 양자택일적 논의는 대단히 의미 없고 일면적인 것이 될 것이다. 후쿠시마 사고 이후 메르켈 정권이 만든 '안전한 에너지 공급을 위한 윤리위원회' 위원이자 위험사회론으로 저명한 사회학자 울리히 벡은 "원자력 의존인가 기후 변동인가라는 것은 혐오스러운 양자택일"이라고 말하고 있다(「아사히신문」, 2011년 5월 13일자 기사). 온난화 대책을 구실로 원자력발전을 정당화해서는 안 된다. 온난화로 인한 위험과 원자력발전에 의한 위험 모두를 막겠다는 것이 바로 윤리적 태도이다.

일본 정부는 후쿠시마 사고 이전까지 원전의 가동률을 높이면 온실 효과 가스 5%를 줄일 수 있다, 그러니 원전 가동률을 높이고 신·증설을 서둘러야만 한다, 원전을 멈추면 그만큼 온실 효과 가스 배출이 늘어난다고 설명해 왔다. 그냥 들으면 간단하게 들리지만 실상은 그렇게 단순하지 않다는 게 문제이다. 설명의 근거로 사용된 설비 이용률 84.2%는 최근 18년 동안 예외적으로 가장 높았던 1998년의 수치이다. 2002년 이후로는 단 한 번도 80%를 넘지 않았다. 설비 이용률이 불안정한 원전 의존은 오히려 온난화 대책이 되지 못한다는 사실이야말로 직시해야 한다[하세가와 고이치, 『탈원자력 사회의 선택』(증보판), 397쪽].

실제로 중지된 원전 백업용으로 연료 가격이 싸고 온실 효과 가스 배출량이 많은 석탄화력발전소를 가동시키자 온실 효과 가스 배출량은 증가했다.

원전이 없는 덴마크나 탈원자력 정책을 단계적으로 실시해 온 독일, 원전 폐쇄를 진행해 온 영국이 온난화 대책을 이끌어 온 것은 온난화 대책과 탈원자력 정책이 서로 모순되지 않다는 가장 큰 증거이다. 온난화 대책을 구실로 원자력 추진을 주장하는 것은 속임수이거나 지적 태만이다.

원자력발전의 미니멈화

후쿠시마 사고를 통해 필자가 다시 제기하고 싶은 것은 원자력발전을 최대한 줄여가자는 것이다. 그 이유는 다음과 같다.

우선 사고 위험이 크다는 점이다. 스리마일 섬 사고(1979년), 체르노빌 사고(1986년), 후쿠시마 사고(2011년)와 같이 최근 32년간 노심용해를 동반한 사고가 세 번이나 일어났다는 사실을 우리는 무겁게 받아들여야 한다.

특히 지진 활동기를 맞이한 일본에서 원자력발전은 후쿠시마 사고로 알 수 있듯이 위험 부담이 너무 크다. 우리가 요즘 거의 매일 실감하고 있듯이 중대사고의 광역적 다면적 영향은 너무나도 크다. 예를 들어 지진이나 해일 등에 의해 또 한 번 대기 중 방사능 누출 사태가 벌어진다면 일본 사회가 입을 피해뿐 아니라 국제 사회에서의 일본의 신용은 대단히 크게 훼손될 것이다. 일본은 두 번 다시 원전 사고를 일으켜서는 안 된다.

그러나 도카이지진 진원지 바로 위에 있는 하마오카 원전 외에도 부지 내에 활단층이 있는 쓰루가 원전을 비롯하여 와카사若狹 만 주변의 원전, 중앙구조선 위에 있는 이카타 원전, 해일 피해가 반복되어 온 지역에 있는 오나가와 원전과 후쿠시마 제2원전, 부지 내 활단층이 있을 가능성이 높은 롯카쇼재처리 공장 등 이제까지 그 위험성이 지적되어 온 원자력 시설은 적지 않다.

와카사 만 주변에는 고속증식로 몬주를 포함하여 14기의 원자로가 있는데 만일 중대 사고가 발생한다면 긴키近畿 지방의 수원지이며 사방이 산으로 둘러싸인 비와琵琶 호수는 마치 후쿠시마 현 이타테 촌이 고농도로 오염되었던 것처럼 핫스팟적(방사선량이 높게 나타나는 지역)으로 방사능에 의해 오염될 우려가 있다.

후쿠시마 사고에 독일과 함께 가장 먼저 민감하게 반응한 것은 앞서 언급하였듯이 이스라엘이었다. 네타냐후 수상은 사고 발생 수일 후에 원전 건설 계획을 재고하겠다는 생각을 밝혔는데 이는 테러 위험성을 우려했기 때문이라고 보고 있다. 후쿠시마 사고는 테러에 의한 모든 전원 상실의 위험성도 함께 보여 주었던 것이다.

왜 원자력 '발전'인가

두 번째 이유는 원자력발전의 원래 목적은 '발전'에 있다는 단순한 사실이다. 원자력발전이라고 하면 무언가 신비롭게 들리지만 결국 열에너지에서 전기에너지를 만들어 내기 위한 수단일 뿐이다. 그러나 발생된 열에너지의 약 70%는 온배수 등의 형태로 바다에 버려지고 있는 것이 일본의 현실이다. 원자력발전은 안전하고, 싸고, 깨끗한 발전이라는 '신화'는 이 책 2장에서 설명하였듯이 국제적으로는 이미 1970년대 중반에 깨졌다.

게다가 원자력 발전의 출발점은 원자 폭탄 개발이었음을 제1장에서 언급하였다. 엄청난 핵 에너지를 민생용으로 활용하는 방법으로 원자력선과 원자력 제철 등 다양한 아이디어가 검토되었지만 결국 상업적 기반하에 유일하게 실용화된 것이 원자력발전이었던 것이다. 원자력발전은 원래 발전용으로 개발된 기술이 아니라 군사 기술에서 전용된 것임을 우리는 기억해야만 한다. 게다가 우리는 이미 다양한 대체 발전 수단을 가지고 있다.

국제적으로 상식이 되고 있는 기본 원칙은 원전을 폐쇄한 새크라멘토 전력공사가 1990년대 초반부터 추진해 온 것처럼 '전기 절약'에 멈추지 말고 광범위한 에너지의 효율적 이용과 재생가능에너지의 활용, 과도기적으로는 우선 온실 효과가 상대적으로 낮은 천연가스화력발전을 이용하는 것이다.

진전이 없는 방사성 폐기물 문제

세 번째 이유는 제1장에서 언급한 것처럼 방사성 폐기물 처리 문제가 아직도 해결되지 못하고 있기 때문이다. 핀란드와 스웨덴에서 처분장이 들어설 입지점이 확정되었을 뿐, 실제로 처분장 문제는 최근 15년간 거의 진전을 보지 못하고 있는 상태이다. 처분장의 선정과 확보는 쉬운 문제가 아니며, 나아가 10만 년 이상에 걸쳐 안전하게 매설한다는 것이 정말 가능한 것인가 하는 보다 더 근본적인 과제가 남아 있다.

게다가 지진 열도이고 인구 밀도가 높으며 지하 수맥이 많은 일본에 과연 최종 처분장에 적합한 곳이 존재하기는 하는가 하는 근본적인 문제가 있다. 일본과 미국이 공동으로 사용이 끝난 핵연료 저장 및 처분 시설을 몽골에 건설하겠다는 계획을 진행하고 있다는 것이 특종으로 밝혀졌지만(「마이니치신문」, 2011년 5월 9일자 기사) 유해 폐기물의 국외 이전은 바젤 조약Basel Convention으로 금지되어 있음을 기억해야 한다.

핵확산의 위험성

네 번째 이유는 핵확산의 위험성이다.

원자력을 둘러싼 최근 10년간의 큰 변화는 개발도상국에서 원전 건설 계획을 세우기 시작했다는 점이다. 아프리카의 이집트, 케냐, 나이지리아, 아시아의 터키, UAE(아랍에미리트), 베트남, 인도네시아, 태국 등이 원자력발전을 계획하고 있다(태국은 앞서 언급하였듯이 후쿠시마 사고를 계기로 여야당 모두 원전 건설 계획 재고에 동의했다).

게다가 일본, 프랑스, 한국, 러시아, 중국 등이 개발도상국에 원전을 수출하고자 힘을 쏟고 있다. 이렇듯 개발도상국에 원자력 기술을 이전하는 것은 핵확산 위험성을 증대시킬 가능성이 있다.

지역 간 격차를 전제로 한 입지

다섯 번째 이유는 제1장 제3절 '돈다발과 권력—원자력시설 수용 메커니즘'에서 우편번호를 통해 살펴보았듯이 원전 입지 과정이 지역 간 격차를 전제로 하고 있기 때문이다. 원전이나 핵연료사이클 시설은 도시/지방 감각과 지역 격차를 전제로 주로 과소지에 입지되어 왔다. 후쿠시마 제1원전, 제2원전의 입지점이나 원전이 집중되어 있는 후쿠이 현 와카사 만 주변, 아오모리 현 롯카쇼 촌이 그 전형적인 예이다. '후쿠시마 사고가 보여 준 것처럼 과소지 입지점과 그 주변은 전력을 대량 소비하는 대도시권을 대신하여 희생양이 되고 있는 것이다. 대도시권 사람들은 자신들이 잠재적인 위험을 누군가에게 강요하고 있다는 사실을 의식하지 못한 채 전력 대량 소비라는 혜택을 누리고 있는 것이다.

니가타 현 마키 정이 주민투표에서 마키 원전 건설을 저지할 수 있었던 구조적인 배경은 제3장에서 언급한 바와 같이 마키 원전이 과소지 입지형 원전이 아니었기 때문이다.

우라늄 채석장의 오염 문제를 비롯하여 원전은 다양한 차원에서 그리고 다양한 과정에서 격차문제, 차별 문제를 내포하고 있고, 사회적 약자에게 불이익을 떠넘기는 구조를 가지고 있다.

정보 공개나 투명성 확보가 어렵다

여섯 번째 이유는 원자력발전은 정보 공개나 투명성 확보와 거리가 멀다는 점이다. 매우 민감한 기술이고 핵의 납치나 테러의 위험성이 잠재해 있다는 점에서도 핵 물질의 운송 경로나 일정 등은 공개되기 어렵다. 역으로 말하자면 기술의 민감함이 정보 공개나 투명화를 억제하는 요인이 되어 온 것이다.

기술 혁신의 결핍

일곱 번째 이유는 최근 30년 가까이 기술 혁신이 이뤄지지 못했다는 점이다. 이 책을 읽는 독자는 정부와 전력회사 그리고 원자력 추진을 옹호하는 연구자에게 "원자력발전의 안전과 사용이 끝난 핵연료 처리 기술이 최근 10년간 어느 만큼 발달했는지" 질문해 보면 좋을 것이다. 필자도 1996년 9월 18일 개최된 원자력 정책 원탁회의에서 스즈키 아쓰유키鈴木篤之 동경대학 공학부 교수(당시. 그 후 원자력안전위원회 위원장)를 비롯한 여러 인사에게 질문하였으나 스즈키는 프랑스 재처리 공장에서의 폐기물량 저하에 대해 추상적으로 대답했을 뿐이었다. 그 후로 15년 이상이 흘렀다. 원자력발전과 사용이 끝난 핵연료 처분 기술에서 어떤 기술 혁신이 있었는가?

IT산업의 급속한 기술 혁신 속도나 하이브리드 자동차, 전기 자동차의 빠른 보급과 비교할 때, 원자력 르네상스의 구호가 빠르게 퍼져 나갔을 때와 달리 왜 원자력 산업의 기술 혁신은 내실이 부족한 것일까?

제3자 입장에서 공평하게 보았을 때 과연 원자력발전에 '밝은' 미래는 있는 것일까? 원자력발전을 추구해 가는 그 연장선상에는 사고 위험에 대한 불안과 누적된 방사성 폐기물의 악몽 그리고 핵확산 위험성과 주변 지역에 미칠 악영향, 비밀주의와 기술 정체, 꽉 막힌 상황만 있는 것은 아닐까?

이와 같은 이유 때문에 온난화 방지 회의 때마다 일본이 원자력을 지속 가능한 기술로서 '청정개발체제Clean Development Mechanism; CDM'의 대상으로서 승인 받고자 노력해 왔음에도 불구하고 인정받지 못한 것이다. 후쿠시마 사고로 앞으로도 이러한 승인은 더 어렵지 않을까?

도호쿠 전력 관내라면 탈원자력 지금도 가능하다

그렇다면 재생가능에너지에 중점을 둘 경우 안정적인 전력 공급은 가능한 것일까?

환경에너지정책연구소環境エネルギー政策研究所의 이이다 데쓰나리는 '도호쿠 2020년 자연에너지 100% 플랜東北二0二0年自然エネルギー一00%プラン'을 제창하였다. 이는 대규모 수력을 10%로 하고, 풍력 50%, 소규모 수력 25%, 태양광 14%, 지열 9%, 바이오매스 2%로 연간 필요 전력량을 모두 충당하겠다는 계획이다.

[표 4-1], [표 4-2]는 필자가 독자적으로 계산한 것이다. 니가타를 포함한 도호쿠 7개 현을 관할 지역으로 하는 도호쿠전력은 대지진 전에는 [표 4-1]의 B란과 같은 전원 구성이었고, A란과 같은 비율로

[표 4-1] 도호쿠 전력의 전원구성(2009년)

전원	A발전전력량 (억 kWh)	구성비율(%)	이용률(%)	B설비용량 (만 kW)	구성비율(%)
수력	76	10.3	23.2	374	17.6
원자력	204	27.7	68.5	349	16.4
화력	446	60.6	16.9	1,376	64.8
천연가스				546	25.7
석탄				609	28.7
석유				221	10.4
재생가능	10	1.4	43.9	26	1.2
계	736	100.0		2,125	100.0

출처: 도호쿠전력 자료에 기반하여 작성.

발전하고 있었다. 오나가와 원전 3기와 히가시도리 1호기, 합계 4기의 원전에 27.7%를 의존하고 있었다. 기저 전원으로 원전을 우선하였고 화력발전 이용률을 낮추었기 때문에 화력발전 설비 이용률은 37.0%에 멈추어 있었다.

그렇다면 원자력발전 부분을 모두 화력발전으로 전환하는 것은 가능할까? 계산해 보면 원전을 모두 멈추어도 화력발전소 이용률을 약 3배 정도인 53.9%로 올리면 대응 가능함을 알 수 있다. 실제로 2011년 여름 지진 재해의 영향으로 도호쿠전력 관내의 원전 네 곳이 모두 정지되었지만 절전 노력도 있고 해서 필요한 전력은 모두 충당될 전망이다. 오나가와 원전의 3기, 히가시도리 1호기의 운전 재개는 불필요한 셈이다. 도호쿠전력은 히가시도리 2호기 건설을 계획하고 있지만 도호쿠전력 관내 전력 수요만을 생각하면 과잉 설비라 할 수 있다.

화력발전소 이용률을 높이면 온실 효과 가스 증가가 우려되지만

[표 4-2] 재생가능에너지로 전환(도호쿠전력의 경우)

전원	A발전전력량 (억 kWh)	구성비율(%)	B설비용량 (만 kW)	구성비율(%)	상정설비이용률 (%)
수력	76	10.3	374	10.5	23.2
풍력	415	56.4	1,974	55.6	24.0
태양광	102	13.9	970	27.3	12.0
소규모수력	75	10.2	127	3.6	67.3
지열	68	9.2	104	2.9	75.0
계	736	100.0	3,549	100.0	

출처: 필자에 의한 계산(수력은 현재 상태 그대로임). 상정설비이용률의 경우 수력은 [표 4-1], 그 외의 것은 환경성 데이터에 의함.

이 점은 나중에 다시 언급하도록 하겠다. 화력발전 설비 1,376만kW 중 40%인 546만kW분은 천연가스화력이다. 천연가스화력을 완전 가동시켜 석탄화력을 억제한다면 온난화를 상대적으로 억제할 수 있게 된다.

바람이 약한 미야기 현을 제외하면 도호쿠 지방은 풍력발전 적지이다. 2011년 4월 환경성이 발표한 「2010년도 재생가능에너지 도입 잠재력 조사 개요平成二二年度再生可能エネルギー導入ポテンシャル調査概要」에 따르면 풍력발전만으로도 연간 210~830억kWh분의 발전 전력량을 만들어낼 수 있을 만큼의 잠재력이 도호쿠 지방에 있다. 이는 곧 풍력발전만으로 현재 도호쿠 전력의 연간 발전 전력량 전체인 736억kWh를 상회할 수 있을 만큼의 잠재력이 있다는 것이다.

이 조사에 따르면 도호쿠 지방에는 지열발전 적지도 있어 약 13~68억kWh를 공급할 수 있다. [표 4-2]와 같이 대규모 수력을 10.3% 그대로 유지하고, 풍력 56.4%, 태양광 13.9%, 소규모 수력 10.2%, 지열 9.2%로 하면 원자력이나 화력발전 없이도 필요한 전력을 공급할 수 있다. 만약 필요량을 채울 수 없게 될 경우에는 그만큼 천연가스화력으로 충분히 대응할 수 있다. [표 4-2]의 B란은 대응하는 설비 용량의 추계이다.

니가타를 포함하는 도호쿠 7개 현은 화력발전 이용률을 높이는 것만으로도 지금 당장 탈원전이 가능하며 앞으로 10년 정도면 화력발전도 재생가능에너지로 대체할 수 있게 된다. 전력 녹색화에는 최적지인 것이다.

원전을 없애는 방법, 세 개의 선택지

그렇다면 전국적으로는 어떻게 하면 좋을까?

원자력발전의 연간 발전전력량 3,004억kWh는 100만kW 원전으로 환산하면 45.7기분에 해당된다(이용률 75%). 결국 원전 46기분을 어떻게 대체할 것인지를 생각해 보면 이해하기 쉽다.

일본 전체의 발전 전력 구성은 [표 4-3]의 A란과 같다. 2010년은 원자력발전에 30.8%를 의존하고 있었음을 알 수 있다. 살펴보기에 앞서 계산의 편의를 위해 도호쿠 전력과 마찬가지로 일본 전체에서도 앞으로의 전력 수요 증가는 없는 것으로 일단 상정하고 살펴보고자 한다.

[표 4-3] 일본 전체 전원 구성(2010년도)

	A발전전력량 (억 kWh)	구성비율	설비이용률	B설비용량 (만kW)	구성비율
수력	848	8.7	20.7	4,670	19.2
원자력	3,004	30.8	70.0	4,896	20.1
화력	5,791	59.3	44.8	14,741	60.5
천연가스	2,657	27.2	48.5	6,253	25.7
석탄	2,323	23.8	68.2	3,887	16.0
석유	811	8.3	20.1	4,601	18.9
재생가능	119	1.2		53	0.2
	9,762	100.0		24,360	100.0

출처: 자원에너지청 『전력 공급 계획의 개요電力供給計画の概要』(2010년)에 기반하여 작성.

선택 1

원전 발전량을 모두 화력발전으로 대체한다(이것의 문제점은 이산화탄소 배출량이 증대한다는 것이다. 전기요금에 미치는 영향에 대해서는 나중에 상세히 설명할 것이나 아마도 석유 가격에 따라 약간 높아질 가능성이 있다). 2010년도 화력발전 설비 이용률은 44.8%이다. 원자력발전 전력량을 대체하려면 이용률을 68.1%로 23.3% 높이면 된다. 현재는 기저 전원으로 원전이 우선되고 화력발전소는 수급 조정용으로 이용률이 낮게 책정되어 있을 뿐이다. 화력발전소의 이용률을 높이면 그것만으로도 원전은 바로 전부 폐쇄시킬 수 있다. 다만 이산화탄소 배출량 증가가 문제인데 필자의 계산에 따르면 이로써 증가되는 이산화탄소 배출량은 1990년 대비 14.8% 증가이다[배출계수(뒤에서 설명)를 619그램으로 계산].

이산화탄소 배출량을 억제하기 위해서는 가능한 천연가스화력발전소를 활용하고 절전을 함께 조합하는 것이 좋다. 그 내용이 바로 선택 2이다.

선택 2

천연가스화력 이용률을 높이고 7.5%의 절전을 하면 바로 원전을 대체할 수 있다(다만 이산화탄소 배출량이 여전히 1990년 대비 7.3~8.6% 정도 증가한다는 문제가 있다. 그러나 화력발전에서 이산화탄소를 분리 회수하는 기술 등 배출량 삭감 기술 개발에 모든 나라들이 열심히 노력하고 있기 때문에 앞으로 수 년 이내에 대폭적으로 개선될 가능성이 있다. 이는 선택 1과 3의 이산화탄소 증가 문제에도 적용된다. 나중에 다시 언급할 것이나 전기요금에 미치는 영향은 거의 없다).

천연가스화력 설비 이용률은 현재 48.5%이지만 이것을 80%까지 높이면 연간 약 1,725억kWh분의 발전량이 증가하기 때문에 원자력발전의 발전 전력량을 60% 가까이 줄일 수 있게 된다. 100만kW짜리 원전으로 환산하면(이용률 75%로 계산, 이하 동일. 원전 1기분은 연간 65.7억kWh) 26기분(26.3기)이 줄어든다. 천연가스화력의 이용률을 90%까지 올리면 연간 2,273억kWh가 증가하고 100만kW 원전 35기분(34.6기)을 줄일 수 있다. 또한 석탄화력이나 석유화력이 천연가스화력을 보충할 수 있기 때문에 전력의 안정적 공급은 걱정하지 않아도 된다.

이산화탄소는 어느 정도 증가할 것인가

그렇다면 선택 2의 경우 이산화탄소 배출량은 어느 정도 늘어날까? 이는 이산화탄소 배출 계수(kWh당 배출량)에 발전량을 곱하면 된다. 일본 전체 전기 사업자의 평균 배출 계수는 561그램이다(2009년. 환경성 발표). 한 가정이 연간 3,600kWh 전력을 소비한다면 전력 소비만으로 연간 약 2톤의 이산화탄소를 배출하는 셈이 된다(3,600kWh× 0.561kg/kWh = 2,019.6kg).

천연가스화력의 이산화탄소 배출 계수는 478그램(구형)이다. 가스터빈의 배기에서 열을 회수하고 이중으로 발전을 하는 컴바인드 사이클 천연가스화력발전소コンバインドサイクル発電(combined cycle power generating)의 배출계수는 407그램(신형)이다. 석유화력은 704그램, 석탄화력은 887그램이다. 컴바인드 사이클 천연가스화력의 이산화탄소 배출량은 석탄화력의 45.9%임을 알 수 있다. 이하에서는 신형을 구형으로 계산하고 있다.

원전의 배출 계수는 연소에 대해서는 제로라고 되어 있다(핵연료 운송과 발전소 건설 역시 이산화탄소를 배출하지만 일단 이 부분은 고려하지 않는다). 100만kW 원전 1기를 신형 천연가스화력으로 바꾸면 이산화탄소의 연간 배출량은 약 267만 톤이 증가된다(구형 천연가스화력은 314만 톤 증가). 35기분, 2,273억kWh의 발전량을 신형 천연가스화력으로 바꾸면 연간 9,251만 톤(구형 천연가스화력은 1억 865만 톤)의 이산화탄소 배출량이 증가하는 것이다. 교토의정서 기준년인 1990년도 이산화탄소 배출량 12억 6,100만 톤의 7.3%(구형 8.6%)이다.

2010년도 연간 발전 전력량의 5%는 100만kW 원전으로 환산할 경우 7.4기분에 해당된다. 즉 일본 전체에서 5% 절전하거나 에너지 이용률을 높이면 그것만으로도 원전 7.4기분을 줄일 수 있는 것이다. 새크라멘토 전력공사가 강조한 것처럼 신규 설비 투자도 없고 방사성 폐기물도 온실 효과 가스도 배출하지 않을 수 있다. 10% 절전은 원전 14.9기분에 해당하며 2011년 여름의 절전 목표치인 15% 절전은 원전 22.3기분에 해당된다.

천연가스화력으로 원전 35기를 줄이고 절전으로 원전 11기를 줄이면 모든 원전을 폐쇄할 수 있다. 원전 11기분의 절전은 7.5% 절전이다. 5% 절전은 전기를 자주 끄고 대기 전력을 줄이는 등 불필요한 전력을 줄이는 것만으로도 비교적 쉽게 달성할 수 있다. 7.5% 절전은 2011년도 절전 목표 절반에 불과하기 때문에 지나친 부담은 아니다.

전기요금에 미치는 영향

전기요금에는 어느 정도 영향을 미칠까. 발전 원가는 원자력업계가 내놓은 자료만 보아도 천연가스화력과 석탄화력 그리고 원자력 모두 비슷하다(7.3~7.7엔, 이용률 80%, 천연가스화력과 석탄화력은 15년, 원자력은 16년 가동, 할인율 4%로 가정했을 때 기준. 연료 가격은 2002년도 기준. 『원자력 포켓북 2010년판原子力 ポケットブック二0一0年版』에 의함).

2011년 6월 7일 가이에다 반리海江田万里 경제산업성 장관은 모든

원전의 가동을 중지시키고 화력발전으로 바꿀 경우 연간 약 3조 엔 정도 연료비 부담이 증가된다고 발표했지만, 그 발표에는 석유화력의 비율이 어느 정도인지, 각 화력발전의 설비 이용률은 어느 정도이며 연료 가격은 얼마를 기준으로 했는지 등과 같은 전제를 밝히지 않았다. 견적을 과대하게 잡아 여론을 조작하려 한 의혹이 짙다(엔쿄 소이치円居総一, 『원자력발전에 의지하지 않아도 일본은 성장할 수 있다原発に頼らなくても日本は成長できる』, ダイヤモンド社, 2011, 87쪽 참조). 처음부터 일본은 미국과 달리 각 원전의 발전 단가 실적치를 명확하게 공표하지 않고 정부와 전력회사가 일방적으로 원전의 경제성을 선전해왔다. 오시마 겐이치大島堅一는 전력회사 유가증권보고서를 기초로 발전 단가를 계산한 뒤 원자력발전이 결코 경제적이지 않음을 지적하고 있다(오시마 겐이치, 『재생가능에너지의 정치경제학再生可能エネルギーの政治経済学』, 東洋経済新報社, 2010).

결론적으로 선택 2는 전기요금 상승에는 거의 영향을 미치지 않는다고 볼 수 있다. 다만 후쿠시마 사고 이후 전 세계적으로 천연가스로의 전환이 일어날 가능성이 있음을 생각해 볼 때 천연가스 가격 인상은 예상된다.

석유화력은 12.7엔(앞서 언급한 것과 동일한 조건)으로 약간 비싸다. 선택 1의 경우 석유화력 이용률을 높이는 만큼 전기요금이 조금 높아질 가능성이 있다.

선택 1과 2는 설비 증가 없이 현존 발전 설비로 가능하기 때문에 바로 실행 가능하다.

선택 3

5% 절전으로 원전 7기, 온실 효과 가스 영향이 상대적으로 적은 천연가스화력의 이용률 인상으로 원전 26기, 합계 원전 33기를 바로 줄일 수 있다. 남은 13기 854억kWh(총 발전 전력량의 8.7%)를 녹색화한다. 다시 말해 태양광이나 풍력, 소규모 수력, 지열 등으로 조금씩 대체해 가는 것이다[앞에서 언급한 것과 동일한 기준으로 계산하여, 원전 26기분(1,725억kWh)을 천연가스화력으로 전환하는 만큼 이산화탄소 연간 배출량은 7,021만 톤(신형)에서 8,246만 톤(구형), 즉 1990년 대비 5.6~6.5% 정도만 증가된다].

재생가능에너지의 현실성

그렇다면 선택 3의 재생가능에너지 도입은 구체적으로 어떻게 하면 좋을까?

1,000만kW분의 태양광발전을 이용률 12%로 하면 연간 발전량은 105억kWh가 된다(원전 1.6기분).

1,000만kW분의 발전용 풍차를 이용률 24%로 하면 연간 발전량은 210억kWh가 된다(원전 3.2기분).

태양광발전과 풍력발전만으로 원전 13기분을 해결하려면 3,000만kW분의 태양광발전과 2,567만kW분의 발전용 풍차가 필요하다.

현재 일본의 발전용 풍차 설비 용량은 230.4만kW이기 때문에 약 22.1배에 해당되는 양이다. 독일이 현재 2,721.5만kW이므로 거의 그에 필적할 만큼의 설비 용량이 필요하다. 일본 전체에 2,000kW의 풍차를 매년 1,200개씩 늘려 간다면 10년이 걸린다. 설비 이용률 향상이나 해상풍력발전에 의한 대형화 등으로 앞으로는 더욱 간단해질 것이다. 앞서 언급한 환경성의 잠재력 조사에서도 2011년 7월 현재 국회에서 심의 중인 재생가능에너지 고정가격매입법안의 성립을 전제로 2,400만kW에서 1억 4,000만kW의 시나리오를 예상하고 있다.

2,000kW 풍차 1기 건설비를 4억 엔으로 잡고 설비 이용률을 24%로 하면 연간 420만 4,800kWh의 발전 전력량을 얻을 수 있다. 이것을 1kWh당 20엔에 판매하면 연간 8,410만 엔의 수입이 생긴다. 약 5년 정도면 회수 가능한 액수이다.

3,000만kW의 태양광발전은 1,000만 가정에 3kW분의 태양 전지를 설치하는 것과 같다. 간 수상이 2011년 5월 하순 G8회의에서 선언한 것도 이것을 염두에 둔 것일 것이다. 2010년 3월에 발표된 환경성의 「저탄소 사회를 위한 에너지 저탄소화를 위한 제언低炭素社会づくりのためのエネルギーの低炭素化に向けた提言」에서는 2020년까지 3,720만kW(업무용 2,100만kW, 가정용 1,620만kW) 이상의 도입을 상정하고 있다.

이 제언에 따르면 2020년에는 태양광발전 단가가 20엔 이하로 내려가는 것으로 책정하고 있다(투자 회수 기간은 10년 이내로 상정).

선택 3의 경우 전기요금에 미치는 영향은 고정가격 설정 수준에 따른다.

여름철 전력성수기를 극복하는 방법

남은 과제는 여름철 전력성수기를 극복하는 것인데, 우선은 절전이고 다음으로는 전력회사가 500kW 이상 대량 수요가정과 맺고 있는 수급 조정 계약을 활용하거나 또는 2011년 여름 도쿄전력과 도호쿠전력 관내에서 실시한 것처럼 대량 수요자에게 15% 삭감을 명하는 전력사용제한령을 발동하는 방법이 있다. 수급 조정 계약은 할인 요금을 적용하는 대신 전력 수급이 어려울 때 전기 사용을 멈추게 할 수 있는 계약으로 2011년 3월 아주 소규모로 시행되었다. '계획 정전'을 실시한 2011년 3월에도 도쿄전력이 수급 조정 계약을 맺은 모든 대량 수요자에게 전기 수급 규제를 발동했다면 계획 정전을 실시하지 않고도, 일반 가정이나 교통 기관 등에 영향을 주지 않고 전력 수급난을 극복했을 가능성이 높다(하세가와 고이치, 「또 하나의 체르노빌'을 기다리지 않으면 안 되었던 것일까—つのチェルノブイリ'を待たねばならなかったのか」, 『朝日ジャーナル』5071, 2011, pp. 66-69).

정부 선언의 중요성

살펴본 바와 같이 일본도 지금 당장 원전을 폐쇄할 수 없는 것은 아니다[3].

---

3 2013년 9월부터 2015년 8월까지 23개월 동안 모든 원전이 운전을 중지했지만 그럼에도 불구하고 전력 공급 부족이나 정전 등과 같은 사태는 벌어지지 않았다. 이것은 전력 공급이라는 관점에서 볼 때 모든 원전의 폐쇄나 이 책의 선택 1이 가능하다는 것을 국민들에게 설득적으로 보여 주었다.

선택 1. 화력발전소의 이용률을 높여 대체한다.

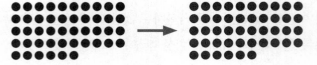

선택 2. 7.5% 절전과 천연가스화력 이용률을 높여 대체한다.

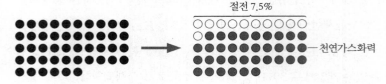

선택 3. 5% 절전과 천연가스화력의 이용률을 높이고, 재생가능에너지로 10년 후를 목표로 대체해 간다.

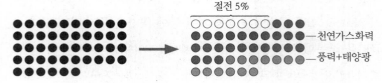

● =100만kW 원전 1기[65.7억kWh/년(설비 이용률 75.0%)에 해당됨]

[그림 4-1] 원전 46기분 대체 방법

일시적으로는 화력발전 특히 천연가스화력에 의존할 수밖에 없고, 비록 이산화탄소 배출량은 증가하지만 선택 2와 같이 절전을 잘 조합하는 것이 현명하다.

선택 3은 절전 수준을 조금 낮추고 천연가스화력 의존도 조금 낮추는 대신 그만큼 재생가능에너지 활용을 증가시킨 경우이다. 이 선택은 대략 2020년 전후를 목표로 잡고 원전 13기분의 전력량을 약

10년에 걸쳐 재생가능에너지로 대체해 가는 내용이다.

이와 같이 후쿠시마 사고 이전의 원자력발전에 의한 발전 전력량 전부를 대체할 수 있는 방법 3가지를 제시해 보았다. 비록 이산화탄소 배출량이 증가한다는 문제는 있으나 앞서 살펴보았듯이 지나치게 큰 부담은 아니라 할 수 있다([그림 4-1] 참조). 이렇듯 탈원전은 충분히 현실적인 선택지이다.

기업의 투자 의욕을 높이기 위해서라도 정부가 2020년을 목표로 모든 원전 폐지를 선언해 주는 것이 중요하다. 선언 효과는 매우 높다. 앞서 살펴보았듯이 지금이라도 폐쇄할 수 있는 조건을 갖추었기 때문에 2020년까지를 이행기간으로 생각하면 좋겠다. 간 수상은 7월 13일 기자 회견에서 원자력발전에 의존하지 않는 사회를 지향하겠다고 발표했다. 간 수상으로서는 야심 찬 발언이었겠지만 언제까지 그렇게 할 것인지, 시기를 특정하지 않았고 이산화탄소 배출량은 어떻게 할 것인지 등과 같은 문제에 답하지 않고 있다. 각료 회의에서의 검토 및 당내 논의를 거치지 않은 탓에 당이 반발하자 바로 '개인적 견해'라며 뒤로 물러서고 말았다[4].

지금이야말로 사회적 선택을

후쿠시마 사고에 입각하여 필자는 일본 정부가 국민적 토의를 거쳐

---

4 민주당 정권 및 아베 내각의 원자력 에너지 정책에 대해서는 제5장에서 논하였다.

하루 빨리 원자력 정책의 전환을 선언하기를 바라며 구체적으로 다음과 같은 사항을 제안해 보고자 한다.

1. 앞으로 10년 후 정도를 목표로 연한을 정해 대략 2020년에는 모든 원전을 폐쇄한다.
2. 건설 중이거나 계획 중인 원전 건설은 즉각 중지한다.
3. 도카이지진 진원지 바로 위에 있는 하마오카 원전은 운전을 재개하지 않는다.
4. 가동 중인 원전은 예상 가능한 지진 규모 및 활단층과의 관계, 반경 30킬로미터 내 '피난 인구' 규모, 원자로의 운전 기간, 과거 발생했던 고장의 이력 등을 검토한 뒤 우선 순위를 붙여 순차 폐지한다.
5. 사용이 끝난 핵연료를 재처리하는 핵연료사이클 계획은 중지하고, 당분간 사용이 끝난 핵연료는 각 원전 인근에 안전하게 관리한다.
6. 핵연료사이클을 전제로 하는, 현재 휴지 중인 고속증식로 몬주는 운전 재개를 단념하고 폐로한다.
7. 마찬가지로 핵연료사이클을 전제로 하는, 경수로로 우라늄 연료와 플루토늄을 함께 태우는 플루서멀은 중지한다.

그리고 효율적 에너지 이용 노력과 재생가능에너지 보급에 힘쓴다. 일본은 후쿠시마 사고를 계기로 독일처럼 미래지향적인 '탈원자력

대국'으로 전환을 선언해야 한다. 일본이 기수가 되어 에너지 이용의 효율화와 재생가능에너지 보급 부문에서 21세기 기술국으로 살아남는 것으로 족하다. '정전인가 원자력인가', '온난화인가 원자력인가'라고 국민을 협박하는 방식은 퇴행적 선택이다.

전력의 자유화, 발전과 송배전의 분리를 포함하는 전력 정책의 근본적인 전환, 전력 공급 시스템의 재편성도 중요한 과제이다[5].

후쿠시마 사고에서 일본 사회의 재생의 길은 이런 '탈원자력 사회'를 향한 구체적인 선언 외에 없지 않을까?

2011년의 기로

일본의 원전 추진 정책은 한국과 중국의 원전 추진 정책을 가속화시키고 더 나아가 개발도상국으로의 원전 수출 경쟁을 부추겨 왔다. 인도네시아, 말레이시아, 필리핀 등도 원전 건설을 계획하고 있다. 경제 성장에 따른 전력 부족 해소가 표면적인 목적이지만 "원전 보유로 나라의 발전 정도를 과시하고 싶은 목적도 있다"(「산케이신문産経新聞」, 2010년 11월 1일자)고 한다. 2009~2010년 아랍에미리트와 베트남으로의 원전 수출 경쟁에서 보았듯이 일본, 한국, 중국, 러시아 각국 지도자들이 전면에 나서는 형태로 아시아 각국에 원전 수주 경쟁의

---

5 2014년 가을, 정부는 2016년 4월 1일부터 가정용에 대해서도 전력의 소규모 판매 자유화를 개시하겠다고 발표했다. 산업용과 같은 대규모 수요처용 전력 자유화는 2000년에 시작되었다. 발전과 송배전의 분리가 실질적으로 어느 정도 진행될 것인지는 2016년 2월 말 시점에서는 명확하지 않다.

격화도 예상된다. 원전 보유뿐 아니라 원전 수출도 국가의 지위를 나타내는 상징이 된 것 같다.

그런 의미에서 개발도상국에게 2011년은 원전 건설로 다투어 뛰어들 것인가 아니면 후쿠시마 사고로 알게 된 고비용 고위험을 피하기 위해 내친 걸음을 멈출 것인가를 선택할 수 있는 기로의 해라고 할 수 있을 것이다.

일본의 탈원자력정책으로의 전환은 동아시아 전체의 탈원자력화의 첫걸음이 될 것이다.

후쿠시마 사고에도 불구하고 일본이 원자력 추진 정책과 핵연료사이클 계획 그리고 플루토늄 이용 계획을 계속 고집한다면 이는 결국 핵확산 가능성을 높이고 핵전쟁의 위협을 확대하는 것이 될 것이다.

일본의 선택은 특히 동아시아 그리고 세계와 미래 세대에 전하는 메시지로서 국제 사회 전체의 에너지 정책에 큰 영향을 미칠 수 있을 것이다.

10년 후, 20년 후에 되돌아 보았을 때 2011년 3월 11일이 일본 사회 및 인류 전체에 있어 올바른 선택의 전환점이 되었기를 간절히 바란다.

'후쿠시마를 돌려다오', 2012년 3월 11일
도쿄전력 본사 앞에서의 시위 모습.

1
바뀌지 않는 일본—사고로부터 5년 후의 현실

후쿠시마 사고에서 무엇을 배웠는가

2016년 3월 15일, 동일본대지진과 후쿠시마 제1원전 사고로부터 정확히 5년이 지났다.

동일본대지진과 후쿠시마 원전 사고는 제2차 세계대전 이후 일본 최대의 재해이며 근대 일본사상 최대급 재해임과 동시에 국제적으로도 역사적으로도 선진국에 있어 최대급의 재해이다. 이 불행한 대재해에서 우리들은 무엇을 배우고 있는가, 특히 원전의 중대사고를 막기 위해 무엇을 교훈으로 배울 것인지 생각해 보아야만 한다.

중앙정부, 지방자치단체, 전력회사, 일반기업, 전문가, 일반시민 각각의 시점에서 우리들은 원자력발전 사고 및 사고 후의 현실에 진지하게 마주하지 않으면 안 된다. 사회적 발언과 행동이 요구되고 있다. 전문가도 시민도 수동적으로 묵인해서는 안 된다. 수동적인 묵인은 원자력 추진 체제로의 가담을 의미하는 것임을 의식해야만 한다.

2013년 9월 15일 이후 2015년 8월 11일 가고시마 현의 센다이 원전 1호기가 재가동될 때까지의 23개월간 일본에서는 원전이 1기도 가동되지 않는 상태가 계속되었다. 그동안 전력이 부족해지는 등의 문제는 없었다. 2012년 12월 총선거로 정권에 복귀한 제2차 아베 내각은 재가동을 진행하고 있다.

후쿠시마 사고는 일본과 세계에 커다란 충격을 주었다. 이 책 240쪽 이후에서 이야기한 것처럼 독일은 이 사고를 계기로 원자력발전 추진적인 정책에서 전환하여 노화된 원자력발전 등 8기를 2011년 8월 6일에 폐쇄하고 2022년 말까지 남은 9기의 원전도 폐쇄하기로 했다. 2013년 9월 4년 만에 이루어진 총선에서도 이 정책이 논쟁되거나 재검토되는 일은 없었다. 독일에서는 탈원자력 노선이 정착됐다. 예전으로 돌아가는 일은 없을 것이다.

그러나 사고 발생 당사자인 일본에서는 도쿄전력의 저항이나 경제산업성 자원에너지청의 사보타주로 사고의 원인 규명은 거의 진행되지 않고 피해자 구제도 지지부진 진척되지 않고 있다.

2030년대 원전 제로를 목표로 한 민주당 정권의 좌절

민주당 정권은 원자력 정책 전환을 지향하여 2012년 9월에 '2030년대에 원전 가동 제로가 가능해지도록 모든 정책 자원을 투입한다'라는 「혁신적 에너지·환경전략革新的エネルギー·環境戦略」을 결정했다.

「혁신적 에너지·환경전략」은 ① '2030년대에 원전 가동 제로'가 노력 목표인 것, ② 신전략 자체의 각의 결정을 보류한 것, ③ 40년 운전 제한제의 원칙을 엄격하게 적용하면 2039년에 가동 중인 원전은 7기(건설 중인 시마네 3호기, 오마 원전을 포함)가 되어 '2030년대에 원전

가동 제로'와 모순된다는 것, ④ 경제단체연합회나 아오모리 현, 후쿠이 현 등의 원전 입지현, 미국 등과의 사전 조정을 빠뜨린 것 등 의욕적이기는 했으나 많은 문제를 품고 있어 애매했다. 2012년 12월의 중의원衆議院 선거에서 민주당은 매니페스토의 중점 정책 세 번째로 '원전 제로로 새로 태어나는 일본'을 내걸었다. 그러나 중의원 선거에서 크게 패하고 자민당, 공명당公明黨 연립에 의한 제2차 아베 정권이 탄생했다.

제2차 아베 정권과 원자력 추진 체제의 기정 사실화

2012년 12월 중의원 선거는 원자력 정책 전환의 가능 여부가 커다란 분기점이었다. 그러나 대부분의 유권자들은 원자력 정책의 옳고 그름보다 내분, 분열, 탈당자의 속출 등 당내 혼란이 계속되고 중국의 반응을 잘못 읽어 센카쿠제도尖閣諸島를 국유화하는 등 외교 면에서도 실책을 거듭한 민주당 정권의 3년 3개월에 정나미가 떨어졌다고 할 수 있을 것이다.

아베 내각은 「혁신적 에너지·환경전략」을 파기하고, 원전 추진 노선으로 돌아가려 하고 있다. 2014년 4월 새로운 '에너지기본계획'이 각의 결정되고 원전은 표면상으로는 '원전 의존도를 가능한 줄여 간다'고 되어 있기는 하지만 '에너지 수급 구조의 안정성에 기여하는 중요한 기저 부하(Base load, ベースロード) 전원이다'라고 되어 있다. 앞으로 신설 및 증설은 명기되어 있지 않지만 낡은 원전을 폐로하는 경우

그 자리에 새로운 원전을 다시 짓는 쪽으로 추진하는 방침이다.

후쿠시마 사고는 매스미디어를 포함한 공고한 원전 추진 체제의 존재 방식, 원자력 규제 체제의 유명무실화, 원자력 문제에 대한 비판적인 언론이나 사회운동의 상대적인 취약함 등 사고의 배경에 있는 일본 시민사회의 구조적인 문제점을 드러내 주었지만 '기정 사실'을 쌓아 올려 원전 추진 체제가 부활하려 하고 있다. 여론이 양분되고 있는 원전과 원전 재가동에 대한 시비를 선거 쟁점으로 삼지 않고 조금씩 기정 사실로 만들어 밀고 나가는 것은 자민당과 가스미가세키 관료들의 상투적인 수단이다.

체르노빌 원전 사고를 잇는 중대사고를 일으키고 현재도 약 11만 2,000명이 피난 생활을 해야만 하며 그중 약 4만 6,000명은 후쿠시마현 외 지역에서 자주적으로 피난하고 있다. 동일본대지진에 의해 지금도 대략 21만 2,000명이 가설 주택 등에서의 장기 피난생활을 어쩔 수 없이 하고 있다(2015년 5월 14일 기준, 부흥청 발표). 그 절반 이상이 후쿠시마 원전 사고의 이재민이다. 피난 생활에서 건강이 나빠져 사망하여 '진재관련사震災関連死(지진 재해로 인한 죽음)로 인정된 사람이 3,089명 있다(2015년 1월 기준, 부흥청 발표). 그중 1,704명, 55%는 후쿠시마 현 사람들이며 후쿠시마 원전 사고 관련이다. 후쿠시마 원전 사고의 피해 금액은 배상액 5조 엔円을 포함하여 11조 엔을 넘은 것으로 추정되고 있다(제염으로 나온 흙의 최종 처분 비용이나 사고로 인한 공무원의 인건비 등은 제외. 2014년 3월 11일 NHK 보도).

그럼에도 불구하고 당시 도쿄전력의 경영자를 포함하여 공식적으로 후쿠시마 사고의 책임을 진 사람은 한 사람도 없다. 제2차 세계대전에 대해 마루야마 마사오丸山真男(일본 정치 사상사의 권위자로 알려져 있는 인물, 1914-1996)가 1946년에 지탄한 것과 같은 '무책임한 체계'가 반복되고 있다.

민주당 정권도 '원전 수출'에 열심이었지만 아베 내각도 원전 수출을 성장 전략의 축으로 삼고 있다. 2013년 5월 아랍에미리트(UAE), 터키와 각각 원자력 협력 협정에 서명했다. 터키는 일본과 마찬가지로 자국 내에 많은 단층을 가진 지진이 잦은 나라이다 인도, 사우디아라비아는 협정 체결을 향해 협의 중이다. 인도는 핵확산금지조약에 가맹하지 않은 핵보유국이며 군사용으로 전용할 위험이 있다.

아베 내각은 아베노믹스アベノミクス로 불리는 경제 성장 부활을 선동하고, 쓸데없이 중국, 한국을 자극하고, 특정기밀보호법特定機密保護法을 제정(2013년 12월), 각의 결정에 의한 집단적 자위권의 행사를 용인(2014년 7월)하는 등 강경파적인 정책을 계속 내놓고 있다. 집단적 자위권의 행사는 일본이 공격을 받지 않은 경우에도 직접 공격을 받고 있는 타국과 공동으로 제3국의 무력공격에 대처할 수 있도록 하는 것이다. 역대 자민당 정권이 60년에 걸쳐 헌법9조의 범위 내에서는 인정하지 않겠다고 해 온 헌법 해석을 토대부터 뒤집어 엎은 것이다. 아베 정권은, 국가의 교전권은 인정하지 않는다고 하는 헌법 9조 제2항의 공동화를 진행하고 '국방군国防軍' 설치(자민당 헌법 개정 초안)를 포함하는 헌법 '개정'으로 나아가려 하고 있다.

동일본대지진과 후쿠시마 사고는 유감스럽게도 현재까지 필자가 기대했던 것과 같은 '탈원자력 사회'로 나아가는 계기가 되지 못하고 있다. 오히려 강한 지도력에 대한 사회적 기대가 아베 수상의 밀어붙이기식 정치 운영을 뒷받침하고 일본의 우경화를 추진하는 계기가 되고 있다. 아베 신조 자신이 건강상의 이유로 1년 만에 정권을 포기하고 2006년부터 2012년까지 7년간 일본에서는 6명의 수상이 바뀌었다. 아베 신조는 새삼스레 강한 지도력을 연출하며 고이즈미 준이치로小泉純一郎(2001년 5월부터 2006년 9월까지 수상으로 재임) 이후 장기 정권을 지향하고 있다.

후쿠시마 사고로 무엇이 바뀌었는가

후쿠시마 사고로 무엇이 바뀌었을까. 8만 명 이상의 사람들이 고향을 잃고, 여러 세대에 걸쳐 부지런히 쌓아 온 선조 대대로의 아름다운 논밭을 잃고, 어장을 잃고, 고객을 잃고, 일터를 빼앗기고, 희망을 잃어버렸다. 지역이 분단되고 평온한 가정 생활이 파괴된 사람들도 적지 않다. 그 대가로 일본사회가 얻은 것은 무엇이었을까.

뒤에서 언급하겠지만 피난 계획이나 안전 대책에 많은 과제를 남기면서 2015년부터 조금씩 원전은 재가동되기 시작하고 있다. 2016년 2월 말 기준 43기[1]의 원전 중 4기가 재가동을 개시했고 20기에 대해

---

1 후쿠시마 사고 때까지 일본에서는 54기의 원자로가 가동되고 있었다. 사고 후 후쿠시마 제1원전의 6기가 폐로가 되고 2015년 4월에는 40년간의 가동 기간을 넘긴 5기가 폐로로 결정되었다.

서는 신규제기준에의 적합성을 원자력규제위원회가 심사 중이다.

원전은 점점 감소하는 방침이기는 하지만 언제까지 어떻게 줄어드는 것인지 정부는 명시하지 않고 있다.

주목되는 것은 '고속증식로高速增殖炉'라는 단어가 에너지 기본 계획에서 사라졌다는 정도이다. 2013년 5월 원자력규제위원회는 원자로 등 규제법에 의거하여 고속증식로 몬주에 무기한 운전 정지를 명했다.

롯카쇼재처리 공장은, 2016년 3월 말까지 공사를 완료시킨다고 되어 있고 원자력규제위원회는 적합성을 심사 중이다.

이렇게 원자력 정책의 정책 목표 자체에는 커다란 실질적인 변화는 없다.

정책 결정 과정은 어떻게 변화한 것일까.

일본의 원자력 정책은 이 책 55~57쪽에서 밝힌 것처럼 후쿠시마 사고 이전에는 종합자원에너지조사회와 원자력위원회로 이분화되어 있었다. 후쿠시마 사고를 거쳐 당시 민주당 정권은 2011년 6월 국가 전략 담당 장관을 의장으로 하는 '에너지·환경회의エネルギー·環境会議'라는 관계 각료 회의를 새로 설치하고 이 회의가 원자력 정책의 실질적인 결정권을 가지게 된다. 2012년 9월에 발표된 앞서 언급한 「혁신적 에너지·환경전략」은 이 회의가 결정한 것이다. 에너지 정책의 재검토를 경제산업성 자원에너지청에서 분리하여 성청 횡단적으로 행하려고 한 획기적인 대처였다. 그러나 정권 복귀 후 아베 내각은 새로운 전략을 파기하고 이 회의도 폐지시켰다.

후쿠시마 사고가 벌어졌지만 원자력위원회는 그 직후 이른바 기능 정지 상태에 빠져 민주당 정권 시대에는 존폐까지 검토되었다. 아베 정권하에서 '존재 방식의 재검토를 위한 전문가 회의'가 만들어져 위원을 5명에서 3명으로 줄이고 '앞으로는 위원회의 중립성을 확보하면서 ① 원자력의 평화 이용과 핵 비확산 ② 방사성 폐기물의 처리 처분 ③ 원자력 이용에 대한 중요 사항에 관한 기능에 중점을 두는' 것으로 그 기능은 대폭 축소되었다. 에너지·원자력 정책은, 종합자원에너지조사회 기본정책분과회基本政策分科会로 사실상 일원화된 것이다. 에너지 기본 계획을 담당했던 것은 이 분과회다. 안전 규제에서는 손을 떼면서 경제산업성으로의 '원자력 행정의 일원화'는 더 강화된 것이다.

2
새로운 규제 체제는 제대로 작동할까

원자력규제위원회의 발족

이 책 58쪽에서 언급한 것처럼 2001년의 성청 재편 이후 자원에너지
청에 '원자력안전·보안원'이 설치되고 원자력 시설의 안전 규제를 맡
아 왔다. 내각부 내의 원자력안전위원회가 안전 심사 지침을 만들고
원자력안전·보안원이 그 지침을 기반으로 개개 시설의 안전 규제를
담당하는 이중 확인 체제라고 설명되어 왔다. 그러나 후쿠시마 원전
사고를 맞아 원자력을 추진하는 자원에너지청 내에 규제를 담당하
는 부서를 두는 것에 대한 비판이 강해졌다(사무실도 같은 건물에 있었
다). 추진을 담당해 온 사람이 이듬해부터 규제를 담당하게 되는 경
우와 같은 인사 이동도 있어 안전 규제가 유명무실했다는 반성이 이
루어졌다. 원자력안전·보안원과 원자력안전위원회는 통합되고 2012
년 9월 19일부터 경제산업성에서 완전하게 분리되어 환경성의 외청
으로 원자력규제위원회와 그 사무국인 원자력규제청이 설치되게 된
다. 예산 요구나 인사 면에서도 정부로부터 독립성이 높은 행정위원
회로 설치되었다. 원자력 규제를 환경성 소관으로 하는 것은 독일 등
에서 배운 것이다.

원자력규제위원회 설치법 제1조는 '국민의 생명, 건강 및 재산의 보호, 환경 보전과 함께 <u>나라의 안전 보장에 이바지하는</u> 것을 목적으로 한다'(밑줄은 필자)라고 하여 이제까지의 안전 규제에는 없었던 '안전 보장에 대한 공헌'이 목적의 하나로 들어가 있다. 동시에 원자력 기본법도 개정되어 마찬가지로 '원자력 이용의 안전 확보에 대해서는 확립된 국제 기준에 입각하여 국민의 생명, 건강 및 재산의 보호, 환경 보전과 함께 <u>나라의 안전 보장에 이바지하는</u> 것을 목적으로 하여 행하는 것으로 한다'고 하는 1항이 추가되었다.

'안전 보장에 이바지한다'는 문구는 자민당의 주장으로 추가되었다. 원자력발전이 단순히 에너지 공급 수단의 선택이라는 문제에 머물지 않고 일본의 안전 보장과 관련 깊은 것이라는 것이 비로서 명시된 것이다. 원자력규제위원회의 신설에 대해 자민당 측 중심이었던 시오자키 야스히사塩崎恭久 중의원 의원은 "일본을 지키기 위해 원자력 기술을 안전 보장 측면에서도 이해하지 않으면 안 된다. (반대는) 보고 싶지 않은 것을 보지 않는 사람들의 논의다"(「도쿄신문東京新聞」 2012년 6월 21일자)라며, 취지를 설명하고 있다.

형식적인 독립성은 확보되었지만 최초의 규제 위원 5명 중 다나카 슌이치田中俊一 위원장을 포함한 3명이 원자력 업계 출신자였다. 아베 내각 발족 후에 임기가 만료되어 2명이 교체되고 원자력 업계 출신자는 4명이 되었다. 규제청의 직원 대다수는 옛 원자력안전·보안원의 직원이다. 전문가의 검토팀 등 다양한 위원회의 구성원도 활단층 평가팀 등의 일부를 제외하고는 원자력업계와 관련이 깊은 전문가가 다수를 점하고 있다. 원자력발전에 비판적인 전문가나 타 분야 전문가는 거의 포함되어 있지 않다.

'세계 최고 수준'의 규제 기준인가

새로운 규제 기준은 단기간에 만들어진 것이기 때문인지 그 내용도 많은 문제를 담고 있다(원자력시민위원회原子力市民委員会 編, 『원전제로 사회로의 길―시민이 만드는 탈원자력정책대강』, 2014, pp. 135-176).

1992년 원자력안전위원회는 '중대사고에 대한 대책은 업계 사람들의 자주적 정비에 맡기고, 규제 대상 외로 한다'고 결정했다. 이것이 중대사고에 대한 대책을 방치하게 했고 후쿠시마 사고로 노심 용해, 격납용기 파손이라고 하는 심각한 사태를 막을 수 없었던 근본 원인의 하나로 여겨지고 있다. 중대사고에 대한 대책을 규제 대상으로 하면 다양한 추가 설비가 필요해진다는 것과 중대사고의 발생 가능성을 인정함으로써 원전에 대한 비판이 높아지는 것 등을 걱정했기 때문이다.

이제 겨우 중대사고에 대한 대책이 규제 대상에 포함되게 되었지만 요구되고 있는 대책은 대체전원代替電源 설비, 대체주수代替注水 설비, 필터 달린 격납 용기 벤트 설비 등 주변적인 것에 머물고 있고 최신 유럽 가압수형로가 요구하고 있는 격납 용기 열 제거 설비나 대형 상업용 항공기 충돌을 견디고 설계 압력을 높인 이중 구조의 격납 용기 설치 등은 들어가 있지 않다. 다나카 슌이치 원자력규제위원장이나 아베 수상은 신규제기준은 '세계 최고 수준'이라고 이야기하고 있지만 그것은 '근거 없는 자기 만족'이거나 '과신'이거나 '기만'이다[2].

후쿠시마 제1원전 각각의 원자로의 계기 손상 상황이나 붕괴열로 녹은 연료나 용해물의 위치, 형상 등의 기본적인 상황이 현재 여전히 밝혀지지 않고 있다. 원인 규명 계획도 세워져 있지 않다. 지진에 의해 생겼을 안전 설비의 기능 상실 분석도 불충분하다. 압력 용기나 격납 용기에서 방사성 물질이 어떻게 누설되었는지도 확실하지 않다.

여러 기계의 고장이나 인위적인 실수가 겹쳤을 때에도 대응할 수 있는 요건도 충족시킬 수 있도록 근본부터 재검토해야만 하나 신규 제기준은 '단일한 기기의 고장'만을 상정하고 있다. 후쿠시마 원전 사고에서 기능을 상실한 원자로 수위계水位計나 원자로 압력 용기 내외의 온도계 등과 같은 계측 장치가 중대사고의 환경 조건에 견딜 수 있는 설계로 변경하는 것도 불가결하지만 이러한 설계 기준들의 재검토도 이루어지지 않고 있다.

원자력규제위원회가 분화 전조 현상을 잡아내는 것이 가능하다고 하는 가정을 전제로 한 '화산 영향 평가 가이드火山影響評価ガイド'를 작성한 것도 강한 비판을 받고 있다. 센다이 원전 심사에서 화산 전문가는 적합성 심사에 한 번도 참석 요청을 받지 못했다. 화산학자

---

2 2015년 4월 14일 후쿠이 지방법원은 다카하마 원전 3, 4호기의 재가동을 인정하지 않는다는 가처분을 요구한 재판에서 재가동을 인정하지 않는다는 가처분을 내리고 판결 중에 원자력규제위원회의 새로운 규준을 비판하고 의문을 드러내고 있다. 그러나 후쿠이 지방법원은 2015년 12월 24일 간사이전력의 이의신청을 받아들여 이 가처분을 취소했다.

들로부터는, 센다이 원전 부지 내에 과거에 화산 쇄설류가 도달했을 가능성이 있다, 화산 쇄설류에 의해 핵연료가 냉각되지 못할 우려가 있다, 거대 분화는 예측할 수 없고 바람 방향에 따라 원전 주변에 1미터의 화산재가 쌓일 수 있다고 하는 비판이 2014년 11월 일본화산학회대회日本火山学会大会에서 이루어졌다.

다나카 슌이치 원자력규제위원장은, 규제위원회는 "신규제기준에 따른 적합성 심사를 행하는 것뿐으로 안전을 보증하는 것이 아니다"라고 이야기하고 있다. 한편 아베 수상이나 스가 요시히데菅義偉 관방장관은 "원전의 안전성은 규제위원회의 판단에 맡기고 있다. 각각의 재가동은 사업자의 판단에 따라 결정할 것이다"라고 책임을 규제위원회와 전력회사에 넘기며 도망치고 있다. 누가 안전 판단 책임을 질 것인지 판단의 책임 주체가 명확하지 않다. 가고시마 현회의는 재가동 수용을 2014년 11월 7일 본회의에서 의결했으나 동시에 "재가동에 대한 정부의 관여는 충분하다 할 수 없고 지역 자치단체는 대단히 곤란하고 막대한 부담을 어쩔 수 없이 안게 되었다"고 한 후에 원전의 안전성이나 재가동 판단에 대해 정부가 전면에 나서 명확하고 친절한 설명을 하고 이해를 구해야 한다는 의견서를 다수 찬성으로 가결했다. 국가, 현, 규제위원회는 안전성 판단에 있어서는 최종 책임을 서로 회피하면서 안전성이 확인된 것처럼 위장하고 있다.

'그림의 떡'인 피난 계획

후쿠시마 사고에서는 피난 범위를 10km만 상정했던 탓도 있고 해서 피난 시 많은 혼란이 벌어지고 공연히 많은 주민이 여분의 피폭을 당해야만 했던 결과가 벌어졌다. 원자력규제위원회가 2012년 10월에 책정한「원자력재해대책지침原子力災害対策指針」에서 대략 30km권 내의 자치단체는 '긴급 시 방호 조치를 준비하는 구역urgent protective action planning zone; UPZ'으로 원자력 재해에 대한 지역방재계획·피난계획原子力災害に対する地域防災計画·避難計画을 책정하는 것이 의무화되었다. 그러나 계획의 타당성은 원자력규제위원회가 심사하는 것이 아닌 지방자치단체에 맡기는 것으로 되어 있다. 긴급 모니터링을 누가 어떻게 실시하고 주민들에게 어떻게 알릴 것인가 하는 점도 확실하지 않다. 원전의 중대사고를 상정한 실효적인 30km권 내의 피난 계획이 세워져 있지 않고 후쿠시마 사고와 같은 지진이나 해일을 동반한 복합 재해도 검토되지 않았다. 후쿠시마 사고 때에는, 이타테 촌과 같이 40km권에 있으면서도 핫스팟이 되어, 강제 피난을 해야만 했던 지역도 있다. 애초 UPZ가 30km권으로 괜찮은가 하는 근본적인 문제가 있다.

일본의 원전 대부분은 반도 끝이나 배후에 산을 둔 장소 등에 있다. 피난 때에, 바다, 산, 강 등이 교통의 장벽이 된다. 가시와자키카리와 원전이나 도마리 원전, 시가 원전은 대설지대에 있다. 어떤 원전에서도 30km권 내의 대다수 주민을 단시간에 안전하게 피난시키는 것은 그림의 떡과 같다.

필자가 사는 미야기 현에 있는 오나가와 원전의 경우 20km권의 이시노마키 시石巻市의 시민 15만 2,000명을 어떻게 피난시킬 것인가, 이시노마키 시는 미야기 현으로부터 2014년 내에 피난 계획을 책정하도록 요구 받고 있지만 어려움을 겪고 있다. 현 내 27개 자치단체로 분산하여 약 40%(6만 명)는 자가용으로 피난한다는 가정하에 9만 명을 대형 버스로 피난시킬 예정이나 아마도 대략 2만 대의 자가용이 일제히 피난을 개시하는 것이 될 것이다. 미야기 현 내의 대형 버스는 대략 1,000대 정도로 4만 명을 이동시키는 게 한도이다[「아사히신문」(미야기판), 2014년 11월 14일자]. 엄청난 교통 체증과 대혼란이 예상된다.

거동을 할 수 없는 노인이나 입원 환자, 장애인 등 재해 약자의 피난도 큰 과제이다.

3
시민사회의 반응[3]

2011년, 2012년의 항의―동시대성

후쿠시마 사고의 충격과 방사능 오염 확산에 대한 공포감, 도쿄전력이나 정부에 대한 분노, 실망감은 원전에 대한 사람들의 인식을 변화시켰다. 1960년 6월 일미안보조약 반대 운동의 최고 절정 때 약 33만 명의 사람들이 국회 주변에 집결했던 것을 피크로 그 후에는 그 어떤 이슈든 노동절 집회 등을 빼고는 일본에서 1만 명을 넘는 데모나 항의 집회는 매우 드물었다.

그러나 후쿠시마 사고 이후 항의 집회나 데모에서는 독특한 열기와 위기감, 절박감이 느껴지게 되었고 새로운 참가자가 급증했다. 오에 겐자부로大江健三郎나 원수금原水禁(원수폭금지일본국민회의原水爆禁止日本国民会議) 등이 주최한 9월 19일 메이지공원明治公園의 '안녕 원전 5만 명 집회さようなら原発5万人集会'에는 당초 5만 명 목표를 넘어서는 약 6만 5,000명이 모였다. 그때까지 원전 문제에 대한 항의 행

---

3 후쿠시마 사고와 일본 시민사회와의 관계에 대해서는 Hasegawa, Kōichi(2014), 'The Fukushima nuclear accident and Japan's civil society: Context, reactions, and policy impacts', *International Sociology*, 29(4): pp. 283-301를 참조

300

동 중 최대 동원수는 체르노빌사고로부터 2년 후인 1988년 4월 히비야공원日比谷公園 집회에 모였던 약 2만 명이었다.

2011년 9월 11일부터 시작된 경제산업성의 부지 내에 텐트를 설치한 '탈원전텐트마을脫原発テント村'의 항의 행동도 2016년 2월 말일 현재 1,633일째를 맞이했다. 2011년에 세계적으로 유행한 불법 점거 운동의 후쿠시마원전판이라 할 수 있다. 우연이지만 9월 17일부터 시작한 뉴욕의 '월가를 점령하라(Occupy Wall Street; OWS)'운동 직전부터 개시되었다. OWS운동은 11월 15일 경찰에 의해 강제 해산되어 약 2개월 만에 끝났지만 여론의 반발을 두려워하여 정부도 4년 이상 사실상 묵인해 오고 있다[4].

타임지가 2011년 연말에 올해의 인물로 '시위자Protester'를 선정했을 만큼 1월의 튀니지를 시작으로 이집트, 예멘, 리비아 등 중동에 트위터나 스마트폰 등을 사용한 대규모 반정부 데모인 '아랍의 봄'이 급속하게 퍼지고 이들 4개국에서는 장기 독재 정권이 붕괴되어 전세계에 충격을 주었다. '아랍의 봄'은 그리스나 스페인에 영향을 미쳐 특히 스페인에서는 5, 6월에 Indignados(분노하는 사람들)에 의한 점거 운동이 전개되고 데모 참가자는 전국에서 13만에서 25만 명에 이르렀다. 스페인 독점운동이 그 노하우를 전해 영향을 미친 것이 9월 17

---

4 2013년 3월 정부는 탈원전텐트의 대표자 두 명에게 텐트의 철거 및 손해배상을 요구하는 제소를 했다. 2014년 2월 1심 판결은 정부 측의 주장을 인정하여 피고 측에게 철거할 때까지 하루 약 2만 2,000엔의 과징금 지불을 명했다. 피고인 텐트 측이 항소했으나 2015년 10월 동경 고등법원은 항소를 기각하고 피고 측은 대법원에 상고했다.

일부터 시작된 뉴욕의 '월가를 점령하라'운동이며 마찬가지로 점거 운동은 전미로 확대되었다.

TIME지의 Protester 특집 기사는 일본의 반원전 데모나 '탈원전 텐트마을'에 대해서는 전혀 언급하지 않고 있지만 ① 트위터나 SMS, YouTube, Ustream, 스마트폰 등이 동원의 새로운 수단으로 활용되고 있다는 것, ②기존의 정당이나 노동조합, 기존 정치 조직에 의존하지 않고 개인이나 소그룹에 의한 자발적인 동원이라고 하는 성격이 강하다는 점, ③구체적인 목표 달성을 지향한다기보다 항의라는 의사 표시 자체를 중시하는 자기 표출성이 강하다는 것 등 2011년 후쿠시마 원전 사고에 관한 일련의 항의 행동은 아랍세계에서 유럽, 미국 등으로 파급된 항의 행동과 공통의 성격을 가지고 있고 두드러지게 동시대성을 지니고 있다.

'관저 앞 데모'의 고양

후쿠시마 원전 사고를 둘러싼 항의 행동은 2012년에는 세력이 약화될 것이라고 예상되고 있었지만 지진 피해 1주년인 2012년 3월 11일 히비야공원에서의 집회와 데모, 국회의사당을 둘러싼 '인간 사슬'에 합계 약 1만 4,000명이 참가했다. 수상 관저 앞에서의 '관저 앞 데모 官邸前デモ'는 2012년 3월 29일(목)에 약 300명으로 시작하여 4월 6일부터는 매주 금요일 밤 18시에서 20시 사이에 이루어지게 되었다. 참여를 호소하고 있는 것은, 수도권 반원전연합首都圈反原発連合이라고 하는, 조직의 대표도 공식 대변인도 없는 느슨한 네트워크이다(노마 야스미치野間易通, 『금요일의 관저 앞 데모—데모의 목소리가 정치를 바꾼다金曜官邸前抗議—デモの声が政治を変える』, 河出書房新社, 2013). 특히 6월 8일 노다 수상이 오이원전 3, 4호기의 재가동을 표명한 이후 참가자는 급증했다. 6월 1일 약 2,700명, 6월 8일 약 4,000명, 15일 약 1만 2,000명, 22일 약 4만 5,000명, 6월 22일에는 4만 명을 넘게 되면서 비로서 전국 네트워크 텔레비전 뉴스에서 크게 다뤄지게 되었다. 오이원전 3호기의 재가동을 목전에 둔 6월 29일에는 약 20만 명, 재가동 다음날인 7월 6일에는 약 15만 명, 13일 약 15만 명, 21일 4호기 재가동 전날인 20일에는 약 10만 명으로 급증했다. 7월 16일 요요기공원代々木公園에서 행해진 '안녕 원전 10만 명 집회さようなら原発10万人集会'에는 약 17만 명이 모였다. 7월 29일의 '탈원전 국회대포위脱原発国会大包囲'에는 약 20만 명이 참가했다. 8~9월에 걸쳐서도 매주 약 4만 명이 참가, 11월 11일(일)의 나가타초, 가스미가세키에서의 항의 행동에는 약 10만 명이 모였다([그림 5-1] 참조).

대규모 항의 행동이 1년 반 이상에 걸쳐 전국 지방 도시에서 펼쳐진 것은 일본 역사가 시작된 이래 처음이다.

정부도 관저 앞 항의 행동을 무시할 수 없게 되어 8월 22일에는 관저에서 노다 수상과 수도권반원전연합의 주요 구성원과의 회담이 이루어졌다. 시민운동 대표가 관저에서 수상과 공식적으로 만남을 가진 것도 일본 역사 속에서는 처음 있는 사건이다.

노동조합 등이 조직적으로 동원하는 것이 아닌 단카이세대, 가족,

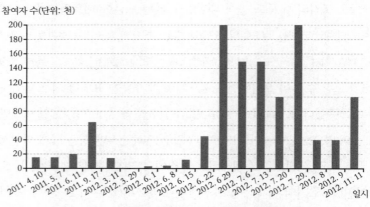

참여자 수(단위: 천)

[그림 5-1] 동경에서의 반핵 데모와 군중집회 참여자 수

젊은이 등이 개인이나 그룹으로, 자발적으로 소수로 참가하고 있다. 데모를 주최하는 측도 조직적인 프로그램을 준비하는 것이 아닌 참가자의 자발성에 맡기고 있다. 원전이나 도쿄전력에 대한 비판 이외의 정치적인 메시지는 2012년 여름 단계에서는 의식적으로 억제되어 있었다. 이제까지 데모 등에 참가한 적이 없다고 하는 사람이 눈에 띄고 데모라고 하기보다 오히려 평화적인 '행진'이며 지나친 경비와 지나치게 많은 경찰이 눈에 띄는 정도였다.

① 노동조합 등의 조직적인 동원에 의하지 않는 자발적인 시민 참여에 의한 것, ② 원칙적으로 확성기 사용이 금지되어 있는 등 규제가 엄한 국회의사당 주변에서 '대규모 노상 항의 집회'가 기정 사실화되고 있다는 점, ③ '관저 앞 데모'에서는 이제까지 체포된 사람이 두 명뿐으로 투석이나 폭력 사건 등도 없다는 점, ④ 게다가 벌써 4년

가까이 매주 계속되고 있다는 점, ⑤ 동경뿐 아니라 전국의 지방 도시로 퍼져 나가고 있다는 점 등은 일본의 사회운동 역사에 있어 특별히 기록해 두어야만 하는 사안이다. 일본의 시민사회는 누구라도 가벼운 마음으로 데모에 참여할 수 있는 사회로 변화해 가고 있다. 관저 앞 데모는 2015년 6~9월에 고조된 안보법제 반대데모安保法制反対デモ에도 큰 영향을 미쳤다. 관저 앞 데모에 대해서, 역사사회학자인 오구마 에이지小熊英二는 2015년 9월에 「수상관저 앞에서首相官邸の前で」라고 하는 다큐멘터리 영화를 발표하기도 했다.

4
정책 전환은 어떻게 하면 가능해질까

원전 제로로 만드는 6가지 방법

이렇게 반원전 데모는 특히 2012년 6월 이후 1960년 안보 투쟁 이래의 고조를 보여 주고 있고 현재도 계속되고 있기는 하지만 그것이 어떻게 실질적인 정책 전환으로 이어질 것인가 하는 유효한 정치적 회로는 찾아내지 못하고 있다.

[표 5-1]은 아사히신문의 원전 찬반에 관한 여론 조사 결과의 변천이다. 일본의 여론도 후쿠시마 사고를 계기로 변화하고 있고 어떤 회사의 여론 조사에서도 2011년 6월 이후는 약 70%가 원전 폐지를 지지하고 있다. 원전 유지를 요구하고 있는 것은 15% 정도에 머물고 있다. 2012년 여름 '에너지·환경회의'가 2030년의 원전 의존율에 대해 0%, 15%, 20~25% 세 가지 안을 제시하고 약 1개월 반 정도 주민의견수렴(Public comment, パブリックコメント)을 요구했을 때도 매우 이례적으로 약 8.9만 건의 의견이 모이고 그중 87%는 원전 0%를 지지하고 있었다. 아베 내각이 2014년 4월 에너지 기본계획을 각의 결정했을 때도 2013년 12월 6일에 발표한 원안에 대해 주민의견수렴을 요청했지만 1개월 사이에 약 1.9만 건의 의견이 모였고 폐로나 재가동

[표 5-1] 원전 폐지에 대한 여론조사(1986~2013, %)

답변	1986. 8	1988. 9	1999. 10	2007. 3	2011. 4	2011. 6	2011. 7	2011. 8	2011. 12	2012. 2	2012. 3	2012. 4	2013. 1	2013. 6	2013. 11
폐지 (폐지승인)[a]	9	10	13	7	11	74	77	7	77	66	70	73	75	72	72
감소	13	17	24	21	30										
현재 수준 유지 (폐지반대)[a]	60	55	50	53	51	14	12	17	16	23	17	16	16	21	15
증가	10	9	8	13	5										
기타/ 무응답	8	9	5	6	3	12	11	11	7	11	13	11	9	7	13
방법	인터뷰	인터뷰	RDD[c]	RDD	RDD	RDD	RDD	RDD	RDD	RDD	RDD	RDD	RDD	메일[b]	RDD
대상자수	2,315	2,342	1,025	1,831	1,999	1,980	1,920	1,806	1,655	1,741	1,892	1,779	1,703	2,178	1,751
표본규모	3,000	3,000	1,507	3,241	3,352	3,394	3,312	3,268	3,066	3,014	3,360	3,071	3,083	3,000	3,416
답변율	77%	78%	68%	56%	60%	58%	60%	55%	54%	58%	56%	58%	55%	73%	51%

출처: 「아사히신문」, 메이데이베이스

a: 「아사히신문」의 여론조사 질문은 2011년 6월 이후 변경되었다. 2011년 6월 이전에는 원전의 폐지, 감소, 현재 수준 유지, 증가와 같은 4개의 옵션이 있었다. 그 후에 '당신은 가까운 미래에 원전을 줄이거나 폐지하기는 것에 대해 동의합니까 아니면 반대합니까?'와 같이 두 개의 옵션으로 줄였다.
b: 인터뷰와 메일에 랜덤 샘플링 방법이 사용되었다.
c: 랜덤 숫자 다이얼링(random digit dialing; RDD)은 무작위로 전화번호를 선택하여 응답자를 고르는 방법이다.

반대를 요구하는 의견은 1만 7,665건으로 전체의 94.4%를 차지했다. 원전유지, 추진은 1.1%, 찬반 판단이 어렵다 등이 4.5%였다(『아사히신문』, 2014년 11월 12일자).

이렇게 대다수 민의는 탈원전을 요구하고 있다. 2012년 9월 민주당 정권하의 새로운 에너지·환경전략은 이러한 민의에 응하고자 한 것이었지만 아베 내각과 경제산업성은 주민의견수렴으로 모인 원전에 대한 찬반 비율 등을 명확히 밝히지 않고 기존 방침대로 에너지 기본 계획을 발표했다.

어떻게 하면 민의의 다수파가 요구하는 것과 같은 원전 제로 방향으로 향해갈 수 있을 것인가.

모든 원자로를 폐쇄하기 위해 필요한 논리적 절차적 가능성은 기본적으로 입법, 행정, 사법 삼권에 대응하는 다음과 같은 여섯 가지이다.

① **'입법으로 막는다'** 법률을 만들거나 법개정으로 일정 기간까지 모든 원전을 폐쇄한다고 하는 방법이다. 강제력은 매우 강하다. 오에 겐자부로 등이 2012년 8월 '탈원전 법제정 전국네트워크 脫原発法制定全国ネットワーク'를 만들고 2025년까지의 원전 가동 제로 실현을 요구하며 탈원전 기본법의 제정을 지향하고 있다. 2012년 9월 국회에 법안을 제출했지만 계속 심의에 걸려 있다. 독일은 2011년 7월 연방의회에서 개정 원자력법을 성립시켰다. 그러나 일본의 경우 정권 여당인 자민당, 공명당이 합쳐 중의원

의 2/3를 넘는 압도적인 의석을 가지고 있고 탈원전 기본법이 국회에서 성립될 전망은 전혀 없다.

② **'정치 주도로 막는다'** 메르켈 수상이 후쿠시마 원전 사고 후 2011년 3월 14일 노화된 원전 등 8기의 운전 중지를 요청한 사례가 있다. 또한 2022년 말까지 원전을 전부 폐쇄할 것을 결정했던 것도 메르켈 수상의 주도에 의한 것이다. 일본에서도 2011년 5월 6일 그 당시 간 수상이 주부전력中部電力에게 하마오카 원전의 모든 원자로의 운전 정지를 요청하고 주부전력은 운전 중인 4, 5호기의 운전 중지와 정기 검사 중이었던 3호기의 운전 재개를 당분간 연기하기로 결정했던 사례가 있다.

고이즈미 준이치로 수상은 수상 재임 중에는 원전을 추진했지만 후쿠시마 사고를 계기로 생각을 바꾸어 2013년 가을 무렵부터 강연회 등에서도 원전 제로를 분명하게 이야기하게 되었다. 2013년 11월 12일 일본 기자 클럽에서의 기자 회견에서는 "아베 신조 수상이 지금 원전 제로를 결단하는 데 있어 이렇게 좋은 조건이 갖춰진 환경은 없다. 야당은 전부 원전 제로에 찬성한다. 반대는 자민당뿐이 아닌가. 본심을 살펴보면 자민당 의원도 찬반은 반반이라고 나는 생각하고 있다. 만약 아베 수상이 방침을 정하면 반대파는 반대할 수 없게 된다. 정치가 나설 때다. 동일본대지진의 위기를 어떻게 찬스로 바꿀 것인가"라고 역설하고 있다.

고이즈미 전 수상은 이렇게 정치 주도에 의한 정책 전환은 실행 가능하다고 주장하고 있다.

새로운 법률의 제정이나 정치적인 결정에 의해 국내의 원자력 정
책 전체를 한번에 전환할 수 있다. 그에 비해 다음의 방법들은
각각의 원자로마다 운전 가부를 판단하고 폐쇄로 나아갈 수 있
는 방도이다.

③ '**행정부의 권한으로 멈추게 한다**' 행정부의 판단과 권한에 의해
원전을 멈추게 할 수 있는 가능성이다. 앞서 언급한 것처럼 원자
력규제위원회는 새로운 규제 기준을 기반으로, 각각의 원자로가
기준을 만족시키고 있는지 심사를 하고 있다. 규제 기준을 만족
시키지 못한 원자로의 재가동을 인정하지 않는 것은 원자력규제
위원회의 권한에서 가능하다. 지하에 활단층이 있다는 의심이
되는 경우 등이 초점이 된다.

실제로 현재 심사 중인 원전 중에서도 원자력 규제위원회의 전문
가 회합은 쓰루가원전 2호기의 원자로 건물 바로 아래에 있는 단
층은 미래에 활동할 가능성이 있는 '대진설계상 고려해야 하는
활단층'이라고 하고 있다. 마찬가지로 도호쿠 전력의 히가시도리
원전에 대해서도 호쿠리쿠전력의 시가원전 1, 2호기에 대해서도
부지 내에 활단층이 있을 가능성을 부정할 수 없다고 하고 있다.

④ '**지방 행정이 멈추게 한다**' 지방 분권적인 독일에서는 입지할 주
에 원전 건설, 운전 인허가권이 있다. 일본의 경우 지방 행정이
가질 수 있는 권한은 한정되어 있다. 그러나 전력회사와 원전이
입지할 현 및 입지할 시·정·촌과의 안전 협정에서는 운전 재개
에 '사전 협의'가 필요하다고 정하고 있다. 따라서, 원전이 입지할

현 및 입지할 시·정·촌의 지사, 수장은 사실상 거부권을 가지고 있다. 원전이 입지할 현과 시·정·촌 중 니가타 현, 시즈오카 현, 이바라키 현 도카이 촌, 이시카와石川 현 시카 정은 후쿠시마 사고 후의 미디어 취재에서 "당분간 재개를 인정하지 않는다"고 말하고 있다. 특히 이즈미다 히로히코泉田裕彦 니가타 현지사는 후쿠시마 원전 사고의 원인 검증 없이 재가동을 논의할 수는 없다고 국가나 원자력규제위원회, 도쿄전력의 자세를 엄격하게 비판하고 있다.

후쿠시마 사고 후 긴급 방호 조치 구역이 이제까지와 같은 10km권에서 원전으로부터 30km권까지로 확대된 것과 함께 시가 현, 나가하마 시, 다카시마高島 시, 교토 부는 간사이전력이나 니혼원자력발전주식회사와의 사이에서 후쿠이 현이나 입지 시·정·촌과 같은 사전 협의나 입회 조사권을 포함한 원자력 안전 협정을 요구하며 협의 중이지만 전력회사 측은 거부하고 있다.

획기적인 오이원전 3, 4호기의 운전 중지 판결

⑤ '사법의 힘으로 멈추게 한다' 입지점 주변에서의 주민운동과 가이도 유이치海渡雄一와 같은 변호사들의 노력에 의해 일본 각지에서 오랜 기간 원전 소송이 이루어져 왔다(가이도 유이치, 『원전소송原発訴訟』, 岩波新書, 2011). 총 20여 건 이상의 원전 소송이 있었

지만 거의 대부분은 원고의 패소로 끝났다. 후쿠시마 사고 이전에는 다음과 같은 두 가지 사례가 있을 뿐이다. 2003년 1월 나고야 고등법원 가나자와 지부에 의한 1995년 12월 나트륨 누출 사고를 거쳐 몬주의 설치 허가 무효를 인정한 행정 소송의 2심 판결. 2006년 3월 24일 가나자와 지방법원이 내진 설계의 옛 심사 지침에 타당성이 결여되어 있다고 하여 피고인 호쿠리쿠전력에게 시가 원전 2호기의 운전 중지를 명한 판결이다. 그러나 양쪽 모두 상급심에서는 패소했다.

후쿠시마 사고 이후 2012년 11월에 제소된 오이 원전 3, 4호기의 운전 정지를 요구한 재판에서는 2014년 5월 21일 후쿠이 지방법원이 운전 정지를 명하는 판결을 내렸다(간사이전력 측이 항소 중). "원자력발전 기술의 위험성의 본질 및 그 피해의 크기는 후쿠시마 원전 사고를 통해 충분히 명확해졌다고 할 수 있다. 본건 소송에서는 본건 원전에 있어 이러한 사태를 초래한 구체적인 위험성이 만에 하나라도 있다는 것이 판단의 대상이 되어야만 하며 후쿠시마 원전 사고 후에도 이 판단을 피하는 것은 재판소에 부여된 가장 중요한 책무를 포기하는 것과 같은 것으로 사료된다"(판결 요지)라고 논하는 등 후쿠시마 원전 사고를 진지하게 받아들인 획기적인 판결이다. 2015년 4월 14일 타카하마 원전 3, 4호기의 재가동을 인정하지 않는 가처분을 요구한 재판에서 후쿠이 지방법원은 마찬가지 논리로 재가동을 인정하지 않는 가처분을 명했다. 그러나 2015년 12월 24일 간사이전력의 이의신청을 받아들여 후쿠이 지방법원은 이 가처분을 취소했다.

시운전 단계에서 폐로가 된 독일의 뮐하임-캐를리히Mülheim-Kärlich 원전이나 폐로가 된 프랑스의 고속증식로 쉬페르 페닉스 Super Phénix; SPX 등 외국에서는 재판소의 판결이 원전이나 원자력 시설 폐쇄의 중요한 계기가 되고 있고 이러한 사례가 여러 건 있다.

원자력 문제뿐 아니라 대규모 공공사업에 대해 일본에서는 국책 추종적인 판결이 많고 중지 요청을 인정한 판례가 매우 적다. 행정권의 비대화에 의한 삼권분립의 유명무실화, 입법적인 대응의 지연이라고 하는 상황하에서 사법에는 어디까지 정책적 판단이 허용되는 것인가, 사법의 정책형성적 기능을 어떻게 생각해야만 하는 것일까, 사법을 대신할 수 있는 문제 해결 회로가 존재하는 것인가와 같은 문제에 대해 충분한 검토가 이루어지지 않은 채로 사법의 역할에 대해 극도로 소극적인 입장이 사법 내부를 지배해 왔다(하세가와 고이치, 「공공권으로서의 공해소송公共圏としての公害訴訟」, 『환경운동과 새로운 공공권—환경사회학의 전망環境運動と新しい公共圏—環境社会学のパースペクティブ』, 有斐閣, 2003, pp. 99–112).

오이 원전 및 다카하마 원전의 운전 중지 판결의 논리를 따르면 다른 원전에 대해서도 마찬가지 판단이 내려질 수 있다는 것이며 원전 소송의 앞으로가 주목된다.

⑥ '**국민투표나 주민투표로 멈추게 한다**' 미국 캘리포니아 주의 새크라멘토 카운티에서 문제가 계속 발생했던 가동 중이던 원전을

주민투표로 폐쇄시킨 것처럼(이 책의 제2장), 또한 일본에서도 마키 원전 건설을 주민투표로 단념시켰던 것처럼(이 책의 제3장 1절) 주민투표로 멈추게 할 수 있는 방법이 있다.

후쿠시마 사고로, 오사카 시, 도쿄 도, 니가타 현, 시즈오카 현에서는 각각 시민 그룹이 원전 가동의 찬반을 묻는 주민투표 실시를 요구하며 서명운동을 전개했다. 동시에 필요한 서명인 수를 모아 오사카 시의회와 도쿄 도의회, 니가타 현의회, 시즈오카 현의회에 주민투표조례 제정을 요구하는 직접 청구를 했지만 2012년 3월부터 2013년 1월에 걸쳐 그 모두가 부결되었다.

그렇다면 원전을 둘러싼 국민투표의 가능성은 어떨까. 헌법 개정 이외에 대해서는 헌법상 국민투표에 관한 규정이 없기 때문에 법적인 구속력을 가지는 국민투표는 할 수 없지만 원전의 찬반 등에 관해 국민의 의견을 묻는 자문형 국민투표는 지방의회에서의 주민투표조례와 같이 하기 위한 절차법만 만든다면 일본에서도 가능하다. 그러나 ①에서 이야기한 것과 같이 국회 의석에 차이가 있는 경우 국민투표 절차법이 국회를 통과할 전망은 매우 낮다.

외국에서는 유권자의 일정 수 이상 서명을 모으면 국민투표로 직접 법률 제정이나 개정 및 폐지가 가능한 나라가 있다. 원전을 둘러싼 국민투표는 스위스, 오스트리아, 스웨덴, 이탈리아, 리투아니아에서 이루어지고 있다. 2011년 6월 이탈리아에서의 국민투표는 투표율 54.79%로 그중 원전 동결 정책을 유지하자는 의견이 94%를 차지했다.

논리적으로는 이상의 여섯 가지 가능성이 있다. 현시점에서 가장 가능한 것은 개별 원전이 원자력규제위원회의 규제 기준을 만족시키지 못할 가능성과 각각의 원전 입지 현, 입지 시·정·촌의 수장이 재가동을 인정하지 않는 가능성이다.

2012년 12월 총선에서는 일본 정치사상 처음으로 원전 문제가 총선의 주요 쟁점 중 하나가 되었지만 낮은 투표율과 사표가 많은 소선거구 제도하에서 민주당은 참패하고 원전 제로를 명시한 공산당, 사회민주당 등도 득표 수를 늘리지 못했다. 반원전데모의 고양은 선거 결과로는 이어지지 못했다. 2014년 12월의 총선에서는 여당의 쟁점 감추기가 효과를 나타내 원전 재가동 문제는 주요 쟁점이 되지 못하고 자민당, 공명당의 여당이 2/3를 넘는 326석을 획득했다.

5
왜 원전을 막을 수 없는가

왜 원전을 유지하는 것일까

일본은 왜 원전을 멈출 수 없는 것일까.

후쿠시마 사고에 의해 원전에 절대 안전은 없다는 것, 특히 지진국 일본에 있어 원전은 큰 위험이 있다는 것이 명확해졌다. 원전을 가동시키지 않아도 전력 공급에 지장이 없다는 것은 2013년 9월 15일 이후 2015년 8월 11일까지 약 2년에 걸쳐 원전이 단 1기도 가동되지 않는 상태가 계속되었던 것으로 분명해졌다. 이 책의 ??쪽에서 필자는 2011년 9월이라고 하는 이른 시기에 "일본에서도 지금 바로 원전을 폐쇄하는 것은 불가능하지 않다"고 이야기했지만 가동 중인 원전 제로 상태는 이번 23개월 동안 실현되었다(2012년 5월 5일부터 7월 1일까지도 모든 원전이 정지되어 있었다). 또한 에너지에서 나오는 이산화탄소의 배출량은 2010년에 비해 9.0% 증가하고 있다(자원에너지청, 「2013년도 에너지 수급 실적2013年度エネルギー需給実績」에 의함).

전력회사는 원전을 멈추고 있는 만큼의 전력량을 화력발전으로 대체하고 있기 때문에 연료비의 부담이 증가하고 (연료 가격 상승분이나 환율 변동에 의한 영향분 등을 제외했을 때 일본 전체에서 약 2.6조엔) 수지가 압박 받고 있다고 주장하며 도쿄전력은 8.46%, 간사이전력은 9.75% 등과 같이 전기요금을 올렸다(원전 의존율이 낮은 호쿠리쿠전력, 주고쿠전력은 인상하지 않음). 연료비의 부담 증가에 의한 수지 악화는 원전 재가동을 요구하는 단기적 이유이기는 하나 장기적으로는 원전 제로 상태를 전제로 전기요금을 설정하면 되는 것이며 연료비의 부담은 근본적인 장애물은 아니다.

그렇다면 전력회사가 원전을 유지하고 싶어하는 진짜 이유는 무엇일까. 원전 제로 경영 방침으로 전환하면 전력회사가 가지고 있는 원자력발전 설비와 핵연료의 자산 가치는 제로가 되고 그 결과 전력회사는 특별 손실을 입게 된다. 특별 손실이 순자산을 상회하면 전력회사는 채무 초과에 빠져 경영 파탄에 이른다. 특별 손실을 전기요금 원가에 포함시키는 것은 어렵기 때문에 전기요금 인상으로는 대처할 수 없다. 원전 의존율이 높은 전력회사는 경영 파탄이 두려워 원전 제로에 반대하고 있는 것이다(원자력시민위원회原子力市民委員会 編, 『원전제로사회로의 길—시민이 만드는 탈원자력 정책대강原発ゼロ社会への道—市民がつくる脱原子力政策大綱』, 2014, pp. 198-199).

이 문제에 대처하기 위해서는 원전을 폐지했다 하더라도 일정 기간 원자력 발전 설비의 감가상각을 인정하도록 하는 등 회계 제도의 변경이 필요하며 실제로 2013년 10월부터 회계 제도가 바뀌고 있다. 국가와 전력회사의 책임 분담을 명확하게 하고 채무 초과나 파탄 처리에 동반되는 혼란을 피할 수 있도록 투명한 구조를 만들 필요가 있다.

자민당 정권이 원전을 유지하려 하는 이유는 무엇일까.

우선 민주당 정권시대도 마찬가지였지만 가시와자키 카리와 원전을 재가동시키는 것이 도쿄전력의 재건, 유지, 약 5조 엔 배상금 지불의 전제가 되어 있기 때문이다. 2014년 1월 정부의 허가를 받은 도쿄전력의 재건 계획에는 가시와자키 카리와 원전의 1, 5, 6, 7호기를 2014년 내에 재가동하는 것이 전제가 되어 있다(2016년 2월 말 시점에서 4기 모두 재가동되지 않고 있다).

원래 후쿠시마 원전 사고에 책임이 있는 도쿄전력을 '파탄처리'해서 주주와 자금을 빌려준 사람으로서의 책임이 있는 채권자인 금융기관이 부담하는 공적 관리로 이행해야만 했다. 공적 관리로 이행함으로써 전력의 안정된 공급을 꾀하고 국민 부담이 늘지 않도록 배려하면서 재출발할 수 있도록 해야만 했다. 일본항공의 경우 민주당 정권시대인 2010년 1월에 회사갱생법 적용을 신청했으나 비행기를 운항하면서 기업재건지원기구에서 3,500억 엔의 출자를 받고 금융기관이 5,215억 엔의 채권을 포기해서 경영을 재건했다. 도쿄전력에 대해서도 이러한 방법을 찾아야만 했다.

도쿄전력의 현재 상황은 전기요금 인상인가 그렇지 않으면 재가동인가 하는 형태로 부담과 위험을 소비자에게 넘기는 구도가 되어 있다.

핵억제력론은 현실적인가

두 번째 이유는 앞서 언급한 시오자키 중의원 의원의 발언에서도 분명히 나타나고 있듯이 원전을 가지고 있는 것이, 특히 핵연료사이클 노선이 잠재적 핵억제력으로서의 의미를 가지고 있기 때문이다. 2011년 8월 당시 간 수상이 핵연료사이클 노선을 근본부터 재검토해야만 한다고 국회에서 말한 것에 대해 그 직후 요미우리신문 사설은 "일본은 평화 이용을 전제로 핵병기 재료가 되는 플루토늄의 활용을 국제적으로 인정받아 높은 수준의 원자력 기술을 보유해 왔다. 이것이 잠재적인 핵억제력으로도 기능하고 있다"(『요미우리신문』 사설, 2011년 8월 10일자, 밑줄은 필자)라고 비판했다.

세 번째 이유는, 이것은 명시적으로 이야기되는 경우는 적으나, 미국은 일본의 핵무장을 바라지 않는다고 여겨지나 동시에 일본의 탈원전도 바라지 않는다고 여겨지고 있기 때문이다.

일본은 분명 비핵보유국 중에서 현재 유일하게 사용이 끝난 핵연료의 재처리를 통해 플루토늄 추출을 인정받고 있다. 독일도 인정받고 있었으나 독일은 2000년 6월 재처리 정책을 포기했다. 그것은 독일이 자체적으로 핵병기 보유를 단념했다는 것을 의미하기도 한다. 독일은 이탈리아 등과 함께 NATO(북대서양조약기구)의 미군 핵병기 제공을 받고 있다(Nuclear Sharing이라고 한다).

일본은 1988년 재개정된 일미원자력협정에서 사용이 끝난 핵연료의 재처리에 관해 '포괄동의'를 인정받고 있다. 일본은 매년 사전에 미국의 허가를 받아 그 양만큼만 재처리할 수 있었지만 1988년 일미원자력협정에서 일정량까지 사실상 자유롭게 재처리 할 수 있는 '포괄동의'가 인정되었다. 일미원자력협정은 2018년 7월 개정 기한을 맞이한다. 핵연료사이클시설도 고속증식로도 플루서멀도 움직이지 않고 있는 현 상황에서 미국이 2018년 이후도 '포괄동의'를 인정할지는 예측할 수 없다.

일본이 핵무장 잠재력을 가지는 것은 과연 어느 정도의 의미가 있는 것일까. 일미원자력협정이나 일본과 캐나다, 일본과 오스트레일리아의 원자력협정에서는 핵연료의 이용은 '평화 목적'에 한정하고 있다. 역대 내각은 핵병기에 대해 "자위를 위한 필요 최소한도의 (생략) 범위 내에 머무는 것이라면 헌법상 그 보유를 금하는 것은 아니다"라는 해석을 해 왔다. 일본이 핵병기를 가지지 않는 국내법상의 제한은 '평화 목적에 한해'라고 하는 원자력기본법 제2조와 국회 결의한 비핵삼원칙에 있다. 국제법적인 근거는 미국 등과의 원자력협정과 핵확산금지조약에 가맹하고 있다는 것에 있다.

이렇게 일본의 핵무장에는 국내법적, 국제법적인 제약이 있다.

일본의 핵무장은 한국, 북한, 중국 등 인접 국가를 자극하여 핵확산으로 이어지는 위험성이 높기 때문에 미국은 확실하게 받아들이지 않을 것이다. 한국, 북한, 중국, 러시아 그 누구도 받아들이지 않고 국제적인 비판을 초래할 것임에 틀림없다. 즉 일본이 스스로 핵억제력을 가질 수 있다고 생각하는 것은 현실성이 떨어진다. 핵전쟁의 길을 개척하는 것이 되어 대단히 위험하다.

미국은 일본의 탈원전을 바라고 있는 것일까

그러나 미국은 또한 일본이 원자력발전에서 철수하는 것도 바라지 않는 것임에 틀림없다.

현재 세계의 가장 유력한 원전 생산 설비 제조업체는 도시바·WH, 히타치·GE, 미쓰비시중공업·AREVA이다. 3대 유력 제조업체 모두 일본 자본에 의해 유지되고 있다.

독일의 지멘스는 도시바, 히타치, 미쓰비시중공업과 마찬가지로 예전에는 원자력의 주요 제조업체 중 한 곳이었지만 독일이 2000년 6월 탈원자력 합의에 도달한 시기부터 원자력에서 철수를 꾀하여 2001년에 원자력 부문을 AREVA의 전신에 매각하고 2009년 1월에는 보유하고 있었던 34%의 AREVA 주식도 같은 회사에 전부 매각했다. 원자력 부문은 새롭게 러시아 국영기업인 ROSATOM과 제휴했으나 메르켈 정권이 탈원전 정책을 결정한 후인 2011년 9월 18일 원전으로부터의 완전한 철수를 발표하고 ROSATOM과의 제휴를 해소했다.

지멘스의 이러한 경영 전환은 국내에서 탈원전 노선이 명확해질 경우 관련 기업이 국내뿐 아니라 국외에서의 원전 사업에서도 철수하는 것이 자연스러운 흐름이라는 것을 보여 주고 있다.

일본 정부가 탈원전 노선으로 전환할 경우 도시바, 히타치, 미쓰비시중공업도 조만간 원전 사업에서 철수하게 될 것이다. 그렇게 되면 WH, GE의 원자력 부문, AREVA가 살아남을 수 있을까 하는 문제가 나오게 된다. 미국은, WH, GE의 원자력 부문의 존속에 큰 관심을 가지고 있다. 이것들이 축소된다면 대두되는 것은 중국, 러시아, 한국의 생산 설비 제조업체이기 때문이다. 중국, 러시아의 원전 생산 설비 제조업체의 대두를 미국은 바라지 않는다. 민주당 오바마 정권하에서 미국 정부가 원전 추진 자세를 깨지 않고 있는 것도 이런 배경 때문일 것이다.

앞으로 증대할 개발도상국에서의 원전 건설에서 중국, 러시아의 대두를 억제하고 WH, GE의 영향력을 확보해 두기 위해서도 미국은 도시바, 히타치 두 회사가 앞으로도 계속 원전 산업의 기둥이 되어 주기를 바랄 것이다.

일본이 무릇 원전으로 들어선 것은 이 책의 50쪽에서도 이야기했듯이 미국이 '평화를 위한 원자력'을 세계에 어필하는 데 있어 피폭국 일본은 더욱더 좋은 절호의 대상이었기 때문이다.

원자력 정책의 전환에 있어서도 일본은 미국의 의향을 무시할 수 없다. 2012년 9월 노다 정권이 '혁신적 에너지 · 환경전략'을 발표하기 직전 미국에 파견된 오구시 히로시大串博志 내각부 정무관은 9월 12일 에너지국 부장관과 회견하여 재처리 노선을 유지하고 2030년대 말까지 원전 제로를 지향하는 것으로 하는 새로운 전략을 설명했다. 부장관으로부터 "재처리를 지속하고 원전을 제로로 하면 플루토늄을 태우는 시설이 없어지고 잉여 플루토늄이 군사용으로 전용될 가능성이 생기는 상황을 낳게 된다"라는 신전략의 초보적인 문제점을 지적당한 오구시 정무관은 새로운 전략에는 명기되어 있지 않았던 플루토늄을 경수로에서 태우는 플루서멀을 계속한다고 답변했다고 보도되고 있다(「마이니치신문」, 2013년 6월 25일자). 미국 측의 염려는 원전 제로를 진짜로 지향하는 것이라면 재처리 중지가 당연한 전제라는 것을 보여 준 것이기도 하다.

6
일본은 변할 수 없는가

이와테 현도 미야기 현도 후쿠시마 현도 피해지를 덮고 있는 것은 부흥의 지연에 따른 정체감이며 출구가 보이지 않는 불만을 해소할 길 없는 폐쇄감이다.

2012년 12월 총선은 투표율 59.32%로 전후 최저였지만 2014년 12월 총선은 그보다 약 7% 더 낮아진 52.36%에 멈췄다. 미야기 현 내의 평균 투표율은 2012년이 55.24%, 2014년 49.23%로 전국 평균보다 더 낮았다. 정치에 대한 실망이 나타난 것이다.

후쿠시마 원전 사고를 포함하는 동일본대지진이 우리에게 갖는 의미는 무엇일까. 이것이야말로 재난 지역으로부터의 가장 근본적인 질문이다[5].

한편에서는 도쿄전력이나 경제산업성, 아베 정권의 태도처럼 모든 것은 '예상 밖'이었다고 하며 일절 책임을 지지 않는 '무책임 체계'가 있다. '과학 기술'이 부족했다는 것이다. 보다 고도의 과학 기술

---

5 외국 연구자에 의한 고찰로는, Aldrich Daniel P(*Building Resilience: Social Capital in Post-Disaster Recovery*, Chicago: University of Chicago Press, 2012), Kingston ed.(2012), Samuels Richard J(*3.11: Disaster and Change in Japan*, Ithaca: Cornell University Press, 2013) 등이 있다.

이 있다면 해일 피해는 예측할 수 있고 막을 수 있다. 원자력규제청에 의한 새로운 규제 체제하에서 중대사고는 막을 수 있는 것이라고 하는 '기술중심주의'적 사고방식이다. 아베노믹스라고 하는 환영을 뿌리고 비판적인 언론을 막으면서 헌법개악으로 돌진하려는 노선이 있다.

또 한편에서는 '자연'은 정복할 수 없다, 완전히 컨트롤할 수 없다. '자연'의 목소리에 귀를 기울이고 '공생'해야만 한다. 동일본대지진은 '자연이 허락한 범위 내에서만 살아야 한다'는 것을 가르쳐줬다, '자연'에 대한 두려움을 잊고 있었던 우리들에 대한 교훈이라고 하는 자연과의 공생론이 있다.

동일본대지진은 메이지明治 시대 이후 일본이 추진해 온 도시, 수도권 중심의 중앙집권적인 경제 성장 노선으로부터의 근본적인 전환을 요구하고 있다고 받아들여야만 한다.

이렇게 큰 사고를 일으키면서도 일본은 정말 바뀔 수 없는 것일까. 독일의 환경정책 연구자 헬무트 바이드너Helmut Weidner는 2014년 7월 강연에서 일본과 독일의 환경정책, 에너지정책을 비교하며 "일본은 많은 분야에서 낙오자가 되고 독일은 몇 가지 중요한 환경 정책 분야에서 선구자가 되었다", "후쿠시마의 대참사로도 원전이라는 하이리스크의 길에서 벗어나는 충분한 동기 부여가 되지 못했다"라고 결론 짓고 있다(Weidner Helmut, *About Ups and Downs in Environmental Policy Development: The case of Japan and Germany*, Research on Environmental Disruption, 2014, p. 67·69). 일본 사회의 이

성과 변혁 능력에 의문 부호가 제기되고 있다. 일본 사회의 변혁 능력을 어디에 요구해야 하는 것인가. 우리들이 진지하게 마주대해야만 하는 질문이 바로 여기에 있다.

후기

동일본대지진 이후인 3월 20일, 예전부터 약속되어 있던 멕시코시티 회의에 출석하기 위해 나리타成田에서 전일본 항공기(ANA)로 샌프란시스코를 향했다. 후쿠시마 사고는 여전히 불안한 상태였고 센다이에서 도쿄로 가는 교통로 확보도 매우 어려웠다. 먼저 안전한 루트를 찾아 내 차로 일본해 쪽 쇼나이공항에 갔고 쇼나이공항에서 하네다羽田공항을 경유하여 나리타에 도착했다.

기내는 빈자리가 눈에 띄었다. 승객은 대부분 일본인뿐이었고 승무원 역시 전원 일본인이었다. 클래식 음악을 들으려 버튼을 누르니 때마침 베토벤의 '전원'이 흘러나왔다. 그 순간 조국 상실이라는 단어가 떠올라 소름이 끼쳤다. 일본이라는 조국을 잃게 되는 것은 아닐까? 반사적으로 1994년 베를린 근교 포츠담Potsdam(구 동독)에서 본 버스 운전사의 얼굴이 떠올랐다. 절망적이라고 할 수밖에 없는 무표정 속에 깊은 슬픔과 우울함 그리고 상실감이 있었기 때문이었다.

후쿠시마 제1원전 2호기는 전에 한 번 가 본 적이 있다. 오쿠마 정도 서너 번 방문한 적이 있었다. 의뢰받은 원전 문제에 대해 강연을 한 적도 있었다. 2000년과 2002년에는 이바라키 현 도카이 촌에서 JCO사고가 주민 생활에 미친 영향을 조사했는데 그때 조반센常磐線

차창에서 후쿠시마 제1원전과 제2원전을 보면서 도카이 촌과 센다이 사이를 여러 차례 오고 갔다.

도호쿠 신칸센으로 상경할 때면 창 밖으로 후쿠시마 현의 풍경을 바라보는 것이 나의 즐거움이었다. 특히 4월 하순 후쿠시마 분지에 복숭아꽃과 사과꽃이 한창일 때는 더욱 그러했다. 올해는 활짝 핀 꽃을 보면서 과수농가 분들의 상실감이 얼마나 클까 싶어 가슴이 아파 왔다.

오나가와 원전 문제나 아오모리 현 롯카쇼 촌의 핵연료시설 문제를 연구하기 시작한 것은 1988년부터이다. 국내 조사와 함께 1990년 이후 몇 번인가 다녀온 해외 조사가 이 책의 기반이 되었다. 특히 2004년부터 2005년에 걸쳐 국제교류기금 일미센터의 아베 펠로십安倍フェロー 연구원으로 미국 미네소타대학과 네덜란드 바헤닝언대학University of Wageningen에서 10개월간 연구할 기회를 얻은 것이 원자력 르네상스의 실상과 풍력발전의 보급 상황 등을 이해하는 데 큰 도움이 되었다. 깊이 감사하는 바이다.

이 책의 초고 일부를 2011년 6월 22일에는 한국 부산대학에서, 24일에는 한국사회학대회에서 보고할 기회가 있었다. 후쿠시마 사고를 왜 막을 수 없었는가, 일본은 왜 이토록 원자력발전에 치우친 에너지 정책을 취해 왔는가, 이제부터 일본은 어떻게 해야만 하는가와 같은 사안을 가까운 나라 연구자들에게 영어로 설명하는 것은 거시적 관점에서 문제를 재조명하고 논점을 정리하는 데 도움이 되었다. 귀한 기회를 마련해 준 김성국 부산대학 명예교수, 한국사회학회 회장이자 한국에서의 사회학적 원자력 문제 연구의 선구자이기도 한 박재묵 충남대 명예교수, 한국환경사회연구소 구도완 박사에게 깊은 감사를 표한다.

사회학의 시점에서 원자력발전을 포괄적으로 논의한 책은 유감스럽게도 많지 않다. 이 책을 통해 현재 벌어지고 있는 사건의 의미와 그것의 국제적, 구조적 배경을 사회학적으로 논하여 가능한 한 빨리 독자에게 전하고 싶다. 대단히 힘겹고 어려운 과제였다. 어떻게 하면 원자력발전을 없앨 수 있을까, 어떻게 하면 대체 전원을 마련할 수 있을까, 이산화탄소의 배출량은 어떻게 할까 등과 같은 문제에도 뛰어들어 보았다. 편집 담당인 도토키 유키코十時由紀子 씨의 협력 덕분에 무사히 탈고할 수 있었다.

한 사람 한 사람 이름을 적는 것은 생략하겠지만 이 책의 기반이 된 연구는 국내외 많은 분들의 지원과 격려 덕이다.

내가 태어난 1954년은 아이젠하워 대통령의 '평화를 위한 원자력' 연설이 있었던 그다음 해로 나카소네 야스히로中曾根康弘 일파가 느닷없이 원자력 예산을 국회에 제출해 성립시킨 해이다. 나카소네의 예산 제출 직전에는 비키니환초Bikini Atoll에서의 수소폭탄 실험으로 '다이고후쿠류마루第五福竜丸'의 선원이 피폭당하는 사건이 있었다. 이른바 일본의 원자력 원년이라고 할 수 있는 해에 내가 태어난 것이다.

베트남전쟁을 배경으로 한 미소 간 정치적 긴장과 핵전쟁 위협은 우리들 세대에겐 소년기의 일상적인 뉴스이기도 했다. 베를린 장벽이 무너지고 독일이 통일되었을 때의 해방감과 안도감은 먼 나라의 일이 기는 했지만 생생한 느낌으로 남아 있다.

　원자력이 없는 미래를 만드는 것은 우리 세대의 사회적 책임일 것이다.

　지금까지 보고도 못 본 척해 왔지만 진실이 알고 싶고, 원자력발전을 사회 문제로 생각해 보고 싶고, 어떻게 하면 원자력발전을 멈추게 할 수 있는지 생각해 보고 싶은 사람들에게 이 책이 하나의 지침이 될 수 있기를 바라 본다.

　"부흥이란 무엇보다 원자력 재해의 극복이다." 센다이 땅에서 오랫동안 평화운동, NPO활동 등으로 활약해 온 가토 데츠오加藤哲夫 (2011년 8월 26일 서거) 씨가 마지막 힘을 짜내 쓴 투병 생활 블로그 '달팽이의 일상蝸牛庵日乘'에 적어 넣은 구절이다(7월 21일 '후쿠시마가 일본을 구한다フクシマが日本を救う' 페이지). 탈원전운동의 선구자이기도 했던 가토 씨의 유언이라 해도 좋겠다. 원자력 피해를 해결한다는 것은 오염 제거를 철저히 하고 방사능 오염을 줄이기 위해 노력함과 동시에 원자력이 없는 미래를 만드는 것이다.

2011년 7월 20일(8월 29일 추가)

하세가와 고이치

역자 후기

2016년 9월 12일 경주 지역에서 시작된 지진은 이 글을 쓰고 있는 지금도 계속되고 있다. 진원지 가까운 곳에 원전시설들이 있는 탓에 2011년 동일본대지진으로 인한 후쿠시마 원전사고를 떠올리게 된다. 누군가는 괜찮다고 하고 누군가는 설령 이번에는 무사히 넘어간다고 해도 안심해서는 안 된다고 한다.

사실 원전의 위험부담이 크다는 것도 그 위험부담을 줄일 수 있는 방법이 있다는 것도 우리는 모르지 않는다. 이미 세상은 체르노빌과 후쿠시마를 겪었고 오래전부터 이 책의 저자와 같은 생각을 가진 사람들이 원전이라는 위험을 무릅쓰지 않고도 필요한 전력을 건강하게 충당할 수 있는 방법과 근거를 제시해 왔기 때문이다. 그런 의미에서 우리는 더 이상 몰랐다는 말로 자신의 무관심과 무책임을 변명할 수 없는 시대를 살아가고 있는지도 모른다.

위험을 알고도 선택하는 그 마음은 어떤 것일까. 나는 왠지 그 선택의 뿌리에도 행복에 대한 갈망이 있을 것 같다는 생각이 든다. 원전을 세우려는 이유도 원전에서 벗어나려는 이유도 '행복'인 것이다. 그저 행복에 대한 기준이 다를 뿐, 적어도 원전에 찬성하거나 암묵의 동의를 보낸 이들이 모두 누군가의 불행을 바라며 선택하지는 않았

을 것 같다. 그렇다면 문제는 나의 그 선택이 참으로 행복을 가져다
줄 것인가 하는 것이 된다.

행복이 무엇일까. 나는 행복의 표현은 다양할 수 있지만 행복의 뿌
리는 하나라는 생각이 든다. 세상에 드러난 꽃나무들은 모두 다른
모습이지만 하나같이 흙과 물 속에 뿌리를 내리고 살듯 행복도 그 뿌
리가 하나라면 참된 행복은 나의 행복과 너의 행복이 다르지 않을
것이다. 원전과 같은 기피시설이 내 가까이엔 없기를 바란다면 네 곁
에 두어서도 안 되는 것이다. 위험을 감수하지 않아도 필요한 자원을
충족시킬 수 있다는 저자의 이야기는 배려, 존중, 협동과 같은 가치
들이 오랜 세월 인간의 바른 인성으로 인정받아 온 것처럼 너의 행복
과 나의 행복은 공존할 수 있는 것임을, 행복은 쟁취해야 하는 제한
된 가치가 아닌 함께 누릴 수 있는 만유의 가치임을 보여 준다.

이처럼 행복은 형상이 아닌 비형상, 즉 어떤 속성에 더 가깝다는
생각이 든다. 행복의 속성을 잘 보여 주는 것 중 하나가 인간 행복의
기반이기도 한 자연이 아닐까. 자연은 모든 것이 서로 연결되어 순
환할 때 비로소 건강하게 살아간다. 한 알의 씨앗도 대지와 빛, 비와
바람처럼 천지간 모든 생명이 함께 움직여야 저를 드러낼 수 있다. 씨
앗이 품고 있는 생명력은 다른 생명력과 연결될 때 펼쳐지는 것이다.
그것은 씨앗의 능력이지만 씨앗만의 능력은 아니다. 사람 역시 자연
이기에 같은 섭리를 따른다. 사람이 살기 위해서는 어떤 형태로건 누
군가의 생명력을 필요로 한다. 먹이사슬의 꼭지점에 가깝다는 것은
사실 그만큼 많은 이들의 덕으로 살아간다는 것이기도 하다. 그 고

마음을 아는 사람은 누군가가 내 삶을 지탱해 주었기에 내가 존재하듯 자신 역시 누군가의 삶을 기꺼이 지탱할 수 있는 존재가 되기를 바라며 살아간다. 그런 의미에서 21세기의 화두가 되고 있는 지속가능함이란 그저 우리가 잃어 가고 있을 뿐 생명체가 살아가는 가장 자연스러운 존재 방식일지도 모른다.

행복이 건강한 자연의 모습과 닮았다면 행복의 속성은 단절이 아닌 연결, 독점과 정체가 아닌 나눔과 순환, 소멸이 아닌 지속과 같은 것들이 될 것이다. 그리고 그것은 우리가 잊고 있을 뿐 이미 우리 안에 있는 가장 자연스러운 본연의 성품, 즉 본성이 된다. 참된 행복에 평화가 깃들고, 지속성과 평화가 참된 행복을 가능할 수 있는 잣대가 되는 까닭이다. 다만 그 자연스러움이 애써 노력해야 하는 가치가 되고 있는 이유 중 하나는 언제부터인가 자신에 대한 믿음이 부족해진 탓일지도 모른다. 지금의 자신이 부족하게 느껴지면 혹여 행복으로부터 멀어질까 불안해지고 자꾸만 무언가를 준비하고 채우게 된다. 하지만 행복이 무엇인지에 대한 자신만의 답을 내리기 전에는 무엇을 채워도 불안은 사라지지 않는다. 마치 미래의 '행복'을 위해 지금의 위험부담을 감수하자는 원전처럼, 보장할 수 없는 미래의 행복을 위해 불안한 지금을 살아가는 것과 같다.

사람은 누구나 지금 이 순간만을 살 수 있다. 행복을 느낄 수 있는 것도 지금뿐이며, 내가 내 삶에 영향력을 미칠 수 있는 것도 지금이다. 그렇다면 행복을 위해 정말 해야 할 일은 지금 이 순간 내가 하는 생각과 말과 행동이 행복의 속성들로 가득 차게 하는 일일지도 모른다. 인과의 법칙으로 움직이는 삶은 지금 내가 뿌린 그대로 나에게 돌려줄 것이기 때문이다.

자신이 할 수 있는 일을 외면하지 말자는 이 책 저자의 이야기처럼, 미래는 지금 내가 뿌린 씨앗으로 이루어지며 지금 뿌릴 씨앗의 속성은 내가 선택할 수 있다는 것을 알고 살아가는 것이 자신을 믿고 자신의 삶에 책임을 지는 것이기도 하다. 다만 그것은 특정 행동이 아닌 존재방식에 관한 것임을 기억해야 한다. 환경 파괴로 인한 결과가 두려워 환경을 보호하는 것과 지구의 자연이 너무나도 아름다워 환경을 보호하는 것은 다르기 때문이다. 우리가 행복을 위해 해야 할 일은 특정 행동이 아니라 그 안에 담을 마음'씨'를 고르는 일이다. 두려움은 문을 닫고 사랑은 문을 연다. 어쩌면 '나는 어떻게 살 것인가'라는 질문은 나는 지금 이 순간 내 생각과 말과 행동에 어떠한 속성을 담을 것인가 하는 선택의 문제인지도 모른다.

이 책은 원전의 위험도 이야기하고 있지만 근본적으로 희망과 사랑의 씨앗이 담긴 책이라는 생각을 한다. 세상 모든 존재에 대한 사랑으로 우리도 할 수 있다는 이야기를 보여 주고 있기 때문이다. 또한 이 책을 한국어로 펴내기 위해 노력한 분들도 서로에 대한 배려의 마음을 더 많이 보여 주었다는 생각이 든다. 여러모로 부족했던 역자이기에 그저 모든 분들께 죄송한 마음과 감사한 마음이 가득하다.

마침 이 글을 마치는 오늘은 낮과 밤의 길이가 같아 계절의 분기점으로 여겨진다는 추분이다. 이 책을 읽는 모든 이들이 원전의 문제를 넘어 과연 내가 진정으로 원하는 삶이 어떤 모습인지 보다 더 근원적인 질문을 자신에게 선물할 수 있는 삶의 분기점을 맞이할 수 있다면 기쁘겠다. 문제 해결을 위한 방법은 하나가 아니다. 자기 자리에서 자신이 할 수 있는 일을 외면하지 않는다면, 자신이 할 수 있는 일이 어떤 것이든 그것이 행복의 속성을 지니고 희망과 사랑의 씨앗이 담겼다면, 그것은 분명히 나와 너를 살리고 세상을 살릴 것이라고 생각한다. 참으로 행복한 사람만이 세상에도 참 행복을 줄 수 있기 때문이다. 그 어떤 먹구름이 드리워도 생명은 희망이며 삶은 선물이다. 모든 이의 평화와 지혜를 구하며 감사의 인사를 전한다.

2016년 9월 추분
평화교육가 김성란

참고문헌

∴ 일본문헌은 오십음 순, 서구문헌은 알파벳 순으로 나열하였습니다.

青木聡子
2013.『ドイツにおける原子力施設反対運動の展開ー環境志向型社会へのイニシアティブ』, ミネルヴァ書房.

アルドリッチ(Aldrich), D. P.
2012.『誰が負を引き受けるのかー原発・ダム・空港立地をめぐる紛争と市民社会』, 湯浅陽一ほか 訳, 世界思想社[Aldrich(2008)の日本語 訳].
2015.『災害復興におけるソーシャル・キャピタルの役割とは何かー地域再建とレジリエンスの構築』, 石田祐・藤田由和 訳, ミネルヴァ書房[Aldrich(2012)の日本語 訳].

有馬哲夫
2006.『日本テレビとCIA, 発掘された'正力ファイル'』, 新潮社.

飯田哲也
2011.「原発依存社会からの離脱」,『科学』2011年7月号(81巻7号), pp.642-649.

石橋克彦
1997.「原発震災ー破滅を避けるために」,『科学』1997年10月号(67巻10号), pp.720-724.
2007.「混乱を生むだけの高レベル放射性廃棄物処分場の立地調査」,『科学』2007年5月号(77巻5号), pp.431-433
2011.「まさに「原発震災」だ」,『世界』2011年5月号(817号), pp.126-133.

伊藤守ほか
2005.『デモクラシー・リフレクション』, リベルタ出版.

今井一編
1997.「住民投票」, 日本経済新聞社.

今泉みね子
2001.「フライブルク環境レポート」, 中央法規出版.

円居総一
2011.「原発に頼らなくても日本は成長できる」, ダイヤモンド社. えんきょそういち

NHKスペシャル 'メルトダウン' 取材班
2015.「福島第一原発事故 7つの謎」, 講談社現代新書.

大島堅一
2010.「再生可能エネルギーの政治経済学」, 東洋経済新報社.

海渡雄一
2011.「原発訴訟」, 岩波新書.

郭四志
2011.「中国エネルギー事情」, 岩波新書.

クネーゼ, A.V.
1974.「ファウスト的取引」, 一橋大学資源問題研究会 訳, 「環境と公害」4巻1号, pp.2−8.

桑原正史・桑原三恵
2003.「巻原発・住民投票への軌跡」, 七つ森書館.

原子力市民委員会 編
2014.「原発ゼロ社会への道ー市民がつくる脱原子力政策大綱」(2015年4月30日取得,
    http://www.ccnejapan.com/?page_id=3000.)

原子力資料情報室 編
2015.「原子力市民年鑑二〇一五」, 七つ森書館.

ゴルバチョフ(Gorbachev), M.S.
1996.「ゴルバチョフ回想録上巻」, 工藤精一郎・鈴木康雄 訳, 新潮社[Gorbachev(1996)の日
    本語訳].

佐藤栄佐久
2009.『知事抹殺』, 平凡社.

佐藤慶幸編
2005.『女性たちの生活ネットワーク』, 文眞堂.

佐野眞一
1994.『巨怪伝』, 文藝春秋社.

篠原一
2004.『市民の政治学』, 岩波新書.

清水修二
2011a.「電源三法は廃止すべきである」,『世界』2011年7月号(819号), pp.96−103.
2011b.「原子力財政を国民の手に」,『科学』2011年7月号(81巻7号), pp.676−679.

ジョンソン(Johnson), G.F.
2011.『核廃棄物と熟議民主主義』, 舩橋晴俊, 西谷内博美監 訳, 新泉社[Johnson(2008)の
　　日本語訳].

添田孝史
2014.『原発と大津波 警告を葬った人々』, 岩波新書.

高木仁三郎
1991.『核燃料サイクル施設批判』, 七つ森書館.

田窪(平林)祐子
1996.「カリフォルニア州『原子力安全法』の成立過程」,『環境社会学研究』二号, pp.91−108.

田中利幸
2011.「「原子力平和利用」と広島」,『世界』2011年8月号(820号), pp.249−260.

田中三彦
2011.「福島第一原発事故はけっして"想定外"ではない」,『世界』2011年5月号(817号),
　　pp.134−143.

東京電力福島原子力発電所事故調査委員会(国会事故調)
2012. 『国会事故調 報告書』, 徳間書店.

東京電力福島原子力発電所における事故調査・検証委員会(政府事故調)
2012. 『最終報告』(2015 年4月30日取得, http://www.cas.go.jp/jp/seisaku/icanps/
SaishyuHon00.pdf).

中澤秀雄
2005. 『住民投票運動とローカルレジーム』, ハーベスト社.

中村亮嗣
1977. 『ぼくの町に原子力船がきた』, 岩波新書.

野間易通
2013. 『金曜官邸前抗議──デモの声が政治を変える』, 河出書房新社.

長谷川公一
2003a. 「公共圏としての公害訴訟」, 『環境運動と新しい公共圏─環境社会学のパースペクティ
ブ』, 有斐閣, pp.99−102[Hasegawa(2004a)の原著].
2003b. 「新しい社会運動としての反原子力運動」, 『環境運動と新しい公共圏─環境社会学のパ
ースペクティブ』, 有斐閣, pp.123−142[Hasegawa(2004b)の原著].
2003c. 「住民投票の成功の条件」, 『環境運動と新しい公共圏─環境社会学のパースペクティ
ブ』, 有斐閣, pp.143−163[Hasegawa(2004c)の原著].
2011a. 『脱原子力社会の選択 増補版─新エネルギー革命の時代』, 新曜社.
2011b. 『脱原子力社会へ』, 岩波新書(本書 第1~第4章の原著).

原科幸彦
2011. 『環境アセスメントとは何か』, 岩波新書.

伴英幸
2006. 『原子力政策大綱批判』, 七つ森書館.

福島原発事故独立検証委員会
2012. 『福島原発事故独立検証委員会 調査・検証報告書』, ディスカバー・トゥエンティワン.

ベック(Beck), U.
2011. 『リスク化する日本社会』, ほか 編, 岩波書店.

北海道グリーンファンド
1999. 『グリーン電力』, コモンズ.

丸山真男
1946. 「超国家主義の論理と心理」, 『現代政治の思想と行動 増補版』, pp.11-28, 未来社.

山岡拓
2009. 『欲しがらない若者たち』, 日経新書.

吉岡斉
2011. 『原発と日本の未来』, 岩波ブックレット.

ワイトナー(Weidner), H.
2014. 「環境政策の盛衰」, 大久保規子 訳, 『環境と公害』44巻2号, pp. 63-70.

海渡雄一
2011. 『原発訴訟』, 岩波新書.

原子力市民委員会
2014. 『原発ゼロ社会への道 ―市民がつくる脱原子力政策大綱』.

野間易通
2013. 『金曜官邸前抗議 ―デモの声が政治を変える』, 河出書房新社.

Aldrich, Daniel P.
2008. *Site Fights: Divisive Facilities and Civil Society in Japan and the West*, Ithaca: Cornell University Press.

Aldrich, Daniel P.
2012. *Building Resilience: Social Capital in Post-Disaster Recovery*, Chicago: University of Chicago Press.

Brissenden, Michael
2011. 'Safety first, climate second in shifting US nuclear debate', accessed 30 April 2011 at http://www.abc.net.au/news/ stories/2011/03/23/3171383.htm.

Genshiryoku Shimin Iinkai

2015. *Our path to a nuclear-free Japan*, accessed 30 April 2015 at http://www.ccnejapan.com/?page_id=2048(原子力市民委員会(2014)の英語版).

Gorbachev, Mikhail S.

1996. *Memoirs*, New York: Doubleday.

Hasegawa, Kōichi

2004a. 'Anti-pollution lawsuits in the public sphere', in Kōichi Hasegawa, *Constructing Civil Society in Japan: Voices of Environmental Movements*, Melbourne: Trans Pacific Press, pp. 102-127(長谷川公一(2003a)の英語訳).

2004b. 'Antinuclear power movements as new social movements,' in Kōichi Hasegawa, *Constructing Civil Society in Japan: Voices of Environmental Movements*, Melbourne: Trans Pacific Press, pp. 128-146(長谷川公一(2003b)の英語訳).

2004c. 'Regional referendums,'in Kōichi Hasegawa, *Constructing Civil Society in Japan: Voices of Environmental Movements*, Melbourne: Trans Pacific Press, pp. 147-173(長谷川公一(2003c)の英語訳).

2004d. 'The dynamics of social movements and the official policies,'in Kōichi Hasegawa, *Constructing Civil Society in Japan: Voices of Environmental Movements*, Melbourne: Trans Pacific Press, pp. 174-216(長谷川公一(2003d)の英語訳).

2011. 'A Comparative Study of Social Movements for a Post-Nuclear Energy Era in Japan and the US', in J. Broadbent and V. Brockman (eds), *East Asian Social Movements: Power, Protest and Change in a Dynamic Region*, New York, Springer, pp. 63-79.

2014. 'The Fukushima nuclear accident and Japan's civil society: Context, reactions, and policy impacts', *International Sociology*, 29(4): pp. 283-301.

2015. *Beyond Fukushima: Toward a Post-Nuclear Society*, Melbourne: Trans Pacific Press(本書の英語版).

ICANPS(Investigation Committee on the Accident at the Fukushima Nuclear Power Stations of Tokyo Electric Power Company)

2011. *Final report*, accessed 30 April 2015 at www.cas.go.jp/jp/seisaku/icanps/eng/(東京電力福島原子力発電所における事故調査・検証委員会(政府事故調)(2012)の英訳).

Independent Investigation Commission on the Fukushima Nuclear Accident

2014. *The Fukushima Daiichi Nuclear Power Station Disaster: Investigating the Myth and Reality*, New York: Routledge(福島原発事故独立検証委員会(2012)の英語訳)

Johnson, Genevieve F.

2008. *Deliberative Democracy for the Future*, Toronto: University of Toronto Press.

Kingston, Jeff(ed.)

2012. *Natural Disaster and Nuclear Crisis in Japan: Response and Recovery after Japan's 3/11*, Abingdon: Routledge.

Maruyama, Masao

1946. 'Chō-kokkashugi no ronri to sinri', Ivan Morris (tr.) (1963) 'Theory and psychology of ultra-nationalism', in Masao Maruyama, *Thought and Behavior in Modern Japanese Politics*, London: Oxford University Press, pp. 1-24(丸山真男(1946)の英語訳).

NAIIC(National Diet of Japan Fukushima Nuclear Accident Independent Investigation Commission)

2012. *The National Diet of Japan: The official report of the Fukushima Nuclear Accident Independent Investigation Commission*, accessed 30 April 2015 at warp.da.ndl. go.jp/info:ndljp/pid/3856371/naiic.go.jp/en/report/(東京電力福島原子力発電所事故調査委員会(2012)の英語訳).

Reich, Charles A.

1970. *The Greening of America*, New York: Random House.

Samuels, Richard J

2013. *3.11: Disaster and Change in Japan*, Ithaca: Cornell University Press.

Schellenberger Michael and Ted Nordhaus

2004. *The Death of Environmentalism: Global Warming Politics in a Post-Environmental World*, Breakthrough Institute, accessed 30 April 2015 at http://www.thebreakthrough.org/images/Death_of_Environmentalism.pdf

Snow, David A. and Robert D. Benford

1988. 'Ideology, frame resonance and participant mobilization', *International Social*

Movement Research, 1(1): pp. 197–217.

Weidner, Helmut

2014. "About Ups and Downs in Environmental Policy Development: The case of Japan and Germany," *Research on Environmental Disruption*, 44-2: 63–70.

인명 찾아보기

용어 찾아보기

탈원자력 사회로

후쿠시마 이후, 대안은 있다

1판 1쇄 펴낸날 2016년 11월 1일

지은이 | 하세가와 고이치
옮긴이 | 김성란

펴낸이 | 김시연

펴낸곳 | (주)일조각
등록 | 1953년 9월 3일 제300-1953-1호(구 : 제1-298호)
주소 | 03176 서울시 종로구 경희궁길 39
전화 | 734-3545 / 733-8811(편집부)
733-5430 / 733-5431(영업부)
팩스 | 735-9994(편집부) / 738-5857(영업부)
이메일 | ilchokak@hanmail.net
홈페이지 | www.ilchokak.co.kr

ISBN 978-89-337-0720-3 03300
값 18,000원

* 옮긴이와 협의하여 인지를 생략합니다.
* 이 도서의 국립중앙도서관 출판예정도서목록(CIP)은
서지정보유통지원시스템 홈페이지(http://seoji.nl.go.kr)와
국가자료공동목록시스템(http://www.nl.go.kr/kolisnet)에서
이용하실 수 있습니다. (CIP제어번호 : CIP2016024774)